移轨创新

充分释放改变历史的创新潜能
ORBIT SHIFTING INNOVATION

【印】 拉吉夫·纳兰（Rajiv Narang）
德维卡·德维亚（Devika Devaiah） 著

沈蕾 译

中国人民大学出版社
·北京·

推荐序1：如果心无恐惧，你会做什么？

如果你翻开这本书，想必是和我一样，被"移轨创新"这四个字吸引住了。总的来说，这是一本写给有志于商业创新的人们读的书——尤其是企业家和创业者们。一位真正的企业家，他富于洞察力、智慧和执行能力，是创新最核心的推动者和组织者。

这里所说的创新，不是增量的、线性的、可控的，也不只是新技术、新产品、新服务那么简单。所谓移轨创新，是指对于商业模式和生态系统的突破性创新，从而导致整个价值链条的转移，开启了新的轨迹和历史。

通常来说，在大部分商业活动中，公司都在利用某种不均衡来套利：信息的不均衡、资源的不均衡、供需关系的不均衡。然而，只有那些真正完成了移轨创新的公司，才能捕捉到用户自己都未曾觉察的需求，制造一种伟大的新的不均衡，改变人类的历史，"在宇宙中留下印迹"。

这样的创新少之又少，但每每叫人津津乐道。当大家都在琢磨如何继续提高手机待机时间的时候，乔布斯推出了iPhone，重新定义了手机，并且以摧枯拉朽之势收割了这个行业70％的利润。当传统的汽车厂商开始在广告里吹嘘4S店的服务多么温馨迷人的时候，马斯克推出了一款没有发动机、不用挂挡、也不用踩油门的纯电动车。

不是每个人都能成为乔布斯和马斯克，但是连想都没有想过，人生又有什么趣味？这本书是为有"想法"的人准备的，因为它讲了不少"办法"。书中列举了诸多案例，剖析了移轨创新所必经的五个阶段，每个阶段可能遭遇的困境，以及每种困境大致的应对方案。我不相信成功学，但我相信，一个人若想有所作为，需要对获得成功所理应具备的观念、方法和态度有所认知，并且虚怀若谷。

这其中，有些思维方式和工作方式，对于哪怕不想移轨的人来说，也是有帮助的。例如，在第三部分，"在执行中打击稀释"中，作者就谈到，在一个项目的筹备和执行过程中，如何打消保守者的怀疑，如何激发和说服利益相关者，如何招募合作伙伴。这事实上是一些关于领导力的内容，只不过因为创新阻力更大，对于领导力的要求就更高了。

吊诡之处在于，作者虽然花了大量篇幅谈论移轨创新，但最后他也承认，移轨创新是不能够被管理的——这也是为什么大公司内部难以发生突破式创新的原因。大公司为了管理风险而设置的门径管理流程，是个层层筛选以排除不确定性的过程。而移轨创新则恰恰相反，它是充满不确定性的冒险，无法被管理，只能被释放。而且移轨创新是无法一次性完成的，它在轨道的每一个点上都可能有变化，移轨者会一次又一次地面对挑战，整合力量，迎难而上。这个过程不但艰苦卓绝，而且也随时可能夭折。

你可能会问，既然移轨创新是一件如此高风险、小概率的事件，那么我们为什么还要去了解和学习它？它是值得鼓励的吗？

在这本书的最后一章里，作者讲了个小故事。

一位女科学家，她供职于一家大型制药公司，生活富足而安逸。在她40岁那一年，她产生了一个想法：开一家"另类"的制药公司，从事大公司不愿意碰的"第三世界国家所特有疾病"的研究。这个想法在她的脑海里盘旋已久，但始终难以迈出第一步。

有一天，她去一个城市出差，在车里和一位出租车司机聊天。司机问她是干什么的，她说自己是一位制药科学家。不料，司机听完哈哈大笑。"你们有很多钱。"他不无讽刺地说。言下之意，大制药公司和大制药公司的科学家，都是一帮逐利之徒，并不济世救人，也不值得尊敬。

这次谈话让女科学家非常难过，但她也因此经历了自己的"真相时刻"。她在这一时刻顿悟，突破了自己的恐惧和犹疑，并且决定立即辞职，着手实现萦怀已久的新想法。

说到底，所谓移轨创新，它是一种方法，也是一种态度。这种态度，就是挂在 Facebook 总裁办公室墙上的那句话：如果心无恐惧，你会做什么？

想知道爱什么，先忘掉怕什么。这恐怕是移轨创新的第一步。创新永远都是对人性的拷问，从来如此。

周航　易到用车创始人

推荐序 2：创新才能唤醒"东亚睡狮"

"推动大众创业、万众创新，是发展的动力之源，也是富民之道、公平之计、强国之策，对于推动经济结构调整、打造发展新引擎、增强发展新动力、走创新驱动发展道路具有重要意义。"*

翻开人类历史画卷，强国的诞生，往往伴随着创新的历程。

1868 年，明治维新正式开始，在西方文明冲击下的日本，实施了一系列体制创新与变革。一百年后，日本成为当时仅次于美国和苏联的世界经济强国。现在，日本已超过德国，成为世界上经济第三强的国家。不断的改革和创新为日本发展提供了不竭动力。这个拥有不足 2％的世界人口、0.25％的世界面积和极为匮乏的自然资源的国家，却创造了 17％的世界财富。

1620 年，五月花号载着一百多名英国清教徒来到北美大陆，凭借着大量移民带来的欧洲最先进的技术成果，美国迅速完成了第一次工业革命。此后，爱迪生又将美国率先带入了电气时代，对发明和创新的制度性保障成为这个国家源源不断的发展动力。1894 年，美国成为世界第一大经济强国，其强国地位至今无人能撼。

从算盘到个人电脑，从印刷术到 3D 打印，从蒸汽机到机器人，从工业革命到智能技术……人类社会发展的历史，就是一部创新的历史，就是一部创造性思维实践、创造力竭尽所能发挥的历史。

---

* 摘自《国务院关于大力推进大众创业万众创新若干政策措施的意见》，国发（2015）32 号。

当别人在强者更强时，我们的危机感往往愈发强烈，兴利除弊的现实性与紧迫性也愈发强烈。鲁迅怒其不争哀其不幸，在《阿Q正传》里呈现的阿Q，是一个遇强则弱、遇弱则强，具有奴隶根性的机会主义者的典型形象。无论遇到什么失败和侮辱，都会通过自我合理化，用"精神胜利法"将其转为胜利。例如，当阿Q被别人打时，他会自我安慰道"儿子打老子"，由此从心理上获得优势。但我们都知道，阿Q并不强大，实际上还很弱。

中华民族曾经在历史长河中创造了辉煌，我们引以为傲，但是不可否认的事实是，在近代很长的一段时期，甚至在当下，我们落后的地方还有很多，需要甩掉曾经的历史光环带来的自我陶醉感，沉心静气地想一想：我们的出路在哪里？

他山之石，可以攻玉。研究各个国家曾经的和现实的强大之路，探索其成长的真正内核，正是为了将那种发展的核心动力挖掘出来，然后从大脑武装到牙齿，期待并相信有一天我们可以真正实现复兴。

这种发展的动力和灵魂，我想就是本书所津津乐道的核心概念：创新。

那么，既然我们知道创新是如此重要，又该如何创新？创新的方法究竟有哪些？怎样才能做到创新呢？

法国伟大的现实主义作家巴尔扎克有句愤世名言："巨大财富的背后，都隐藏着罪恶。"有人认为这句话千真万确，其实并非完全如此。或许为了财富，牺牲家庭、背叛伙伴的事情不算罕见，但改变历史的创新者大多具备一种救赎的品德，这类创新者人数之多，令人惊讶。他们想改善我们的生活，想把从前上层社会才能享受的产品和服务提供给所有人。有人可能会说这是浪漫的臆想，那些大众化的推行者不过是为了争取高利润才去迎合普通人。当然，这些人服务大众的目的绝不是为了受穷，但根据人们对这些创新人士生平的研究可以发现，他们的动机并不总是赚钱。成为上帝的代言人，服务全人类，这才是莫尔斯、韦尔、塔潘、朱达、奥尔森和马萨·马蒂尔达·哈泼（美容店的开创者）等人的最终愿望。

创新者的诞生，有其利他精神的一面，而社会体制的包容性和开放性，则是孕育创新的最好土壤。

我在美国游历的那些天，观察着美国人的工作、生活，无时无刻不在想：人家比我们到底强在哪儿？我想美国人创新的巨大热情或许来自于那种深入骨髓的大众化本能和社会的包容性。创新者面临的创新环境及推广创新成果之路并非平坦，而是崎岖艰难的。任何一个创新者都离不开体制的宽松、社会的包容以及个人的努力。

从无意识的创新之举，到有意识的推行创新，这本身就是一件利国利民、功在千秋的事。在中国这个世界主要经济体进行划时代的经济转型之际，讨论创新这个课题意义非凡，借着《移轨创新》一书，希望有越来越多的人去思考，"大众创新"怎样从口号变成现实。

历史似乎总是在不经意间被创造。你，会不会成为那个改变历史的人？

王吉鹏　仁达方略管理咨询公司

中文版序：移轨创新给中国的新增长注入能量

中国由于成本优势而成为广受欢迎的"全球工厂"的日子已经远去。此外，中国新一代的消费者越来越有鉴别能力。

面对这两大根本挑战，中国的公司需要给它们的创新引擎注入新的能量。

下一轮的增长将不会"来自成本驱动的创新，而是来自新价值的创新"。主导的需求不再是"仅仅适应中国的需求，而是转变为在中国并为中国创造突破原有路径的创新"。生产流程创新同廉价的劳动力创造了已有的竞争优势。然而，下一个竞争优势将会来自商业模式和生态系统的创新。

为了推动新的增长，中国的公司需要从市场渗透向创造市场转型。如何发现并执行那些能够带来巨大增长的新机会是中国今天面临的创新挑战。

模仿和增量的创新对于市场渗透来说是足够了，但是突破性创新对于创造市场来说是至关重要的。流程创新通常对于渗透到一个"不恰当的市场"是足够了，但是商业模式的创新对创造新市场是最主要的。

没有饱和的市场，只有饱和的心智模式。

在一个饱和的市场，用传统的方法来识别新的商业机会是不够的。仅仅查看市场趋势无法发现新的机会。传统的市场研究也是不够的。

市场饱和，同时消费者越来越有鉴别能力，其带来的需求是对商业模式的创新——发现消费者那些没有被满足的需求，创造新的需求和货币化机制。

突破思维重力
Breaking through mindset gravity

想要积极地推动并发现新一轮的创新，中国的公司需要突破它们现有的惯性思维。

对于一个像中国这样有着丰富而漫长历史的国家而言，释放新的创新所需要突破的心智模式不仅仅局限在公司和行业这个层面，国家和文化层面上的思维方式更需要突破。

到目前为止，在中国公司产生的大多数创新都是以个人为中心的。下一轮的创新，需要中国的公司超越对一个或者两个创新领袖/企业家的依赖，而将关注点转移到建立创新型组织上，这需要人们在组织、层级、功能等各个层面来突破惯性思维。

关于"需要做什么来突破心智模式的惯性，以便促生移轨创新"，本书带来了新的思路。它提供了一个框架，来"使组织能够通过设计促使移轨创新发生"。

本书最独特的观点是创新的洞察不仅仅来自处在发达市场中的公司，更来自发展中市场。这是从美国、欧洲、非洲和亚洲等国家和地区得出的创新经验。

第一部分"创造了历史的移轨创新"显示了创新如何能够跨国度、跨文化发生，并展示了移轨创新如何能够超越产品和流程的创新，还引入了商业模式和生态系统的创新。它强调了在一个公司内部的创新如何被设计成在不同职能部门间"既是自上而下，又是自下而上"的。

第二部分"播下移轨创新的种子"着重说明了"在一个组织内部甚至在一个国家中，限制了创新的心智模式"。它继续提供了一个强有力的框架来突破心智模式的惯性，并指导能够带来激进的新的价值和飞跃式增长的创新。它展示了如何在一个饱和的市场里，洞察新机会。

第三部分"在执行中打击稀释"着重说明了"怎样做才能够有效执行一个突破性的创新"。它生动地说明了一个突破性创新任务如何需要采取跟通常的商业项目不同的方法来管理和运营。"它提供了一套工具来识别并克服执行中的障碍。"

第四部分"领导移轨创新"提供了一个新的框架，"在一个组织的层面加速并指导突破性的创新"。它讲述了传统的门径管理流程如何限制一个组织"创造并执行突破性的创新"，还说明了一个组织如何为突破性的创新进行有别于传统门径管理流程的设计，以及如何制度化移轨创新。

最后一章定义了要获得移轨创新成功所需要的领导者的DNA。它给组织提供了一个简单但有力的框架，一个能够识别并打造创新领袖的框架。

移轨创新将为中国点燃下一轮创新之火。

导论：打破创新神话

当一个领域需要转型时遇到了一个创新者，他有着创造的意愿，而不是简单跟随过往，这时移轨创新就会发生。移轨创新的核心是创造新的轨道并且获得具有转型影响力的突破。

日本的质量管理和以色列的科技一直是转型的代表。转型代表为组织和国家带来创新：这是在过去的 22 年里一直鼓舞我们的使命，我们凭借它承接超过 250 个跨行业、跨文化和跨国家的移轨创新挑战。

作为接受创新挑战浪潮的先锋，我们一再发现我们面对更多的问题，但却只能找到更少的答案。尽管有着无数的创新理论，但是我们仍然面临着许多未被回答的问题。移轨创新，是一个跨越了 22 年的探索的结果，一直在努力寻找创新中那些未被回答的问题的答案。

本书带来促成移轨创新发生的第一手洞察。这不是理论，而是基于 22 年来对如何使得移轨创新发生，和很多组织一同进行的工作和研究所带来的洞察。这不是学术研究，而是一个实践者的观点。

从三个强有力的洞察源可以得出：

● 我们从引领并促进的超过 250 个具有突破性的创新任务中得出了一些最前沿的洞察。这些任务遍布各个行业和领域，包括电信、信息技术、快速消费品（FMCG）、耐久消费品、能源、银行、媒体、制药，还有社会性企业和公共服务业。

● 对于或者刺激创新或者限制创新的领导力心智模式的深入

洞察，是我们从 150 个组织的最高领导团队的重力诊断和战略性转型中得到的收获。

● 移轨创新还是第一手的研究和在不同领域的移轨创新洞察的结果。我们在研究中识别出了超过 100 个移轨者和他们的差异化特征。

本书锁定了这一问题："什么是执行移轨创新的真正的推动力量?"它不是机械的，它将创新中本质的因素——人们的热情——呈现了出来。它描绘了使得移轨创新发生所带来的兴奋和痛苦。它还证明创新是未知和与生俱来的，因此无法被管理，只能被引导。它与只是扮演了控制创新角色的门径管理流程形成了鲜明的对比。

在创新的多重不确定性中漫游揭示了很多仍然需要被打破的有关创新的神话。本书就是来打破这些神话的。

最初，本书努力使得创新民主化。它聚焦在跨行业、跨国家和跨文化的创新者和创新上，这里指那些真正能够和创新巨匠史蒂夫·乔布斯和理查德·布兰森齐肩的创新者。它有目的地拓展了创新的画布，超越了商业而关注于引领社会和公共服务转型的移轨创新。

第一个我们认为自己一直在面对的创新神话存在于每一个努力创新者的心灵深处：创新的理由。我们发现，这个世界被创新的浪漫所诱惑。大多数管理者被创新的"新颖性"所迷惑，这是他们感兴趣并着迷的创新。"这个点子有什么新颖的?"几乎总是他们进行评估时第一个要问的问题。本书通过打破新颖性的神话开始，着重阐述了移轨才是真正的热情和目的所在，而创新只是使得移轨发生的手段。

在我们的创新旅途中，我们遇到过很多组织总在说："问题不在于缺少点子，我们有超过 3 000 个点子；问题在于执行。"深入挖掘后，我们几乎总能发现那些看上去数量众多的点子其实都出自很少的、很局限的思考方法。很多的点子经常深陷那些传统的、同样的轨道。这个发现打破了创新等同于构思的神话。事实上，我们发现一个移轨创新能浮现出来，不是通过探求更多的点子，而是通过认识到边界。本书将帮助我们对构思想法、突破心智模式边界和创造突破进行认识。

本书让我们痛苦地发现大多数好的点子没有被杀死，而是被稀释了。它为克服执行的障碍带来了洞察。大多数创新的旅程几乎总是在一个强有力的新点子浮现出来后便结束了。组织里的战略家总是认为他们是思想家，因此在他们识别出一个好的点子后，他们的工作就结束了。执行工作则留给执行者。本书无情地打破了这个神话。执行创新的点子至少和想出一个好点子同样重要。

需要做什么来激活移轨创新呢？这个问题引导我们打破另一个公认的神话——突破的创新始于一个跳出盒子的点子。移轨创新并不始于一个跳出盒子的点子，而是始于一个跳出盒子的挑战。跳出盒子的挑战才是超越现有心智模式而产生一个移轨想法所需要的。在打破这个神话的过程中，我们的目标是在我们的读者中引起一种正向的不安，这种不安需要我们离开舒适区来接受一个移轨的挑战。在同很多组织的合作中，这个移轨的触发器到目前为止激发了超过1 000个移轨的挑战。

本书的一个移轨者，食物博士的迈克尔·达·科斯塔，已经被激发并接受一个巨大的移轨挑战。他展示了接受这样一个挑战是关乎个人而不是商业风险的。一个常见的神话是，正是对商业失败的恐惧阻碍了我们接受移轨挑战。事实上，对个人失败和信用丧失的恐惧才真正阻碍了组织中的领导者烧掉退路。

另一个神话是如果你希望创新茁壮成长，你必须雇用有新技能的新人。事实上，一个新人会迅速地被组织重力所压制，其产出也和别人大同小异。这个神话被打破是因为我们看见相当多的移轨创新发生在现有的团队和领导者打破了他们的重力，并领导组织朝向一个方向转型之后。因此，这不是关于"谁"领导了创新。相反，而是关于组织面对重力并鼓励创新的能力。与其说纠结于老人或者新人，更重要的是为创新提供资源，开始出发。很多领导者承诺创新；然而在追求的过程中却无法配置足够的资源。

让空闲的人在空闲的时间来工作是不可能让移轨创新发生的。组织所需要的是一种灵活性，对各种各样的创新进行指导，基于他们所关注和所处的环境；而不是在僵硬的组织架构下让要么全职要么兼职的人员去追求一个挑战。超越了这个神话后，我们提供了一个框架来定义这个超越常规的团队并指导移轨创新的关注时间。

通过对市场趋势的研究和直接同消费者的接触将会得到一个新的市场洞察，这是另一个神话。消费者洞察是新的流行语，所以大多数的最高领导者都走出企业去见消费者。然而，见消费者并不保证能带来洞察。Erehwon 的研究表明了一个洞察是如何存在的，原因就是我们戴着厌倦的眼镜看消费者。所以，我们首先需要换一副眼镜。领导移轨创新需要一个寻找移轨洞察的方法，重要的是对问题的探索，而不是寻求答案。再进一步，领先的移轨创新方法打开了一个"洞察谱"——一系列的洞察源远远超出了消费者层面。同这个洞察谱上的洞察源建立联系，将会使得创新者超越消费者，而同生态系统的组成部分、领域专家和跨领域的专家建立联系。需要新的洞察源来展开新的问题，并连接新的点。挑战越大，越需要同更广泛的洞察谱里的洞察源建立联系。

另一个神话是最高管理层可以授权创新。这个神话使得首席执行官似乎认为如果他们找来适合的专家或者创立一个创新部门，创新就会产生。而事实是创新不能被授权，因为创新的拥有感和兴奋感是不能被授权的：人们必须来参与，而不是授权。因此，创新是一次领导者的旅行，也是一次组织的旅行。那些领导了创新的人如何鼓舞其他人，让他们也相信这个新的点子、新的提案，并像他们一样给出足够的承诺？他们如何能够使得关键的利益相关者变成拥有者而不只是这次旅行的主持人或者评估者？领导者如何使得执行者怀着同样的热情来执行这个新的点子，拥有像他们构思出这个点子时一样的热情？这关系到从管理创新到释放创新的改变。

最后一个神话，是一旦一个好的点子被开发成一个可以工作的原型时，就认为推向市场只是测试和发布这些简单的事情了。在我们的经验里，这是最大的稀释源。

本书将就"如何使得移轨创新发生"进行四部分的阐述。详见中文版序。

本书是在所有混乱的、不确定性、复杂性、矛盾和含糊中穿越迷雾的创新指南针，不仅仅是有关创新的秘方、工具或者流程。指南针是不会在概念阶段就停止的，而是会探索这个移轨创新，直到终点：从概念一路直到实现。

它会迫使并赋能于商业、社会企业、政府来突破边界，通过移轨创新来追求不可能的挑战。

致谢：用 20 年写一本书

用 20 年积累的经验完成这样一本书，本身就是一次合作的历程。

首先我们要感谢我们的合作伙伴 Erehwon，Prabha Parthasarathy 和 Ranjan Malik，感谢他们对移轨创新的洞察。我们的合作是一次共同的旅程。我们和不同的组织合作，尝试在移轨创新的困境中航行。因此这本书是我们共同的成果。

在写作这本书的时候，我们得到了 Bindu Chandana 和 Pavithra Solai Jawahar 的大力支持。他们不遗余力地进行辅助的资料研究，在全世界范围内发现并识别独特的移轨者，着手事实的验证并找到相关的参考信息，并且帮助校稿。Rohit Choudhary 和 Ashrafi Dhunjeebhoy 为此投入了巨大的热情。

我们还要感谢 Chhavi Goyal，Kamini Kinger，Neeru Marya，Porus Munshi 和 Madhujith Venkatkrishna。在不同的阶段，他们识别出移轨者，与之进行了第一手的洞察对话，并写成案例。如今这些案例成为本书的中心。Manu Vats，Bhawani Singh Shekhawat 和 Gokul Ranga nathan，我们要感谢你们带来很多被本书收录使用的案例。

我们感谢 Atul Bindal 和 Vijit Singh，一直以来花了很多时间和精力来把我们和移轨者连接在一起。

Pushpa Krishna 耐心并高效地支持我们精炼很多版本的手稿。Rajesh Shivanna 和 Mubeena 帮助设计了书的视觉效果和版面。

本书在我们的代理和亲密的朋友 Priya Doraswamy 的不懈努

力下得以出版。

我们的出版商 Matthew Smith 及时提供了有洞察的反馈，帮助本书通过更新版本来得到提升。因此我们感谢他。

我们的家庭是所有努力的核心。在很多忙于工作的周末，我们因为一遍一遍地修改草稿而缺失家庭活动，但他们仍无私地给予我们不断的支持。

Rajiv 的妻子 Sandhya、女儿 Vijayta 和 Damini 不遗余力地帮助他度过 Erehwon 创新咨询公司这段时期的起起伏伏。

Devika 的母亲 Jaji、父亲 C. M. Devaiah 和姐姐 Dena 是她力量的源泉。

最后，以下的话是对本书里所有的移轨者讲的：

与那些和我们一起工作的人一起，这些年来在探索移轨创新的过程中，在跟他们共同攀登很多创新高峰时，我们有了新的发现，建立了新的路径并克服了无数的障碍。

加入他们是为了把他们的故事分享给我们的读者，感谢他们在无数的洞察对话、重复的问题和那些豁然开朗的时刻里保持耐心。

你们才是这个故事里真正的英雄。

德维卡·德维亚，拉吉夫·纳兰

目 录
CONTENTS

第四部分　领导移轨创新

PART 1

Orbit shifts that created history

第一部分　创造了历史的移轨创新

01

改变轨道，创造历史
Orbit shifts that created history

你的团队会在 30 年后重聚在一起拍一张照片吗？当然，如果你们在自己的领域里创造了历史！

移轨创新
Orbit-shifting innovation

最初的 11 人（见图 1—1）。就是这 11 个人创立了微软。他们 30 年后又聚在一起，拍照庆祝他们创立的公司成立 30 周年，这是一家创造了历史的公司（Microsoft. com，2008）。

移轨创新发生在一个需要转型的领域遇到一个创新者时，一个有意愿且有热情去创造历史，而不是跟随历史的创新者。一个移轨创新的核心是一种突破，这种突破创造了新的轨迹并对转型产生影响。

从麦金托什开始，苹果公司在乔布斯的带领下之所以能取得一次又一次的成功，就在于打破了现有的轨迹而创造了新的轨迹，点燃了全世界人们的想象力。也许是受到乔布斯的座右铭——"在宇宙中留下印迹"——所激励，苹果公司一直是"移轨创新者"。

最主要的动机，即所有类似于麦金托什的移轨创新的驱动力，

图 1—1　两张照片的对比，同样的人，30 年前和 30 年后

是创造的欲望，是不跟随！这是一种正向的不安、对现有状态的不安，同时又释放出巨大的欲望，让人们追求不一样的轨迹，其结果就是使转型成为现实。财富和名望则更多的是一种结果，而不是目的。

> 但是，一定要在硅谷才能创造历史吗？一定要成为乔布斯才能在宇宙中留下印迹吗？一定要成为下一个苹果公司才能一次又一次创造突破吗？

苹果公司也许是最有代表性、最著名、最令人敬畏的"移轨创新者"，但是很多被改写的历史也发生在很多不同的国家，如印度、菲律宾、蒙古和瑞士。每一个移轨创新所带来的突破，就像苹果公司一样，改变了无数人的生活。

改变生活：消除不必要的失明

Transforming lives: eliminate needless blindness

在马杜赖，印度南方一个相对较小的城市，一位叫凡卡塔斯瓦米的医生创造了历史。他创立了阿若文德眼科医院，改变了白内障手术的流程。凡卡塔斯瓦米医生所坚守的信念是消除不必要的失明。有这个想法是因为他意识到，大多数在农村或者偏远地区的人逐渐老去时，视力会因为白内障而减退，他们认为这是自然规律，不知道白内障是可以治愈的。对于生活在贫困线边缘的人们，失去视力将不可避免地导致失去生活能力，因为他们不再具有赚钱的能力。对这一点的认识连同他想要做出改变的热情，使得他决定面对一个对传统白内障手术的根本性挑战。他重新设计的手术流程使得完成一个手术的速度比世界最好的白内障手术快10倍，同时并不降低质量。一位阿若文德的眼科医生一年可以完成2 600次手术，而其他地方的医院，无论是在印度还是其他经济发达地区，一年只能做250次手术。这把一个眼科医生的效率大大提高了，阿若文德则有能力为更多人服务。70%的病人得到免费治疗，每年200万的门诊病人得以诊治，超过35万次白内障手术得以完成（Munshi，2009；Sood，2013）。

更不寻常的是凡卡塔斯瓦米医生在他58岁时开创了阿若文德眼科医院，这发生在他从医疗教育岗位退休后。跟流行的看法相反，当被改变世界的热情所驱动时，年龄不再是一个限制。

世界上有许许多多的梦想家，但是只有很少的梦想能变成现实。学生在毕业时大多都会有很大的梦想。当你问他们："你们想要做什么？"你通常会听到一个非常有决心的回答："我想要改变世界。"你可以清晰地看到他们火一样的热情和决心，同时感受到希望。但当你10～15年后再遇到这些人时，那又是另一种情形。世界改变了他们。现在，他们身体的每一条纤维中都渗透出现实。他们已经变成，用三个不幸的短语来描述就是，"更年长了，更智慧了，更悲伤了"。

> 凡卡塔斯瓦米医生的例子证明了梦想永远不会死去,它们只是休眠了。我们已经看到移轨创新者们唤醒了梦想,从而改变了自己以及身边人的人生进程。

改变生活:净化水源
Transforming lives: purifying water

一家名叫法斯特嘎弗兰德森的瑞士公司曾经发明了一种产品,这种产品对那些严重缺乏可饮用水的地区有革新性的影响。它就是一根吸管,但是通过它,任何水源的水都可以被净化,并可以直接饮用。通过一个内嵌在吸管里的超级过滤盒,可以过滤掉99.9%的水生细菌和寄生虫。一根吸管售价 6.5 美元,可以过滤大约1 000升的水,足够一个人用一年。这让许许多多买不起传统净水器和瓶装水的人能够得到洁净的饮用水。法斯特嘎弗兰德森通过移轨创造出的这根吸管,帮助人们预防水生疾病(这恰是很多其他疾病的源头),因此挽救了无数生命。难怪这根吸管被称为"生命吸管"(见图 1—2)。[1]

图 1—2 一名儿童正在使用生命吸管

法斯特嘎弗兰德森最初是身在纺织行业的一家服装公司。对这家公司而言，布料成为一个触发点，而不是束缚，从而创造出了生命吸管，它的主要部件就是基于布料的过滤膜。

行业的移轨创新：预付费革命
Orbit-shifting the industry：the pre-paid revolution

从硅谷、马杜赖和瑞士出发，让我们沿着创新疆土再往东，到达菲律宾，来看看这个国家的通信行业发起的移轨创新。

菲律宾的智能通信公司为那些预付费手机客户提供一种电子充值服务。这是第一个提供预付费卡充值的服务。电子充值服务带来了很多灵活性，预付费手机卡有时可能是充满金额的，有时却仅有不到 1 美元。这马上就填补了一个需求空白。众多的中产阶级和穷人负担不起一张后付费手机卡，因为他们无法预计一个月的话费。对这些大量的普通百姓来说，现在，他们可以很便宜地买到一张预付费手机卡，同时充值又很容易，于是这就成为一个解放性的解决方案（KPMG，2007；Smart Communication，2011）。

在亚洲，后付费和预付费之间的切换给电信行业带来了一次变革，让一个当时的小众市场业务转变成最终几乎覆盖所有人的业务。它让成千上万的负担不起固定电话和传统后付费手机卡的人们之间的通信变成可能。一个有趣的比较反映出真实的影响，1971—1991 年，印度固定电话的数量从 100 万增长到 510 万（Sadagopan，2009），而在 2001—2012 年的十多年间，移动通信用户数从 358 万增长到令人震惊的 9.08 亿（Telecom Regulatory Authority of India，2005，2012）。

像智能通信公司这样的移轨创新者让市场需求爆发。他们突破了障碍，让"给少数人提供的服务"被大多数人享用，在这个过程中把变革带到了生活中。

行业的移轨创新：让没有银行账户的人获得银行服务
Orbit-shifting the industry：banking the unbanked

沃达丰公司在肯尼亚走得更远。2011 年的非洲，只有不到 20％的人有银行账户（Collins，2011）。大部分人从一个地方转钱到另一个地方是通过委托公共汽车司机或者其他非正规的方式。那些方式通常很慢、很贵而且不安全。沃达丰的 M-PESA 是另一个移轨创新的例子，M 表示移动，PESA 是斯瓦希里语的现金。M-PESA 跳过了银行系统，帮助肯尼亚人取得"移动现金"，即他们可以创立并使用一个移动账户来进行现金的转账。他们所需要做的只是去注册一个手机 SIM 卡。用户把钱存在他们的手机账户上，然后可以用这些钱来买东西或者把钱转给其他人，而这仅仅通过发一条短消息（SMS）就能完成。

M-PESA 使得肯尼亚人走上了"移动财务"的高速公路。到 2012 年，已经有 1 700 万用户使用这项业务，这个数字几乎是肯尼亚成年人总数的 80％（Bannister，2012）。通过一天 200 万次的转账，仅仅在肯尼亚，沃达丰每天转移的货币总量相当于 2 050 万美元（Squad Digital，2012）。这个业务所带来的财务转账率的增加，使这个国家的 GDP 显著增长（Koutonin，2012）。

没有等待传统的银行网络发展来覆盖没有享受银行业务的众多人群，M-PESA 业务解放了非洲的人民，使得他们跳过了传统银行系统而直接享受到移动财务转账服务。对于上百万人来说，他们的第一个银行账户非常可能是一个移动账户。类似于 M-PESA 的移轨创新已经超越了市场层面，它对一个国家的发展绝对起到了正向的影响。

微软、苹果、法斯特嘎弗兰德森、智能通信和沃达丰都是促生移轨的业务创新者。它们都从识别一个改革的需求开始，发现一个领域仅仅遵循它现有的路径是远远不够的。一旦它们发现了潜在的机会，就会带来一种不安，从而促进挑战并且打破现有的轨迹。这种不安和躁动直接引出移轨创新，即一种突破，带来了打破平衡的影响力。

公共服务的移轨创新：社区警察
Orbit-shifting public services：community policing

然而，创造历史的那些移轨创新并不仅仅发生在商业领域，也发生在公共服务领域。令人欣喜的是，在最根深蒂固的情况下和最不利的环境里，那些有意愿创造历史的人们仍然可以让移轨创新发生。社区警察就是这样的一种移轨创新。它把警务工作从"打击犯罪"转化为"与社区合作"，从而预防犯罪。

当 J. K. 特里帕蒂采用社区警察的方法在最敏感的城市社区（印度南部的蒂鲁吉拉伯利）帮助警察成功转型时，他完成了不可能完成的任务。结果是，在一个印度教、伊斯兰教和基督教人口各占相当比例，并且社区暴力犯罪严重的城镇，犯罪率下降了 40%。

第一个突破是警察角色和形象的转变。"在大多数印度人眼里，警察是腐败的敲诈者；我如何把一个敲诈者转变成一个熟人，一个跟邻里很友好的警察呢？"他这样描述这个挑战。由此，在印度诞生了社区警察这个角色。每个他亲自挑选的社区警察必须跳出自己的舒适区，从警署来到小区的街道上。与其等待别人来找警察，不如每个警察亲自来到社区。他们开始敲开附近人家的门，跟大家做自我介绍并建立联系，这些都是十分正面和积极的。此外，他们也开始在社区里发现并解决问题，即那些可能破坏法律和秩序的问题。当地民众也开始回报社区警察的这些举动，他们自愿加入进来，与社区警察们一起值夜班。

随着时间的推移，这些便利和与日俱增的信任也让居民自愿去接近他们的社区警察来解决法律和秩序的问题，而不是去警察局。结果是，在警察局排队的人大幅减少。因为警察主动来到社区中，使得人们不需要去警察局。虽然在过去的十年里印度的社区是个敏感的地方，但是蒂鲁吉拉伯利已经扭转了这一局面。自从社区警察项目实施以来，没有发生过一起暴力事件（Munshi，2009）。

公共服务的移轨创新：医疗保健
Orbit-shifting public services: healthcare

让我们把视角转移到发生在蒙古的一个移轨创新。这个创新使得病人去医院就诊的比例急剧减少，在一些地区已经减少了 45%。在蒙古，因为地域广阔，人口分散，政府在提供医疗保障上有着先天的不足。医院分布也很分散，有时离居民聚集区 40 公里～60 公里。区别于通过增加医院、医生、护士数量等传统方法来改善医疗保健情况，蒙古政府与日本基金会合作创造出一个移轨创新。

它们首先识别出最频繁出现的疾病。然后基于传统蒙古医药而不是现代医学，开发了"自助工具包"。该工具包就像急救包一样，帮助人们在第一时间进行自我诊断和自我治疗。如果这样做不起作用，病人再去看医生。这些传统药物经过长爪沙鼠实验，没有风险。

经过传统医药培训的医生们被分派在不同的社区，分布在各个事先规划好的地区。这些医生上门对每个家庭进行家庭体检，同时在每个家庭留下医疗工具包。在之后的家访中，医生会检查医疗工具包的使用情况，这些家庭只需要支付他们使用的那些药品的费用。这是一个发人深省的模式：使用后再支付药品的费用，而不是预先支付。在某些地区，这不仅能够降低 45% 的患者就诊率，当地医生的出诊率也下降了 17%，由此减少了医生的工作负荷。[2] 此外，医院可以拨出更多的预算给急需的地区（Nippon Foundation，2012；WHO，2007）。

> 社区警察与蒙古医疗保健模式证明了目标转变的力量。这两个移轨创新均是被核心目标的转变所引发的。在社区警察的例子中，警察的目标从执法转化为与社区合作。而在蒙古，医疗的目标从"提高医疗的供给"转变为"降低医疗的需求"。

公共服务的移轨创新：建造世界最高的铁路

Orbit-shifting public services: making the world's highest railway line

　　青藏高原是世界上最难以通过、最荒凉的地区之一。平均海拔 4 300 米（珠峰高度的一半），空气里的氧气含量比海平面低30％～40％，温度则低至零下 40 摄氏度，它有时被称为世界的第三极。过去想要穿过这个偏远荒凉区域的唯一方式是通过公路，但这样非常危险，旅者常常面临死亡。50 多年来，中国一直梦想着建造铁路，将高原与其他地区连接起来，从格尔木连接到青藏高原的心脏——拉萨。要实现这个梦想，他们面临着一个被外界认为不可能的挑战。青藏高原多年冻土：很大一部分是不稳定的土地，夏天变成糊状沉下去，但冬季结冰、变硬升起来。以前所有的努力，即在冻土上建造铁路的尝试，都已经失败，计划也因此被搁置。但是中国的团队接受了这个挑战，他们在世界屋脊上成功地建成了世界上最高的铁路轨道。这条铁路全长 1 100公里，不是最长的，但一定是最困难的。通过突破性的工程解决方案，团队解决了多年冻土的挑战。青藏高原还是一个地震多发区域。此外铁路以一种对生态影响最小的方式建成。这个 21 世纪的世界奇迹在 2006 年完成，一共用了五年，提前一年完成（Discovery Channel，2006）。

　　中国的青藏铁路是一个公共服务的移轨创新，建立了一个完全不同的秩序。它挑战了不可能的任务，并通过非凡的工程解决方案来完成它。

公共服务的移轨创新：一个城市的转变

Orbit-shifting public services: transforming a city

　　当 S. R. 劳通过短短 20 个月的时间，把苏拉特从 20 世纪 90 年代初的瘟疫横行的城市，改变为印度第二干净的城市时，一个与众不同的移轨创新发生了。这个创新使得当地疟疾病例从 1994 年的

22 000 例下降到 1997 年的 496 例。医疗费用下降了 66%。更重要的是,这个变化在 S. R. 苏调离苏拉特后还保持了十多年。

苏拉特是个不小的城镇。1995 年,它是印度的第 12 大城市,人口有近 300 万。在苏拉特的一些地区,人口密度高达到每平方公里 54 000 人。40% 以上的人口生活在贫民窟,没有排水系统 (1995 年之前)。污水环绕在房屋周围,特别是在雨季,低洼地区常被水淹。这个城市一直以与水有关的疾病闻名,如疟疾、胃肠炎、霍乱、登革热和肝炎。这些疾病自然而然地给人们带来恐惧。更糟的是,苏拉特市,这个全印度最古老的城市之一,到处是腐败、见利忘义的官僚。

S. R. 劳的移轨创新是一种方法的创新,使得有惰性的官僚来负责改革。

苏拉特被分成六个区。职能部门被重新调整。在特定的地区,"移轨工程师"被任命为专员,掌握了行政和财政的权力。每个区域是一个利润中心。授权是至关重要的第一步,但仅有它也是不够的。更大的移轨创新是他找到了改变政府机构来解决持久性问题的方法。专员们解决了城市卫生问题、税收征管问题甚至处理政治压力的问题。当出现问题时,整个团队一起来处理,用一种全新的方法,找到全新的解决方案。一系列解决方案的实施,滚雪球般地形成这个城市的移轨创新 (Munshi, 2009)。

▎ 公共服务的移轨创新:巴西郊区的供电
Orbit-shifting public services: access to electricity in rural Brazil

现在让我们把镜头转向地球另一边的国家——巴西。在那里,法比奥·罗斯通过多个移轨创新,领导了巴西农村供电方式的变化。根据巴西全国住户抽样调查,巴西电气化从 1981 年的 74.9% 增长到 1992 年的 88.8%,从 1996 年的 92.9% 增长到 2008 年的 98.9% (IBGE, 2009)。

法比奥·罗斯在他 22 岁时被任命为南帕尔马里斯地区的农业

部长（巴西南部的一个乡村直辖市）。他意识到，电力不足是导致当地农业生产力低下的主要原因，也导致了越来越多的人迁移到其他城市。

这引发了罗斯的第一次创新，单相电力系统。单相指它使用一条线而不是三条，这被称为 025 规范，使得每户接入电力的成本从 7 000 美元下降到 450 美元。这是受到位于佩洛塔斯的联邦技术学院的埃尼奥阿马若教授启发的结果。埃尼奥阿马若曾开发了一种廉价的农村电气化系统。因为有了电，就可以用地下水灌溉庄稼，使得一些农场的收入一年增长了 400%。他扩展了这一系统，在 20 世纪 80 年代末和 90 年代初，有超过 27 000 人享受到这个系统所带来的好处。他与国家电力公司合作，把单相电力系统（025 规范）推广给巴西农村成千上万的低收入群众。

但是，他遇到一个意想不到的挑战——巴西电力公司私有化。公司不再对追求低成本感兴趣，因为做这个不如为城市提供服务赚钱。结果是，农村电气化发展因此放慢脚步，只能如涓涓细流般缓慢地发展。与此同时，在巴西市区，擅自占用房屋和土地流失比例继续上升。但这并不能阻止法比奥·罗斯。他认识到他的工作对那些仍然没有用上电的人十分重要。所以，罗斯致力于影响巴西政府改变公共政策，把用电定义成一项基本权利。

他继续他的移轨创新。通过市场调研，他发现超过 70% 的低收入家庭每月至少花费了 11 美元在不可再生能源上，如煤油、蜡烛、电池和液化石油气。他认识到他们可以负担 11 美元左右的花费，来租借一个基本的光伏太阳能家用系统，配有灯光和线路所需的布线，并加上箱子和锁。

这导致罗斯发明了一个创新的商业模式，即给大家带来负担得起的太阳能发电系统，并以每月 10 美元的低租金租给大家。这个项目通过他自己的非营利组织 IDEAAS 来运营，被命名为"所有人的阳光"（TSSFA）（Bornstein，2003，2007）。[3]

S. R. 劳和法比奥·罗斯的经验，使生态系统因为移轨创新变得鲜活。这说明仅有一个很好的想法是不够的，需要一系列创新的方案才能解决那些根深蒂固的问题，才能使得一个生态系统最终得到转变。S. R. 劳使得一个城市的生态系统得到转化，而法比奥·罗斯帮助了巴西的农村电气化生态系统的改造。这两个案例表明，一个生态系统的创新往往需要技术创新、人的转变、政策的变革和组织设计上的创新。

另外也说明，政府官员们，如 S. R. 劳和法比奥·罗斯，虽然通常在行动范围上会受到限制，但是他们也可以使看起来不可能的事情发生。

移轨创新：包容性增长
Orbit-shifting innovation for inclusive growth

我们可以把最好的商业和最好的社会创新联系在一起吗？或者这只是一个梦想吗？是可能的吗？移轨创新里确实发生过将两者结合起来的案例，如乡村银行。

穆罕默德·尤努斯被自己的热情驱使去帮助那些生活在金字塔最底层的人们，以此来打破贫穷所带来的恶性循环。他们显然需要启动微型企业信贷，但银行不愿意把钱借给没有担保的穷人，银行只借钱给有钱人。可是金字塔底层的人们无法提供任何抵押物作为担保。改变这种状态的需要，正好遇到了穆罕默德·尤努斯想要创造历史的愿望。这个移轨创新的想法是以社区资产作为抵押物，而不是以个人资产来抵押。他开发了小额信贷这个新的模式，给数百万生活在金字塔底部的人们带来了一次革命性的改变。这就是最好的包容性创新，一个真正的双赢，他也因此创造了历史（Grameen Bank，2006）。

> 移轨创新在商业和社会得到双重突破时达到顶峰。穆罕默德·尤努斯和乡村银行已经证明，创新不仅仅是商业上的增长，更是包容性的增长。当你开始做一个生意时，如果同时把经济增长和社会发展作为核心，不仅能带来社区的成长，同时也会带来商业上的回报。

　　一家叫作 VisionSpring 的公司同样证明了包容性创新带来整个社区成长的同时，也能带来可持续的商业发展。这要从纽约市的一位企业家开始说起。VisionSpring 的想法很简单，即老花眼可以通过阅读眼镜来矫正。他们发现发展中国家大多数盲人失明的原因是因为无法获得廉价的阅读眼镜。因此 VisionSpring 创造了一个商业模式，在事后来看这个模式是非常简单的，却很优雅地达成了目标。一个完整的视觉套件被放在一个包里提供给住在社区的本地下线企业家。下线企业家们建立营地，检查视力，同时以一个大多数人负担得起的价格——4 美元一副——来销售高品质的阅读眼镜。以大多数人可以负担得起的价格在适合的地方提供合适的眼镜给客户，这带来了巨大的不同。同时它也给产业链上的每个环节带来了商业利益，即 4 美元中有 1 美元给了 VisionSpring 和下线企业家们，其中 2 美元给了在中国的生产厂家。9 000个下线企业家到目前为止已售出 100 万副眼镜，而 VisionSpring 的影响覆盖到三个不同地区的七个国家，这些地区包括非洲南部、亚洲南部和美国南部（Globalhealth. mit. edu，2010；VisionSpring，1996）。

移轨创新对环境影响的转变
Orbit-shifting innovation to transform the impact on the environment

　　在印度西海岸古吉拉特邦的马拉热，塔塔化工厂像世界其他地区的许多纯碱工厂一样，正面临着一个大问题。30 年来，从该工厂产生的固体废弃物已经形成了一个占地 30 英亩的垃圾场。这是一块贫瘠的土地，到处是粉尘污染，严重影响到周围的居民。事实上，在世界各地，由于固体废物对环境的影响，在过去的 15 年里已经不再有新的纯碱工厂被允许建立。现在塔塔化工厂到了要么将 30 英亩的固体垃圾转移到其他地方，要么选择一个移轨创新的时候了。塔塔化工厂选择了用创新手段去尝试绿化纯碱荒地，而不是简单地转移这堆垃圾。马拉热，坐落在印度西海岸，是印度最炎热、最缺乏淡水的地区之一。在夏季，气温可上升到 45 摄氏度。塔塔化工厂与能源学院（TERI）合作，用一种突破性的生物工程解决方案来改造荒地。塔塔化工厂和能源学院成功地绿化了 22.5 英亩盐碱荒地（见图 1—3）。方法是通过当地耐盐碱的植物进行绿化，同时利用特殊的微生物帮助植物从纯碱里提取营养素。植物一旦开始生根，就可以利用海水来灌溉（Kamath，2009）。今天，它成为一个活的生态系统，有超过六个品种的两万株植物，蔬菜有番茄、甜菜根，还能在适合的季节里种黄瓜。动物也出现了，有青蛙、蝴蝶、蚂蚁、大鼠、蛇和鸟。今天，再也没有任何细小粉尘会污染周边环境了（Kamath，2009）。

能源学院和塔塔化工厂的团队认识到，虽然纯碱基质本身有很多养分，但问题在于这些营养物质是以惰性形式存在的。如果这些营养物质可以从惰性转化为活性的形式，那么它们可以很容易地被植物根系所吸收。这就开始了他们的创新。通过能源学院的理念："自然界的问题，一定能在自然界的某个角落找到解决方案"，他们知道，也许会有和植物根系共存共生的微生物存在，并在盐水的条件下将惰性营养物质转化为活性营养物质，使得植物容易吸收。于是他们开始从其他盐水环境的种植园中识别和探索这种微生物。果然，他们设法找到了这些特别的微生物，可以作用于纯碱的营养物质，这样一来仅用盐水灌溉植物就足够了。出现在马拉热的这个移轨创新现在被用于很多其他国家的类似地区，那里淡水极度短缺，而土地亟须改造。[4]

图1—3 马拉热绿化前后对比

    乡村银行和在马拉热的移轨创新一起把包容性创新提升到了另一个水平。包容性创新，不仅使人转变，也改变了环境。它为人类和地球的正向健康的发展找到了解决方案。

    国家和组织都在谈论如何追求包容性增长。而包容性增长，将需要包容性创新。

重新定义并重铸创新
Redefine and recast innovation

范围巨大的移轨创新引导我们，事实上是迫使我们，重新审视和改造"创新"的概念。

被粉碎的第一个神话是对创新的浪漫信念。今天，这个世界期待着那些全新的、世界级的点子。然而对于移轨创新者，重点却从创新本身转移到切实地让创新发生上面。对他们来说，移轨是目的和激情，而创新只是手段而已。移轨创新者并不迷恋创造新见解的浪漫。他们做这些不是为了给自己创造什么。他们的发明只是对一个变革需要的响应。移轨创新者首先要带来变革性的影响，之后才是创新。

此外，意识到移轨创新所需要的创新的类型和种类将粉碎更多的神话。被粉碎的下一个神话是，"创新等于技术和产品创新"。从发明中来的最传统的创新模式仍然专注于研发、技术创新和产品创新。事实上，占主导地位的用来给各个国家排名的创新指标，往往是研发的开支。

在这个章节之前提过的那些移轨创新全面而绝对地打破了技术和产品创新这个神话。

同样强大的移轨创新还可以通过服务、流程和商业模式的创新来实现。

另外，移轨创新这块画布上并不只是靠新产品、业务流程和业务模式创新来装饰的。更有人类参与模式上的创新，更进一步的还有生态系统的创新。

移轨创新的画布
The canvas of orbit-shifting innovation

不仅仅是技术，更有业务和流程创新

新加坡国际航空公司在 20 世纪 70 年代开展了一个移轨创新，它将超越当时技术的、被肯定的客舱体验而不是飞机本身的现代

性，作为其区别于其他公司的主要特征。这个移轨创新发生在差不多 40 年前，它重新定义了客机飞行体验。甚至今天，新加坡国际航空公司仍然遥遥领先于其竞争对手，在其客户心中刻下了无与伦比的客舱体验的印记（Batey，2001）。

管理流程创新

移轨创新不仅仅是关于创新技术或操作过程的；它更是对管理流程的创新。一些最大的公共服务机构的创新就来自管理流程的创新，并且带来了巨大的影响。

乌干达的例子已经展示了在管理流程中的创新如何带来一个有全国影响力的移轨创新。

mTrac

乌干达是一个仅有 131 家医院却有 3 600 万人口的国家。许多孩子地死于一些本可治愈的疾病，如疟疾。这并不是因为没有药物可用，而是由于药物的流通受到官僚和腐败的阻碍。当局者如何及时地得到信息来识别并治疗疾病？传统的汇报形式过于陈旧，当有信息报到中心时已经太晚了。乌干达政府利用手机的力量，使用了一个三管齐下的解决方案，称为 mTrac。第一，卫生工作者提供有关药品供给和疾病突发情况的详细的信息。这些信息被整理校对成一个资料卡来帮助负责公共健康医疗的官员做出决策。卫生工作者有可能在报告时有所隐瞒。因此，第二就是匿名短信热线，这样任何人都可以留下信息，针对他们在获得医疗援助上遇到的任何问题寻求帮助。而第三是一个类似 Facebook 这样的社交网站，不同之处是它通过短信的方式运行，即由联合国儿童基金会设置的叫作 U-REPORT 的虚拟社区。这使得 14 万人能用短信来交流健康问题。所有三者都集成在 mTrac 中，以确保上层的信息透明度与准确性，能够在开始的时候就迅速解决问题，而不是等到事后。这是一个提出问题并且解决问题的机制，防止问题在任何一个步骤被拖延（Luscombe，2012）。

在这个事后看来异常简单的管理流程创新中，由短信驱动的在线资料卡取代了管理报告，在连接医疗保健需求和供给之间的差距时扮演了重要的角色。

商业模式的移轨创新

预付卡是一种产品创新，它可以惠及更多的人，且拥有更高的市场渗透率，这是埃尔泰尔公司的商业模式创新，证明了预付费模式在经济上的可行性。现实的预付费市场情况是用户平均收益（ARPU）显著下降。2003 年，印度后付费用户的 ARPU 值为 1 182 卢比，而对于预付费用户，只有 313 卢比（未知，2003）。这个市场的现实问题使人反思，如何使得回报只有后付费业务 1/3 的预付费业务在经济上可行？这是特别关键的问题，因为基础设施早就已在后付费市场的成本假设下建立。埃尔泰尔的移轨创新大幅削减了运营的成本。这由一个突破性结构驱动：将资本支出（CAPEX）转变为运营支出（OPEX）。这为构建一个真正的伙伴关系模式打开了大门：供应商转变为合作伙伴。埃尔泰尔把网络设备外包给诺基亚、西门子和爱立信；而 IBM 被选来建造和管理这个网络。埃尔泰尔没有就此止步，而是进一步和竞争对手合作来共享移动塔及其成本，从而进一步降低最终成本。这一开创性的商业模式使得埃尔泰尔成为世界上每分钟运营成本最低的企业，从而使得预付费模式最终在经济上可行。[5]

另一个由维多利亚·哈尔创立的先锋公司，被称为"寰宇一家健康"，它的移轨创新的商业模式已经找到了一种方法，通过利用大型制药公司的闲置资源，针对那些被忽视的疾病，在发展中国家制造出人们负担得起的药物。这种商业模式的创新，填补了市场空白。但众所周知，令人尴尬的是该项目很多年都未能完成。寰宇一家健康是美国第一个非营利性的制药公司。[6]

人类参与模式的移轨创新

创新通常是努力的结果，就像一个有形的产品或服务，或者商业模式，但一些最大的改革是在根深蒂固的模式上进行人类参与模式的创新。

让人们参与到为"独立"而战的行动中，通过非暴力而不是战争和流血来抗争，这将是我们时代的一个最令人惊奇的移轨创新。

就像圣雄甘地所说：

> 我不是一个有远见的人，我认为我是一个实际的理想主义者。非暴力是我们这个物种的法律，就像暴力是野蛮人的法律。野蛮人的灵魂在休眠期，他们不懂得法律，而只知道身体的力量。人的尊严需要服从更高的法律——圣灵的力量。因此我大胆地把自我牺牲的古法放在印度施行。对于非暴力不合作主义及其分支——非合作和民间性，不过是苦难的法律的新名称。
>
> 在动态条件下的非暴力意味着有意识的痛苦。这并不表示温顺地服从行恶者的意志，它意味着运用人的整个灵魂来反对暴君的意志。在这个生存法则下，每一个人都能反抗不公正帝国的全部力量，他的名誉、他的信仰、他的灵魂得到挽救，并为这个帝国的衰落或再生奠定了基础（Gottlieb，2013）。

由甘地首创的非暴力运动创造了历史，印度得到解放。它启发了曼德拉解放南非人民的想法，也鼓励了马丁·路德·金挑战并解决美国的种族隔离问题。

社区警察作为一个概念，在警察的参与模式上实现创新，让警察的角色从过去的对立者变成现在的合作者，从而显著降低犯罪率，就像由 J. K. 特里帕蒂在蒂鲁吉拉伯利证明的那样。

生态系统的移轨创新

小额信贷行业的先驱穆罕默德·尤努斯创办的乡村银行不仅是一个商业模式创新的例子，在现实中，它更是生态系统的创新。

要给"用社区资产而不是个人资产作为抵押"这个移轨创新的想法带来生命,仅把一个商业模式需要的元素做到位是不够的,整个生态系统都需要被转化。这就需要生态系统的创新。

这一先锋性的生态系统建在村一级,锁定三个实体:自助团体、小额信贷机构和银行。在自助团体层面,它包含了组织妇女参与并形成"邻里自助团队"。小额信贷机构在促进系统的形成上起到了催化剂的作用,提供了各种培训,比如对财务理解的培训和如何作为一个团队一起工作。然后开始提供小额贷款,而投资的回收是由自助团体来自行调节的。第三个关键实体是贷款方——银行。

这个生态系统已经被证明具有无限的可扩展性,并迅速从孟加拉发展到世界的其他地方。据印度国家农业和农村发展银行发布的关于小额信贷的报告,截至2012年3月,在印度大约有800万自助团体,估计有9 700万成员。他们在银行有储蓄账户,银行的存款总额为650亿卢比(Enable Network,2012)。

用传统的蒙医给蒙古医疗健康体系带来变化也是一个生态系统创新。它为每家每户创立了"自助工具包",培养传统蒙药的供应商(这种药在俄罗斯统治时期已经被西药所取代)。这也需要重建一个懂得传统蒙医的医生库,让这些医生能够定期走访并检查那些事先划分好的区域的情况。此外,这些医生还得负责后付费的医疗包的管理(检查医疗包的使用情况和收款)。

缓解贫困

走得更进一步,Kudumbashree引领了针对乡村银行生态系统的移轨创新。

在印度南部的喀拉拉邦,一个从公共服务部门借调出来的50人的团队通过生态系统创新创造了历史。这个创新使得在金字塔最底部的375万人民的生活水平在五年间(1998—2002年)得到了提高。许多其他扶贫计划都失败了,而Kudumbashree却成功了。这是为什么呢?那些扶贫计划失败的首要原因就是它们没有接触到那些最需要帮助的人;其次,它们建立在政府补贴或公共慈善这些不可持续的模式上。

Kudumbashree 的移轨创新从一组相关的问题开始："谁最需要接受扶贫？为什么有这么多的扶贫计划失败了？为什么真正需要帮助的人却从未得到他们需要的帮助？"这些具有挑战性的问题引出对贫困的重新定义。他们没有使用"收入困难"作为确定一个贫困家庭的关键参数，而是转移到寻找家庭风险上。他们采用了一个九点指数来识别最贫困的家庭，同时确保他们的计划重点针对这些家庭。九个因素包括：生活在一个低于标准的房屋里、没有卫生公厕、无法获得安全的饮用水（150 米以内）、一天只吃两餐或更少、有五岁以下的儿童、家里只有一个人有收入或完全没有收入来源、属于社会的弱势群体、家里的成年人是文盲、家庭成员有人酗酒或吸毒。

至少符合四个因素的家庭被归类为"有风险的家庭"或"贫穷的家庭"。总的风险会被最终确定下来，以此来识别高风险家庭，而不是那些仅仅缺少收入的家庭。

真正的移轨创新是打破那些通过施舍和给予补贴来帮助人们的做法，它通过创立人们自我转化的过程来灌输自力更生的理念。我们从小额信贷的案例中了解到，这个过程首先围绕着邻居形成邻里互助组（NHGs）。一个邻里互助组汇聚了 20～40 名女性。一旦形成，团组主要的焦点是如何让大家在团组内更坦诚地接受并回应问题。事实上，当一个女人分享了她的问题时，其他人会回应说她们也有类似的问题，这时给大家直接的感觉就是"我并不孤独"。一旦这种互信的氛围形成了，团组就开始发挥作用。团组内的人们开始勤俭节约，每周省一点，甚至每人省两卢比。同时大家也积极地去解决自己的问题，而不是坐等政府帮助。她们把累积起来的储蓄存入银行作为抵押，而银行也开始发放小额贷款给团组成员。这样，超过 24.2 万的邻里互助组覆盖到了 375 万户家庭。这些互助组共聚集了超过 3 亿美元的储蓄量，而银行给她们的贷款也达到了惊人的 13 亿美元。

Kudumbashree 建立了一个创新的生态系统，致力于把高风险家庭里的妇女聚集起来形成互助团体。她们并不逃避或回避政治讨论，团组直接把地方政府代表纳入进来，共同设置各种活动。团组更进一步整合银行甚至教育机构来给微型企业的成长注入能量。这个生态系统的创新，汇集了高风险家庭、当地的政客、银行家和教育机构，不只在改变 375 万户家庭的生活，更在各个领域引导创立了超过 3 万个微型企业，主要在手工、食品加工、服装和配件、健康和卫生领域。[7]

除了贷款，Kudumbashree 发起各种活动来解决其他基本问题，如就业能力建设、社区卫生、住房和教育。Kudumbashree 的各项活动的蓬勃开展，使它有了许多积极的影响，其中最厉害的是赋予妇女政治权力：2010 年，有 11 773 名妇女参与了当地村民选举（印度的村务委员会），其中 5 485 人赢得了选举（Governance Knowledge Centre，nd；Kudumbashree. org，1998）。

民主化的移轨创新
Democratizing orbit-shifting innovation

新加坡国际航空公司、生命吸管和埃尔泰尔，拓展了移轨创新的宽度。所有这些都是行业的移轨创新，包括流程上、产品上和商业模式上的创新。而由乡村银行领导的小额信贷模式和蒙古医疗保健模式创新把移轨创新向纵深方向拓展为生态系统的创新。所有这些行业和生态系统的移轨创新都是显而易见的，同时有着惊人的影响力。然而移轨创新的格局并不局限于此。

现实是人们追求一个行业或生态系统的移轨创新通常发生在组织、行业、各个领域的高层领导中。这是否意味着渴望移轨创新并且让创新发生的人仅限于组织或者行业的领导？不是！

移轨创新不是少数人的领地。它更深入、更广泛，在每一个公民的能力所及范围内。一个组织中的移轨创新则可以跨越不同的职能，同时跨越所有的级别。

追求移轨创新有三个不同的层次——行业、组织和功能。一个组织可以把创新民主化（见图 1—4）。

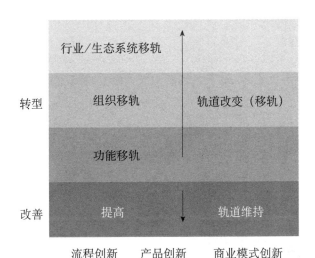

Copyright © Erehwon Innovation Consulting Pvt. Ltd.

图 1—4

　　行业和生态系统的移轨创新改变了游戏规则；一个组织的移轨创新则在当前的游戏中产生转变的力量：像 IBM 的商业模式转型，从提供产品到提供服务。

　　在行业及组织这个层面追求移轨创新不仅能确保当前和未来的竞争力，同时也超越了行业的普通领导层，为组织找到下一个层面的关键思想领袖。就像组织已经意识到的，移轨创新并不只能转化结果，更能转化人。这是为未来的领导人在播种。

　　在第三个层面，功能性的移轨发生在整个组织的各个环节。从所有功能来看，自下而上的有：制造工厂用相同的基础设施实现了两倍的产量。为下一代人规划新的职业生涯这个命题，对于人才市场，已经成为人力资源团队的移轨创新产品。一个移轨创新的营销策略，不通过任何现有的广告或促销手段，使得营销效果吸引的客户数量达到原来的两倍，这已经是营销团队的关于流程的移轨创新。由销售团队领导，改造销售团队的生产力跟移轨创新具有同样巨大的影响力。

　　移轨创新能够同时发生在第一线，也就是最接地气的那个层面。在工厂的车间，小组正在进行功能的移轨创新，比如提高工具的使用寿命，同时使得装配生产线的吞吐量翻倍。这两个例子都不是在本来的轨道上的改进，而是使轨道发生变化，即所谓移轨创新，因为它们已经超越了行业当前的最佳实践，同时创造了未来的实践。

移轨创新者们可以并且真的给行业、组织和功能上带来变革性的影响。跨越了不同的职能和层级，移轨创新的画布真正把创新民主化。怀揣梦想并渴望追求这个梦想的任何人，都有空间让移轨创新发生。

跨越一个国家的发展曲线
Leapfrogging the development curve of a nation

东南亚、中东、南美和非洲的很多国家面临着最大的发展上的挑战。如果对每个挑战的回应只是跟随西方国家的发展曲线，那么它们需要几十年才能赶上西方国家。同时西方国家也面临着自身发展停滞和经济模式似乎被困在 20 世纪的严峻挑战。它们也在寻找新的和革命性的方法。当发展计划撞上收益递减这面墙时，就到了移轨创新的时候。而下一代人带着更大的梦想、抱负和巨大的紧迫感，可以把事情做得更快、更好。他们不想等待世界改变。如果我们要为他们创造新的未来，我们需要从根本上有新的方法。我们需要移轨创新来满足下一代人"跳出盒子"的野心。

移动通信的革命已经表明像中国、菲律宾和印度这样的国家可以跨越现有的发展曲线，而不是仅仅跟随它。M-PESA 向我们表明肯尼亚人是如何跳过传统银行而直接进入移动银行时代的。社区警察显示了维持法律和秩序是如何被实现的，无论是在多么根深蒂固的不利情形下。这些移轨创新的具体行动均产生了巨大的影响。在这个时代，移轨创新挑战当前轨道上的所有已知。这就是为什么移轨创新对一个组织、行业和国家来说是必要的。解决方案不仅仅是针对持续性的问题，也为引领未来带来机会。

现在，与以往任何时候相比，移轨创新的时机已经成熟。这不可能是偶然的事件，我们不能等待合适的人到来，然后希望奇迹发生或神的干预，使这个人突然有一个移轨创新的想法。我们不能等待另一个史蒂夫·乔布斯。我们必须设计好并使移轨创新发生。我们必须使它在现在发生！

注释

[1] Erehwon 对生命吸管的案例分析，基于和法斯特嘎弗兰德森的首席发展官 Navneet Garg 和前首席执行官 Torben Vestergaard Frandsen 进行的有洞察的对话。

[2] 和 Vansemberuu-Mongolia 的主席 Yuji Mori 进行的有洞察的对话。

[3] 和 Fabio Rosa 进行的有洞察的对话。

[4] 和塔塔化工厂的能源学院和 NS Subrahmanyam 的生物技术和生物资源部门的总监 Alok Adholeya 进行的有洞察的对话。

[5] 和埃尔泰尔移动业务部的前总裁 Atul Bindal 进行的有洞察的对话。

[6] 和寰宇一家健康的创始人 Victoria Hale 进行的有洞察的对话。

[7] Erehwon 对 Kudumbashree 的案例分析，基于 Kudumbashree 的事实和同该团队进行的有洞察的对话。

PART 2

Seeding orbit-shifting Innovation

第二部分　播下移轨创新的种子

对抗重力

Confronting gravity

那些移轨创新的故事在事后看来都很浪漫。它们刺激并鼓励人们，甚至使得梦想家都投入到积极的行动中去。

然而，通常在这些故事背后不可见的是移轨创新者们不得不克服的极端的困难，正是这些困难使他们的梦想成为现实。而大多数人却在困难面前屈服了，放弃了。大多数的移轨创新者认识与体会到，在路上，他们都是孤独的。梦想移轨创新容易，但要追求它却异常困难，因此很多人选择了放弃。

那么到底是什么拖延甚至毁灭了移轨创新的梦想和想法呢？创新浪潮蓄势待发，所有的商业、公众和社会企业都在关注这个问题。他们都需要创新，想要创新，但很少真正采取行动去把移轨创新的意图变成移轨创新的事实。许多调查已确定了帮助和阻碍创新的因素。几年前，波上顿咨询公司和《商业周刊》向 20 个遍布世界各地的顶级的创新机构（包括苹果和谷歌）提出了一个同样的问题：创新的敌人是什么？结果最关键的敌人被确定为：漫长的开发时间、缺乏协调、规避风险的文化、局限的客户调查、缺乏想法的选择、不充分的测量统计工具、缺乏创意、营销或沟通失败（*Business Week*，2006）。

这些"敌人"听上去很熟悉吧？大多数经理人会马上认同其中的一部分。我们在职业生涯中或多或少都经历过其中的一部分，有些人甚至会坦率地承认扮演过"恶棍",利用其中一个"敌人"来打击一个创新。

但这些是创新真正的敌人吗?用一个清醒的尝试来克服这些障碍,真的能够加速移轨创新吗?

深入研究了这些所谓的敌人,我们发现它们仅仅是一些症状,而不是创新的真正敌人。任何应对这些症状的尝试最终都证明是不理想的。想要通过组织架构的变化和各种实践来快速地实现组织创新的加速,往往都以失败告终,因为它只是对一个症状的表面回应。

这些敌人实际上是更深的阻力的表象——根深蒂固的思维方式。大多数人被困住不是因为他们想被困住,或者由于架构的限制,或者因为没有奖励机制。大多数人被困住是由于他们的思维方式阻碍了他们。他们以一种特定的方式察觉到现实是这样而不是那样的,正是这个方式限制了他们的创新。

我们与一些领导移轨创新发生的人谈论并且合作过。他们中没有一个人认为架构和实践阻碍了创新。很少有人实现创新是由于报酬的激励。在大多数情况下,是一个想要变革的目的、个人的灵感触发或有突破性的洞察力引领着移轨创新。寻求奖励和被认可根本不算什么。

真正的敌人是思维方式的重力
The real enemy is mindset gravity

真正的敌人是"重力"的心态(见图2—1)。重力是一个无处不在的力量,看不到,甚至感觉不到。但是在每一天中,它防止我们脱离地球。思维方式的重力也是如此,无处不在,让人们陷入重力的陷阱,在不知不觉中进入它们的轨迹。

在个人层面上,放弃新年目标从行动上证明了思维方式的重力存在。我们承诺要实现目标,从减肥到管好我们的情绪,再到学习一个新的爱好,以及为了实现承诺而付出辛劳。然而,一周或两周下来,重力会悄悄混进来,使得我们又回到老路上。老的

图 2—1　思维方式的重力拖累了创新

通常比新的更强大。同样，为了刺激创新，一个组织要有意识地去尝试让组织内部的人接触一些鼓舞人心的和有见地的人。他们的影响会持续几天，使得人们到处胡乱传播新学的词汇和新思想，然后便又回到原来的工作中，恢复如常，甚至几乎有一种如释重负的感觉。

　　有一个有远见的中型消费品公司的首席执行官，想利用创新作为一种加速增长的方法。他曾经单枪匹马地使企业渡过难关。这是一个旅程，让他成为一个好的企业领导者，但不一定是一个冒险家。他在每一次会议上、在他对他的组织或投资者做的每一次演讲上倡导创新。然而，当有人来向他提出一个新的想法时，他以前的经验就在不知不觉中冒出来了，他问的第一个问题通常是："有人曾在世界的其他地方尝试过？我不想成为试验新想法的小白鼠。"所以当他谈到创新，他所显示的是"保守/避免不确定性的思维方式"。除非他面临并且需要处理这种思维方式的重力，否则他的组织将不可能自由地打破其目前所处的可预见的和有效的轨道。该组织在最好的情况下会成为一个有效的追随者，追随行业中其他组织的领导。

重力的层级
Layers of gravity

重力随时间而累积，拖住了新事物的发展。不是一层，而是四层思维方式的重力，拖延了移轨创新的步伐（见图 2—2）。组织重力使得组织内部人员的思维相似；然后是根深蒂固的行业重力，使整个行业的所有人员的思考和行动都是一样的。更深层次，国家和文化的重力使得人们窒息，影响了几代人，使得他们习惯了去顺从，而不是创新。

图 2—2　重力的层级

> 思维方式的重力产生了"重力隧道"，制约了社团、组织甚至国家和文化，并使其陷入陷阱之中。它有意识或者无意识地阻碍了大家去构思和追求，有时甚至阻碍了移轨创新。

组织重力
Organization gravity

组织几乎不费吹灰之力就能累积重力。过去的成功成为最佳实践，最佳实践成为模板，而模板成为不容置疑的神圣真理。

这其实是一些表面的尝试，一些组织通过提高员工的文化多样性来刺激创新。他们聘请有不同背景的新员工，然后对他们进行"很好的引导"，"好"到那些新员工被无缝地引导进入有同样重力的心智模式。当一个人在组织中仍然是新鲜的时候，他经常会冒出新的想法。然而，当他碰巧与一位高级经理分享了一个聪明的点子时，他得到的最可能的反应是，"好吧，你在这里多久了？你是说一个月吗？等你在这里待满一年后我再问你。"一年后，他可能已经停止提"愚蠢的"问题，他现在已经知道什么问题是不可以问的。他已经成为组织重力的一个组成部分，他已经成为他们中的一员了。

组织重力：用旧的思维方式进入一个新市场
Organization gravity：entering a new market with the old mindset

一个组织用旧的思维方式进入一个新市场是一场灾难的开始。

20世纪90年代早期，泰坦已经成为最受尊敬的、成功的印度钟表公司，它靠自身的信誉赢得了多个市场营销奖。在渴望成功和增长的驱动下，泰坦制定了一个战略，通过建立塔尼什品牌来进入珠宝市场。在这样做时，组织屈服于重力了。迷失在他们成功的"钟表战略"中的这个泰坦团队，在珠宝市场也要复制之前的成功经验，而他们并没有意识到这样做的危险性。全球化的设计和巨大的零售商店是让泰坦手表在市场上大获成功的模式。他们把这个模式直接应用到珠宝销售的策略上，然而遭遇惨败。他们不懈地以这个失败的策略努力了五年，但塔尼什利润一直停留在负值。情况如此严重，以至于在泰坦的董事会上"J"（珠宝的英文首字母）成为不能被提及的一个字。它已成为一个尴尬。

在这个时候，雅各布·库瑞恩成为塔尼什的首席运营官。他最重要的观点是："在根据手表的策略来形成珠宝的策略时，塔尼什已经忽略了什么是女人真正想要的。塔尼什应该销售珠宝给女人，就像泰坦卖手表给男人一样。"塔尼什的转型只有在它回到零点，然后重新考虑那些最基本的假设，甩掉所有由泰坦带来的包袱后才能开始。最终，塔尼什才开始了解印度女人到底是什么样的、她们是如何用独特的印度方式来购买珠宝的。这并不是一个快乐的实践或简单的转身，而是一个痛苦的过程，花了整整两年时间来解决问题。塔尼什被带上一个新的轨道，独立于泰坦的传统。事后看来，有些问题令人好奇。是什么使这样一个成功的泰坦团队在塔尼什项目上遭受如此严重的失败？为什么他们认识不到方法上的根本缺陷？为什么需要这么长时间才转变，不在第一年或第二年，而是在一年又一年的失败以后？这是多么强大而具有麻痹性的组织重力啊！它可以使得一个有着聪明的、善意的成员的团队共有一个这样的信念："战略是正确的，只是执行力不足。"然而，一旦思维方式重力面临突破，转机就出现了。而现在，塔尼什已经成为一个很好的成功案例。[1]

这不仅仅是泰坦的故事；当组织用老的思维方式进入一个新市场时，它一次又一次地使组织陷入陷阱中。例如，有一个跨国企业想用原有的"UPS（不间断电源）的思维方式"进入南亚的"备用电源"产业。该企业认为 UPS 主要用于计算机，因此试图通过电子商店来渗透到市场中。这个理念来源于他们之前在发达地区市场的成功经验。但是他们没有认识到南亚的电力和能源供应市场的大环境和之前的发达地区是完全不同的，不仅经常停电，而且电压波动也非常厉害。因此，当停电时，UPS 作为家庭临时备用能源有巨大的潜在需求。但他们忽略了这个相对较大、事实上非常巨大的商机。同时，一名印度企业家，由于不受 UPS 行业重力的限制，抓住了这个真正的机会。苏卡姆电力系统进入并且扩大了家庭逆变器和 UPS 电源备份市场。

这家跨国公司的业务主管错过了这个机会后，反思道："之前我们的标准是基于 PC（个人计算机）的渗透率的（它之前在 UPS 市场很成功）。因为南亚的 PC 渗透率仅为 4%，那将会是我们的市场规模。但只有当本地公司如苏卡姆、Microtek 等推出了自己的逆变器产品时，我们才意识到备用电源的市场更巨大。"

组织重力：把新的机会套在现有的分类中

Organization gravity：fitting a new opportunity into an existing category

组织重力不仅扼杀新的市场进入策略，而且阻碍了新机会的出现。管理者和各种组织善于把市场切割成整齐的分类：按客户分类、按用途分类、按社会文化分类。分类简化了很多事情，但也成为阻止创新出现的思维方式重力。当一个组织设计一个架构并把这个组织架构制度化来和市场类别相匹配时，这种基于分类的思维方式重力则会更加严重。举一个例子，在一个组织中，食用油、头发护理和婴儿护理为三种不同的市场类别，因此员工也被分配到三个与之匹配的业务部门中。在这样一个注重分类的商业中，即使一个创造新类别的想法勇敢地出现了，往往也会立即被拉回它现有的分类中，融入现有的类别。

一个大型消费品跨国组织认为保健领域是一个潜在的机会。它将聚焦在"生活方式和预防保健"上，并作为下一个大的发展方向，创建新的类别。行动开始时十分忠于这个伟大的创意，但很快就落回现有的分类中。很快，它没有被新类别的独特性所驱动，却最终在其最熟悉的领域里推出了第一个产品：洗发水。因为一个头发护理的经理说："我们在头发护理领域是很强的。"

事实上，甚至它关于保健的研究也已经不知不觉被"老的类别"所占领。关键研究发现，从植物草药品牌开始个人护理的消费者比例高于从医疗保健开始的。这导致了一款去屑洗发水和一款护肤霜成为首先推出的产品。该组织又一次把自己放入现有分类的舒适区中。

在短短的几年内，曾经被寄予厚望能成为一个主动的"预防性保健机会"的项目萎缩到只有一系列被动的反应和治疗性的产品，明显违背了最初的目标。

这个移轨创新的机会已经被削弱成一个"过气产品的增量"，就是因为类别重力。就像一些团队成员之后表达的：

● 我们开始在现有类别中寻找保健的型号。

● 基于现有的客户认知，我们传统的想法限制了新品种的创造和产品线的扩展。

● 大多数人看不到分类的创新，关注点都在于：我怎么能把它归到现有的分类里？

有一个人总结并叹息道："我们带着一个远大的目标走进保健领域，但是实际上我们还是一个肥皂和洗发水公司。所以我们马上把保健的新机会转化成'洗发水和肥皂'。"

组织重力：是移轨创新还是营销噱头？
Organization gravity：an orbit-shifting idea or a marketing gimmick?

诺和诺德公司一直是发现新药的心理模型的主要驱动者。药物输送装置几乎没有被当作他们的战略核心。所以，当诺和笔首次推出时，营销团队认为这只是一个增加销售的噱头，而不是作为一个载体来改造糖尿病医疗行业。该装置甚至都没有申请专利。只有当这个设备开始在市场上获得成功并开始改变糖尿病患者的生活时，营销团队和公司的其他部门才有所觉悟，这才真正认识了诺和笔的价值。它经历了从被视为营销噱头到最终成为糖尿病护理的未来的转变过程。[2] 到 2004 年，诺和笔、诺和利特及其后续产品如 Flex 笔已经占有了注射用胰岛素全球市场份额的 25%。

> 作为一位首席执行官，想想这个：
>
> 当你们沿用"老轨道"的思维方式来追求"下一个轨道"的想法时，你和你的组织会落到哪个陷阱里？你正在做什么来有意识地面对这个重力，同时从一开始就防止这些自我产生的灾难发生？你正在做什么来确保机会识别的流程没有不自觉地受到当前轨道的思维方式的限制？

行业重力：从猪到白雪公主
Industry gravity：from pigs to Snow White

《三只小猪》是沃尔特·迪士尼标志性的电影。它曾经取得了巨大的成功。沃尔特·迪士尼聚集他的团队成员，提出了一个问题，"下一部电影我们应该做什么呢？"答案是——正如你所预

期的——当一部影片成功时，符合因循守旧特征的最通常反应是
扩展这个体裁并使用更多相同的元素。迪士尼团队的本能反应是，
"还是猪，还是卖猪的电影！让我们以猪为对象再拍一部电影。"
没有直接同意团队的建议，沃尔特·迪士尼暂停了一下，并考虑
了这个做法，这时一个直觉击中了他。他召集了他的团队说："你
不能用猪来超越猪。"沃尔特·迪士尼已经意识到，做更多同样的
事情是不够的，他们需要做一些不同的事情。这种洞察力导致他
们开始了《白雪公主和七个小矮人》的制作。这部电影成为电影
业的一个里程碑，创造了一个新的电影类别——全长动画电影。
它成为 1938 年最成功的电影，首映的收入就超过 800 万美元。在
2012 年，这些发行的收益相当于 1.27 亿美元。今天，它是美国
电影学院名单中所有伟大的美国电影里唯一的动画电影。沃尔
特·迪士尼是正确的，你不能用猪来超越猪。他用白雪公主打败
了猪（Maltin，1987；Thomas，1994）。

行业重力：从第一天就领先的领袖
Industry gravity: leaders from day one

　　一份全新的报纸需要多长时间才可以在一座城市取得领导地
位？大多数精通报纸行业的专家会说："给它 7～10 年吧。"在一
个新城市获得市场领导地位需要 7～10 年的这个结论，是根据行
业专家的传统经验得出的。报刊阅读是一种习惯，而习惯是很难
改变的。人们习惯了纸质、报纸的字体和布局，一旦感觉舒适就
不会轻易改变。这种信念导致大多数报纸采用相同的"猪的策
略"。首先自由打样，来建立熟悉的感觉，只有做好了这个，才会
推出正式版本；然后在多年连续繁重的工作后，希望能够得到市
场领导的位置。这已经不再是行业的智慧，而成为行业重力。而
突破已由一份革命性的报纸生动地带到了人们眼前，《戴尼克·巴
斯坦》脱颖而出。

　　《戴尼克·巴斯坦》打破了这个行业的重力。该报创造了一个
移轨创新的策略，使之从发布的第一天就成为领导者。通过与整

个市场一起来共同办报，它没有采用通常的"猪的策略"：《戴尼克·巴斯坦》创造了白雪公主。在艾哈迈达巴德，该报同 120 万户家庭共同办报纸，由此在发布第一天就实现了 45.2 万卢比的发行额，创造了新的纪录。当时市场领导者的发行额是 35 万卢比。在不到八年的时间内，《戴尼克·巴斯坦》取得了很多报纸需要花几十年才能实现的全球报纸发行量（Munshi，2009）。

> 作为一位首席执行官，想想这个：
>
> 大多数行业不可避免地会达到某一点，在那个点上大家都忙着生产猪。在那个阶段，什么东西看起来都是一样的。产品看起来一样、过程看起来一样，甚至商业模式看起来也是一样的。到达某一阶段，大多数人在同一个行业内转换工作，所以人们也开始看起来是一样的。整个行业变成了一个扩展的猪的工厂，那里的玩家已经失去了明显的差异性，反而都被困在一个标准上，他们能想出的最好的创新通常是生产一只更好的猪，如"我的是大一点或者小一点的猪，或者那只是比较瘦一点的猪，或者那只是蓝色的猪。"但它终究还是"猪"！这不是创新，这是合理化，是惯性思维发展出的、以服务自我为定义的创新。
>
> 看看你的创新日程。是否是养猪场的延伸？有白雪公主在日程上吗？如果没有，为什么没有呢？阻碍白雪公主出现在你日程上的重力到底是什么？

行业重力：在给出的盒子里创造一个小一些的盒子

Industry gravity：creates a smaller box within the given box

高度管制的行业，如医药业和金融业往往落入陷阱，通常将原因归结为实施条例的不创新。问题是：法规和监管机构是真正的障碍吗？或者还有更深层次的原因？当法规是必需的和强制性的时，随着时间的推移，重力开始使得组织只是在字面上跟随着法规条例，而不是追随其初衷和目的。再加上时间模糊了法规的初衷，甚至没有人会尝试去挖掘源头并思索其真正的含义。每个人对他们自己假设的含义都很安心，并坚持着。随着时间的推移，重力下沉，越来越多的假设被当作了事实。

一家欧洲制药公司发现自己眼睁睁地看着竞争对手创新，而自己只能不断地、被动地充当接收端。厌倦了不断被愚弄和欺骗，于是领导团队成员暂停日常工作，反思并试图了解其原因。他们发现自身最大的重力是他们屈从监管机构的态度。有趣的是，大部分的屈从是由内部的神秘感所驱动的，而不是和监管机构打交道得出的真正经验。就像一些领导团队成员在反思时说：

- 我们积极地顺从以使风险最小化。
- 那些"我们假设出来的不行"毁灭了创新机制。因为我们认为监管机构不会接受它，于是我们就不冒风险了。但实际上尝试是最好的办法。
- 我们花了大量时间在自我保护上。结果是我们处在一个自我约束的世界里，局限在边界之内。
- 我们过于顺从了，那是一种超过必要的顺从。结果是我们在可能的领域都没有去尝试。

假设不行！

结果是，组织的领导者在早期会习惯性地自我审查新的点子，说："它不会通过监管机构的审查。"每次都假设不可能，在过去的几年中很多想法就这样被放弃了。他们甚至都没有费心去检查具体的管制条例。他们创造了一个自我限制的运动场地，在监管机构给出的大盒子里创造了一个更小的盒子，这已成为其落后于竞争对手的主要原因。它像是足球赛中的"乌龙球"：就像在为对方进球！越多的人在监管的环境下工作，越有可能他们最终都以管制的方式在工作——他们的思维方式受到同样的管制和约束。

这就是行业监管重力的核心。

行业重力：监管机构打破边界
Industry gravity：the regulator breaks boundaries

监管机构，与受重力影响的组织相反，甚至帮助企业打破边界，来发展它们的业务。2001年，市值200亿美元的制药公司布里斯托尔梅尔斯，研制出一种相当成功的非处方止头痛药叫伊克塞锭。布里斯托尔梅尔斯通过观察病人的行为发现，伊克塞锭还可以有效地用于治疗偏头痛。虽然布里斯托尔梅尔斯发现了这个现象，但这并不一定能把它转化为商业机会。

由于偏头痛是一种症状明显的严重的身体疾病，食品和药物管理局（FDA）的监管规定，产品需要有单独的标签，因为它会同时被用于头痛和偏头痛的治疗。这导致了同一产品/配方拥有了两个标签，即伊克塞锭和伊克塞锭—偏头痛两种药，各有不同的包装和标签来避免在零售货架上被混淆。伊克塞锭—偏头痛拥有了在总共两亿美元的伊克塞锭市场之外的8 000万美元的市场。这是一个独特的品牌延伸的案例，来自食品和药物管理局的推动。

布里斯托尔梅尔斯以前对待伊克塞锭—偏头痛的做法是有偏差的，它停滞不前，并没有认识到这是一个更大的机会。在这种情况下，监管机构实际上帮助布里斯托尔梅尔斯创造了一个新的机会，致力于给公司带来更大的优势。这表明监管机构并不总是试图扼杀和限制组织的行为；它们实际上服务于更广泛的共同利益。然而，大多数组织还是觉得被监管的重力所禁锢。

移轨创新者不受监管的重力束缚。他们宁愿认为法规服务于一个目的，并想出办法来实现轨道的转换，而不妥协于监管目的，也不让自己被困在监管条例的文字里。[3]

作为一位首席执行官，想想这个：

牛顿定律之所以被称为定律，是因为其在物理学领域中是绝对真理，因此不能被质疑。也许，这就是为什么 200 多年后爱因斯坦才出现。如果人们被教导牛顿的学说是"牛顿的假设"而不是"定律"，会怎么样？那爱因斯坦是否会早些出现呢？

你如何让针对你的行业、领域和市场的假设变成事实，甚至让你的组织受限于法规？如果你反过来对待它们像对待假设一样呢？

领域和部门的重力：生态系统的关系
Domain and sector gravity：ecosystem nexus

当整个领域或部门坚信一个规范，同时接受它为神圣的、不可触碰的时候，比市场重力更强、更阴险的领域和部门的重力显现出来。这个规范是如此根深蒂固，以至于整个行业/部门都必须接受其边界和限制。

业务、政治和媒体之间的关系，往往意味着丑闻和腐败，它们或是被扫进地毯下，或是被发现得太晚了。Mediapart 是一家小型的、灵活的、年轻的法国媒体运营公司，它已经打破了传统的模式。Mediapart 用无情的聚光灯对准了弗朗索瓦·奥朗德的前任税收执法部长杰罗姆·卡于扎克的逃税丑闻。在一连串的否认和无耻的声明后，据《时代》杂志称，卡于扎克告诉法国议会，他"现在没有，之前也从没有在国外隐藏资金"，直到 Mediapart 将他和其他人讨论他在瑞士的秘密账户的磁带公之于众时，他才被迫辞职。

Mediapart 成功的背后能看到法国新闻业的行业重力。各大传统报纸不配合甚至破坏 Mediapart 的勇敢尝试和由此带来的全新的商业模式。为了打破部门重力，Mediapart（由劳伦特·摩迪和艾德威·皮利内尔于 2008 年建立）放弃传统的将广告作为收入来源的方式，而是采取了订阅模式。

《时代》杂志观察到：

> 小型的、活跃的网站通过揭露法国十年来一些最大的丑闻走出了逆境，它们利用很有限的预算，反抗着那些有钱的法国报纸，并散播着广泛的质疑。

> 本周的报道不仅刺痛了政治家，更刺痛了法国传统媒体。Mediapart 埋首几个月于卡于扎克的故事，新闻媒体则质疑信息是否真实，甚至有时因为其微不足道而否认它。

晚些时候在《时代》杂志上，皮利内尔阐述了他们的商业模式：

> 当时，他们的商业模式似乎行不通。"五年前没人相信我们的项目，"皮利内尔，Mediapart 的总裁在星期五表示。皮利内尔说，当他 2008 年离开 Le Monde 时，他决心给人们带来让他们愿意支付高价的信息。它给法国民众提供的那些被揭露出来的事实，都是旧报纸所回避的。"它们都说这行不通。"

> 令许多人惊讶的是，订阅稳步增加，因为读者寻求那些经过调查的报告，这恰好是法国现有报纸所缺失的。Mediapart 现在有大约 62 000 个用户。根据创始人提供的信息，去年 Mediapart 雇有约 30 名记者，获利约 78 万美元。

Mediapart 打破了传统的新闻业固有的模式，通过深入的调查报告把法国民众置于中心，而不是把广告商或其他利益相关人放在中心（Walt，2013）。

领域和部门重力：开发规范
Domain and sector gravity：development norms

我们一直认为，贫困导致文盲。这一信念成为援助和发展工作的基础。然而，虽然用心良苦，但它往往会成为阻碍人们跨越边界去接近一个发展的挑战的重力。

这个贫困导致文盲的思维，其实给贫穷孩子的教育分了优先级。如果你想让孩子进学校读书，首先你要缓解家庭贫困状况，因为贫困家庭觉得送他们的孩子去工作来获得食物更重要，而不是送去学校接受教育。这种观点几十年来不容置疑。

直到印度的珊塔·辛哈和MV基金会挑战了这个规范并扭转了这个关系。当她把那时还像福音书的真理——贫困导致文盲——翻转过来时，她打开了一个全新的机会之窗。[4]珊塔·辛哈问自己，如果是文盲导致了贫困，会怎样呢？在一个学校区域，她做了一个实验，她把所有的参与劳动的孩子都送进学校。他们的工作由成年人替代。成年人比孩子能够得到更多的工资，因此家庭的收入上涨，而孩子们则受到了教育。因此，珊塔·辛哈找到一个模式，不是依次，而是同时缓解了贫困和文盲。独立的研究显示，在这些村庄，2005—2009年，女性成年工人的工资率提高了131%，男性提高了105%，其他村庄则分别提高了51%和56%（FNV Mondial，2010）。2012年，100万个孩子到学校学习，同时超过1 500个村庄不再使用童工（india. hivos. org，2012）。实际上是家庭中第一个受过教育的孩子从根本上帮助家庭打破了贫困的恶性循环。

这一切都从打破先消除贫穷再解决教育的传统规范的思维方式重力开始。

领域和部门重力：金字塔底部的重力
Domain and sector gravity：the Bottom-of-the-Pyramid gravity

一个吸引了许多组织的想象力、促进企业增长的重要理念，是普拉哈拉德的"金字塔底部的财富"（BOP），在那里，他为企业发现了一个巨大的、尚未被重视的市场。据估计在2004年，"金字塔底部"包括超过40亿人，人均年收入1 500美元（Prahalad，2006）。

这个概念引发了一个原始的、西部淘金式的场景，在那里每个人都朝着一个未知的、未开发的金矿冲刺。它为企业开辟了一个全新的世界，但只有当它们能找出如何到达那里，并把锁在金字塔底层的财富解开时，美梦才能成真。

> 作为一位首席执行官，想想这个：
>
> 强大的新想法往往会被人们用老的思维方式加以解释并追求其含义。这个重力将新想法所释放出来的巨大的潜力减至最小。在这种情况下，企业用这种心智模式希望从金字塔底部获得机会，其中最重要的焦点是"从金字塔底部这个大钱包里获得更大的好处"。每个人都这样想，但似乎没有人能想出"如何得到"。因此，这种心智模式减少了发现宝藏的机会，使得金字塔底部仍有大量未开发的宝藏。
>
> 在别的地方，你和你的组织是否曾经被一个巨大的、如金字塔底部这样的机会所诱惑，但是又受到老的轨道思维方式的限制？

ITC公司的思法库马认识到，真正的变革需要在金字塔底部发生。他同情农民，那些在"食物链"上得到回报最少的人们。在这种同情的推动下，他创造了 e-Choupal，他相信，"第一，要给金字塔底部的人们以财富。首先把他们的钱包变鼓，然后才能从中得到你的那部分财富。"在 e-Choupal 出现之前，印度农民面临的一个严重的障碍是他们不得不远距离运输他们的农产品以便进入市场。他们发现，买家只提供到货价格。农民们把产品从大老远运到市场花费大量的人力物力，这使得他们没有选择，只能妥协低价出售。因为农民没有存储产品的方法，所以这种抛售的压力更大。有压力的销售大大降低了收益，使得金字塔底部的人更绝望了。e-Choupal 开创了一个新的商业模式，在村庄安置 e-Kiosk 在线系统，使农民可以了解实时的市场价格信息。现在农民们在出发前就能知道不同市场的价格选择，所以他们可以选择什么时间在哪里出售。e-Choupal还用跟市场价类似的价格为 ITC

从农民那里收购他们的产品，大多数农民也选择直接卖给 ITC
（Munshi，2009）。

> 作为一位首席执行官，想想这个：
>
> 首先把钱包变鼓，然后才能从中获得更大的份额。这种信仰是包容性增长的核心，"首先让金字塔底部的人获得财富，然后从他们那里得到财富"打破了直接"从金字塔底部获得财富"的思维方式的重力。哪里可以使得包容性创新成为一个杠杆，以便进入一个巨大的未开发的市场，或者创造一个新的市场？

国家重力：世界上最好的航空公司
Country gravity：the world's finest airline

围绕着破坏性创新的大部分构想受困于如何使创新发生，但只是在行业这一层面。然而，在行业层面的游戏规则却受到潜在的国家和文化暗流的强烈影响。如果这些思维方式不表露出来并被解决，这种深不可测的、不容置疑的重力将成为破坏创新尝试的沉默杀手。

如此强大的国家和文化的重力席卷了各个行业，并将整个国家的人们拉入看不见的、特别的甚至导致瘫痪的自我限制的信念中去。这往往阻碍了领导和组织试图尝试一个移轨创新的行动。

从第一天开始，新加坡国际航空公司就有一个大胆的愿望——成为航空业最好的航空公司品牌。一个团队开始寻找他们的核心差异。这马上就遇到了亚洲航空业的"行业流行智慧"。当时由泰国航空公司领导、被大家广为接受并深受人们喜爱的成功模式是，"现代的飞机和西方的飞行员"。新加坡国际航空公司的团队意识到，所有的航空公司将很快变成同质化的；虽然可靠性和现代化对消费者来说是重要的，但这些相对容易实现，所有航空公司都将很快成为合格者，而没有竞争优势。

新加坡国际航空公司突破了这一行业的重力，确立了自己主要的差异性在于飞行过程中发生了什么，即客舱里的体验。

然而，这个突破却很快面临着国家重力的挑战。那时是1972年，高级管理人员一次又一次地提醒他们，新加坡被看作第三世界国家，他们不可能让一个航空公司的品牌形象大于且优于这个国家的品牌形象。这个国家的重力分明认为第三世界国家不能立志创造一个世界上最好的航空公司。而围绕着现代飞机、扩展的网络和有经验的人员来打造公司的品牌看起来更专业、更可以被接受。这当然是一个安全的防御性策略，但仍只是一只稍作改进的猪。

幸运的是，新加坡国际航空公司团队并没有放弃，他们继续努力，从而打破了这个国家重力。新加坡国际航空公司在1972年10月开始将飞行体验作为其核心的竞争力。这么多年来，公司开创了一系列的客舱服务并通过即使在今天看来也是非常卓越的飞行体验，继续遥遥领先于其竞争对手。事实上，正是新加坡国际航空公司帮助新加坡改变了其国家的品牌形象（Batey，2001）。

文化重力：培养顺从
Cultural gravity: cultivates subservience

文化重力嵌入文化之中，甚至比国家重力的层次更深，它培育了傲慢和顺从——在发达市场的本能的傲慢和在发展中市场的根深蒂固的极端顺从（奉承）。

瑞士人做到这个了吗？

当泰坦的薛西斯·德赛激励他的团队创造世界上最薄的防水手表时，文化顺从成为一个可见的边界。团队的本能反应是："连瑞士人都没能做到的，我们怎么可能做到？"瑞士被认为是精密工程的标杆国家。因此，在泰坦占主导地位并自我限制的理念是："如果瑞士人做不到，那么就没有人能做到。"薛西斯启发团队冲破自我限制，拒绝接受否定的答案。泰坦团队在1994年推出3.5

毫米的防水手表，和一张软盘的厚度一样。最初，薛西斯移轨创新的愿望在泰坦遭到怀疑，因为他们必须解决许多极端的工程上的挑战。这意味着减少40%左右现有的手表机芯。这意味着它的防水性将超越其他如此之薄的手表。然后他们不得不从根本上改进所有的部件，特别是电池和电机，使其能够装进手表的空间。每一个问题都带来一系列的挑战；需要有长寿命的电池，因为电池不能频繁地更换，但更长的寿命意味着更大的尺寸。他们将如何解决这两难的挑战？然后，他们必须找到一个外壳供应商，能提供足够薄的外壳和防水的玻璃，同时还有一个纤细的皇冠标志。

团队前往瑞士的巴塞尔钟表展去寻找供应商。但所有的供应商都不相信，"你真的创造了这么小的手表机芯吗？"他们不相信一个只有两年历史的印度公司已经做到了这一点。他们都拒绝做原型，因为这需要在很多部件上取得突破，而这些超出了他们的能力范围！超出了瑞士人的能力范围！想象一下！团队大吃一惊。瑞士人没有这样做是因为他们认为这是不可能做到的。他们士气低落，认为他们的产品遇到了一个瓶颈。但幸运的是他们没有放弃。他们有了一个新的决议："如果瑞士人还没有做到，我们会做到！"他们回到绘图板旁，开始构建原型。他们没有参考资料，在每一个阶段，他们都面临着难以克服的挑战，但"我们将做瑞士人没能做到的"信念让他们继续下去，最后世界上最薄的防水手表"边缘"来到了这个世界。它成为所有其他超薄手表的标杆。正如泰坦的"边缘"是一个工程上的突破一样，它重铸了印度精神并建立了信念，泰坦团队确实胜过了瑞士，制造了一款特殊的手表（Munshi，2009）。

在发展中国家，这种文化顺从无处不在：大多数人都没有意识到它深植于他们的血管里并左右着自己的思维和行动。当纳尔逊·曼德拉观察到这个问题时，他生动地说："问题不在于他们认为自己优越，问题是我们认为自己低人一等。"

作为一位首席执行官，想想这个：

被泰坦的团队克服了的文化顺从通常是大家看不见的敌人。它导致了创新者脑子里的"自我怀疑"。当我们的团队想出"世界上第一个移轨创新的点子"却立即开始自我怀疑时，我们经常有这样的对话，"我们怎么可能是想到它的第一个人？""我相信在硅谷的企业早就已经考虑过了，事实上他们肯定已经否定了它；这就是为什么它从没发生过！"就是这种自我怀疑，成为限制组织和领导试图尝试移轨创新的隐形盒子。

哪里有类似的"自我怀疑"浮出水面，并封锁了你的"世界第一个"的点子？泰坦团队是如何处理这个自我怀疑的呢？

文化重力：三星挑战者

20 世纪 90 年代中期，三星是穷人的索尼（Tong-Hyung，2009）。然而，三星的愿望是做一个挑战者，而不是索尼的追随者。因此它准备创造突破性产品。它的领导人决定，设计将是关键的差异；他们将突破性设计作为设计团队的一个关键技能差异。三星决定以最前沿的设计工具、美国最好的设计院的专家来充实他们的设计团队。能力建设是成功的，但缺少突破。进入到问题的核心，三星发现真正的障碍不是技术，而是思维方式的重力。

当受到挑战，要为世界创造一个突破性的设计时，韩国设计师不自觉地将最新的来自美国的、来自日本的和来自意大利的设计组合在一起，作为世界的一个突破性设计呈现出来！整个设计里面没有韩国的设计；所有的灵感都来源于韩国以外的发达市场。

真正的突破始于设计师开始质疑这一文化思维方式的重力，他们认识到在意大利人的游戏里，他们是无法战胜意大利人的。相反，他们需要建立自己的游戏场地。这最终的思维方式的重力的突破导致了产品的突破。第一个大的成功是蚌形的三星手机，它成为 2002 年美国最畅销的手机。蚌形三星手机是一款适应手小的人的小手机，适合体形小的韩国人。这一次设计师们利用好了他们的文化独特性（Khanna，Song et al，2011；Samsungvillage.com，2011）。

文化重力：逆向工程

不发达国家里的组织及其员工对待那些发达国家和人们，经常持一种敬畏态度。结果是，他们集中注意力去追求发达市场的发展趋势，然后直接采纳它们或把它们本地化。事实上，很多聪明的组织已经建立起"逆向工程"作为核心竞争力，通过成功的公式——从发达国家挑选一个成功的产品、流程或者模式，解读它并尽可能翻译出其源码，然后用低成本实现它，最后把它带到市场上以较低的价格销售。

用逆向工程的思维方式教授一个组织突破性创新能力是基本不可能产生白雪公主的。新的创新技术被部署到逆向工程的速度更快，在最好的情况下会产生一只更便宜、有时候会更好的猪。一个世界第一的、移轨的创新只可能发生在文化重力下潜在的逆向工程被突破时，就像泰坦和三星所做的那样。

作为一位首席执行官，想想这个：

当面对文化思维方式的重力时，所有的技能和能力建设都不管用。工具和技能最终都归入思维方式。思维方式越深沉，越是需要更多地去承认并突破它。这看上去似乎是技能上的差距，实际上可能是一个根深蒂固的观念导致的差距，而且已成为重力。无法面对和克服思维方式的重力而去建立新的技能基本是行不通的，就像人们用老的观念来部署新的技能一样。

你的组织试图在哪里建立一种新的创新能力？什么样的思维方式将成为重力？你怎么能突破这些思维方式来平衡而不是减弱新的能力？

文化重力：对巨人的恐惧

当马里科面临来自联合利华的极端威胁时，创新能力不足这个事实变得非常明显。2000 年，联合利华推出了尼哈尔，与马里科的领先品牌降落伞（椰子油）竞争。从联合利华巨大的广告花费可见其强大的攻击性，每一步都超过马里科，其震耳欲聋的声音把马里科微弱的声音淹没在媒体里。接踵而来的是来自市场的令人担忧的消息，马里科的销售人员亲自报告说在零售商店遭遇绿色的围墙（尼哈尔的品牌是绿色的，而降落伞是蓝色的）。绿墙已经变成了马里科人的一场噩梦。实际情况是，降落伞在马里科的产品架构里是贡献最大者。如果降落伞这面蓝色的墙倒塌了，马里科肯定也会随之倒下，这是个非生即死的严峻情况。马里科，在这个关键的时候，被看作一个在行业圈子里的主要收购目标。

在这次猛烈攻击造成的慌乱下，马里科组成了一个高层团队，希望能制定出一个创新的应对策略。该团队之前曾接受过有关横向思维技巧的创新培训，所以他们本应该能想出一些创新的策略。团队成员一起召开了为期两天的研讨会，产生了许多想法，但没有一个是突破性的。在两天研讨结束时，他们意识到他们一直在撞一面墙，他们所有的努力都被墙无声地吸收了，而没有任何反馈。一股越来越强烈的绝望感油然而生："我们能做什么呢？联合利华是一个巨人。他们有比我们多得多的资源。"

第二天晚上，当领导者也加入进来时，部门的负责人希坎特·盖博特的一段话引出了一个深层次的对话："我们都很害怕，让我们面对这个事实，就像我们大晚上围坐在这个房间里不停地讨论！我们是担心这可能会给我们带来什么。"从这个表露出来的思维方式重力，我们能看到：这个团队被他们意识到的威胁打倒了，在他们心目中，他们已经输掉了比赛。他们只能像一个防守者那样思考！

文化重力削弱了他们，使得他们只能防守。他们怀疑自己是否有能力继续努力，去赢得与跨国巨头的竞争。

无怪乎那些在过去的两天里产生的大部分想法，都是由一些防御性且不被人所见的问题所驱动："我们怎样才能防御侵蚀？我们如何能将损失最小化？"最后那天晚上，他们真正面对了问题，并最终突破了思维的重力。他们最终从防守者转换到了攻击者。毕竟，他们认为，在快速消费品市场，虽然跨国公司可能是个肌肉发达的球员，但在椰子油领域，马里科是个更好更强的球员。所以他们的重点转移到："不再失去，而是增加我们的市场份额。"他们新的口号是："我们不能跟他们比资源，我们跟他们比点子。"

这一转变导致了一波新的思想；移轨的可能性打开了，由此产生的新策略在市场受到热情追捧。降落伞确实获得了有史以来最高的市场份额。伟大的对手被打败了。四年后，联合利华将尼哈尔卖给了马里科，这场战役就此画上了一个完美的句号。

在过去的十年里，新创业的团队已经不再对巨人产生恐惧。早些时候，大家伙进入一块领域会使得小企业产生敬畏和恐惧，因为小企业觉得它们将在市场上被彻底击败。但世界秩序发生着变化，许多企业公然挑战这个重力，就像马里科所做的，加紧进攻并击退了巨人。他们意识到："你不能用资源击败巨人，但是你可以用想法击败他们。"

文化重力：滋生傲慢
Cultural gravity：breeds arrogance

法国葡萄酒

文化顺从滋生了自我怀疑，而文化傲慢会助长盲目的自信，这也会变成同样强大的重力。

法国葡萄酒代表着一种生活标准，同时也是一个痛苦的提示，提醒人们在文化上的傲慢可以形成什么样的文化重力。葡萄酒行业出现以来，法国葡萄酒一直占据着市场的主导地位。基于2 600年的悠久历史，作为第一流的葡萄酒制造者，法国的形象已经很好地建立起来。不管在哪里，法国葡萄酒几乎就是葡萄酒的代名词。然而，20 世纪末和 21 世纪初，法国葡萄酒的优势地位受到挑战。就像大多数行业，市场领导者面临着一大波的挑战者，诸如来自加州、澳大利亚、南非、智利的葡萄酒。这些挑战者们在法国以外的地区看到了目标消费者，那些刚刚开始将喝葡萄酒作为饮用习惯的人。他们开始为那些新的用户制作葡萄酒，同时将葡萄酒市场拓展到其他国家。

法国旧世界葡萄酒传统上更多受到风土条件和结构的驱动，即葡萄酒的特性依赖于葡萄生长位置的土壤、天气等条件，这导致了葡萄酒用其葡萄原产地来命名——勃艮第、波尔多、夏布利、阿尔萨斯、香槟等。而挑战者带来了葡萄酒工业的概念。他们的重点不是挑选葡萄种植的位置或风土情况，而是将力气更多地放在如何保持水果的新鲜特性上。他们认为，适当的、科学的、有技术的葡萄园管理带来的最好的实践可以弥补任何位置与风土上的缺陷。因此，他们从位置限制的局限性中解放出来，转而在任何土地上种葡萄，因为他们不再被限定在某个特定的葡萄园里。比起来自法国某一葡萄园的葡萄酒来说，这种工业化的酿酒方法使得新世界葡萄酒品质上更一致。新兴的消费者们也愿意尝试新的葡萄酒。

法国人早期也看到了迹象，但文化傲慢成为一种重力，一种妨碍采取创造性的回应的重力。1976 年的巴黎盲测（或像他们所称的审判的日子）是第一个明确的警告。法国葡萄酒专家通过盲测来比较法国和美国加州的葡萄酒。一款加州葡萄酒在每个类别都被评为是最好的。这是一个惊天动地的大事，但法国人却否认了。《费加罗报》发表了一篇文章，几乎驳回了那些被称为可笑的结果。盲测的六个月后，《世界报》又继续在另一篇不屑一顾的文章中否认了这个结果。法国人不仅拒绝接受口味测试后的现实，而且他们的葡萄酒价格继续被高估（Taber，1976）。

波尔多的葡萄园在 20 世纪 80 年代和 90 年代都有意地将价格进一步提升。在某种程度上，其最广泛、最忠诚的市场拥趸，即有教养的中产阶层都无法获得或者难以承受大多数的波尔多葡萄酒高昂的价格。这些为数众多的消费者将目光投向了别处，于是他们发现了质量和价格都不错的新世界葡萄酒。

此外，法国葡萄酒业一直拒绝承认他们的语言对非欧洲的买家甚至非法国的欧洲买家是一种障碍。法国葡萄酒酒瓶的标记上永远都只有法语。如果你不能理解也没关系；只要是法国的就一定是好的！相反，新世界的葡萄酒给出了很多信息，包括水果、口味，甚至还有搭配葡萄酒的食物组合。"这是短视的营销，"朗格多克地区南部的葡萄酒制造商让·克劳德说："我们过分的傲慢使我们忽视了来自新世界的竞争是多么严峻。"

这种文化的重力造成法国葡萄酒的没落，他们的市场份额下降了，例如在英国下降了 17 个百分点（Jackson，2007）。令人惊讶的是，巴黎审判日之后的 30 年又进行了第二次盲测，同样拿加州与法国的葡萄酒相比，结果还是相同的（Iverson，2010）。直到最近，30 多年后的今天，法国人也开始采用新世界葡萄酒的模式来重新赢得市场了。

文化重力：导致灭绝
Cultural gravity：leads to extinction

思维的重力不只拖累或消灭移轨创新的愿望，它还可以造成更多的灾难性后果。根深蒂固、不容置疑的思维方式的重力不只会导致组织的消亡，还能导致文明的灭绝。贾里德·戴门德在他的书《崩溃》里很清晰地描绘了在格陵兰的挪威人因为没有对抗根深蒂固的文化重力而为此付出了极大的代价。

像大多数殖民者一样，挪威人进入格陵兰岛后有着明确的扩张其文明的意图。面对格陵兰的挑战，挪威人并没有去适应当地的情况，也没有寻找新的解决方案，而是试图复制他们在挪威的生活方式。

挪威人基本上都是奶农。他们围绕着奶牛、山羊和绵羊的养殖来维持他们的生计。当他们在公元 985 年到达格陵兰岛时，天气很温和，非常有利于畜牧业养殖。他们的生计主要以冬季的乳制品和夏季的野生动物的肉为主。在 5 月（冬夏之交）他们非常依赖于迁徙的海豹，因为在那个时候冬季的乳制品已经耗尽，而夏天还没有完全到来。

到了公元 1400 年左右，气候开始变冷，小冰河时代到来了。海豹迁徙减少了，而这成为了挪威人毁灭的开始。然而，解决这个问题的办法就在手边。爱斯基摩人是当地的游牧民族，早已掌握了在水和冰上猎鲸的方法。为什么挪威人不向爱斯基摩人学习如何应对冰河时代的寒冷天气呢？

现实情况是，挪威人不仅把奶牛养殖带到了格陵兰岛，他们也带来了宗教信仰的传播者，即挪威教会的主教。就像大多数的殖民者，他们带来了他们根深蒂固的文化与信仰。信仰基督教的挪威人认为因纽特人是异教徒，因而不相信能从他们那里学到什么（Diamond，2005）。

> 作为一位首席执行官，想想这个：
>
> 就像阿诺德·汤因比在世界史研究中观察到的，"文明的生存和繁荣依靠那些面临逆境时能发现一个新的方法并有创造性反应的人。"挪威人没能做出创造性的反应，为此他们付出了沉重的代价。移轨创新者会勇敢地对抗重力，而传统守旧者只会接受它、适应它。随着时间的推移，守旧者们把重力合理化，甚至拿它开玩笑。"这就是我们的方式。"然而，在笑话的背后则是重力深深的影响。
>
> 你在哪里否认重力？如果你承认并挑战了重力，有什么能使得移轨的机会重新出现？

对抗重力
Confronting gravity

为了快速逃离原来的轨道并追求移轨创新，一个组织需要发现、面对并自觉突破重力，包括组织的、行业的、国家和文化的重力。做到这一点的创新者创造了白雪公主，而那些被困在重力里的人则在复制猪。

自从人类文明的黎明到来以后，人们一直盯着天空，渴望、梦想打破地球的束缚。没有什么能捕捉我们的想象力、我们的兴奋，就像人类探索太空时展现出来的一样，因为那是我们到目前为止最大的冒险。先是月球，然后是火星，再然后是太阳系之外的更远处。詹姆斯·卡梅隆做了180度的改变，去往马里亚纳海沟的最深处，这是一个深度比珠穆朗玛峰的高度还超过一英里的地方（Broad，2012）。比起去外太空，几乎没有人能够探测到这么深远的地方。这恰是组织寻求创新的一个恰当的比喻。这不是一个外在的冒险，而是一个内在的挑战，能够成就或打破移轨创新。这不是说要打破地球的束缚，而是要打破人类思维的重力，这是人们能做出的最大的努力。

注释

[1] 和诺和诺德的前创新管理伙伴 Arne Stjernholm Madsen 进行的有洞察的对话。

[2] 和泰坦集团 2000—2003 年的首席运营官 Jacob Kurian 进行的有洞察的对话。

[3] 和 MV 基金会的创始人 Shanta Sinha、MV 基金会的国内召集人 Venkat Reddy 进行的有洞察的对话。

[4] 和 Ravish Kumar 进行的有洞察的对话。

03

接受一个移轨挑战并破釜沉舟

Take on an orbit-shifting challenge
and burn the bridge

围绕着创新，所有的兴奋点都集中在试图得到一个大的想法上。人们痴迷地谈论着跳出盒子的思维。创新的世界里，充满了领导者如何产生一个"跳出盒子的想法"并创造出革命性影响的故事。

几乎所有这些故事都是偶然和意外的创新。核心问题是："我们怎样让移轨创新被设计出来？"

对于大多数组织来说，现实的问题是，一层一层的重力使得大家很难跳出盒子去思考。想一想，跳出哪一个盒子是真正要回答的问题，因为有组织重力的盒子、行业重力的盒子、国家重力的盒子，还有文化重力的盒子。你走得越深入，盒子则变得越来越不容易被看见。

大多数的移轨创新一开始并没有一个跳出盒子的想法，但通常会有一个跳出盒子的挑战，即轨道转移的挑战，也称移轨挑战。

它需要一个移轨挑战去创造摆脱重力的逃逸速度。一个能够跳出盒子的想法其实就是结果。一个移轨挑战导致一个移轨的想法，而不是反过来。

安萨里克斯奖
The Ansari X prize

一个真正创造了逃逸速度的移轨挑战是安萨里克斯奖。该奖项的主办方在1996年宣布，第一个完成下述目标的团队将获得安萨里克斯奖给出的1 000万美元奖金：

- 私人投资、建立并启动一个可载三人到地表以外100公里的飞船。
- 安全回到地球。
- 在两周内用同一架飞船重复发射。

安萨里克斯奖的移轨创新元素挑战的是每个飞船的研制和发射都必须是私人资助的。直到那时，全球所有的空间项目都是政府资助的（David，2004）。此外，它必须有能力携带三个人并在两个星期内重复这个旅行，这其实是在为太空旅游进行播种。有26个团队报名参与全球竞争，这个挑战为这26个团队创造了逃逸速度。总的来说，为了找到解决方案，每个团队的投入都超过1 000万美元。八年来，在无数的原型机试验后，赢家出现了。"太空船一号"在2004年9月到10月间成功地完成了两次太空旅行（Boyle，2004；Space. xprize. org，2004）。

安萨里克斯奖使得太空旅行更平民化，并带来一个移轨创新的想法：太空旅游。当想法碰到了技术又碰到了资金，还碰到了行动时，创新被恰到好处地触发了。而今天空间飞行已经在我们的掌握之中。第一批游客将在我们有生之年去太空旅行。

安萨里克斯奖非常清楚地展示了一个跳出盒子的挑战，或者我们称之为移轨挑战，它点燃了之前休眠的思维，使得一系列想法以各自的方式和顺序呈现出来。不是那些陷入追求增量的想法，而是使不可能变成可能的想法。

从另一个竞赛节目到最大的节目
From another quiz show to the biggest show

2000 年早期，印度的"电视娱乐频道排名"中，星空传媒排在 Zee 电视和索尼后面，位于第三。每年的年度规划活动时，领导团队会跟鲁伯特·默多克分享可能会帮助他们到达第一位置的 10 个节目。但没有一个承诺实现过。印度团队刚刚把美国最成功的游戏节目《谁想成为百万富翁》复制到印度，这是他们新一年的最大赌注之一。

鲁伯特·默多克提出一个跳出盒子的问题："在印度电视节目里吸引力最大的是什么？"答案是印度与巴基斯坦的板球比赛。然后下一个问题是："什么能比印度与巴基斯坦的板球比赛更吸引人？"回答是："另一场在星期日的印度与巴基斯坦的板球比赛！"这时彼得·穆克杰（星空传媒印度公司的首席执行官）和鲁伯特·默多克提出了一个移轨挑战："创造一个跟星期日的印度与巴基斯坦的板球比赛有同等吸引力的游戏节目。"团队的第一反应是不相信，"不可能的！只有另一场印度与巴基斯坦的板球比赛可以做到，其他节目都不行！"

但跳出盒子的挑战引出一个跳出盒子的问题："谁是可以让这个国家停止运转一小时的人？"答案是：阿米特巴·巴强，印度的超级电影明星。这又需要一个跳出盒子的方法去使得他同意，不是做一个传统的竞赛节目主持人，而是做主办人。巨额奖金也从 100 万卢比增加到 1 000 万卢比。

从这里引出了《谁想成为百万富翁》这个节目。2000 年 7 月 3 日播出，这个节目是一个巨大的胜利。它创造了收视率的世界纪录。在播出后仅四周，90％的印度有线和卫星电视观众都在看这个节目。星空传媒频道的份额也从 2％上升到 25％。在星期日，这一个小时的节目把其他所有频道都打败了。其他节目手足无措，不知道如何应对（Oren and Shahaf，2011）。

这个节目产生了如此强大的影响，甚至成为奥斯卡获奖电影

《贫民窟的百万富翁》的主题。如果没有移轨挑战，这个节目最多
也就可能会是一个更好的游戏而已，而不会最终变成游戏规则的
改变者。几年后，彼得·穆克杰说："50个最好的节目里星空传
媒占了46个。我唯一的问题是，其他四个是什么?"[1]

创造更多收益
Monetize the non-monetized

韩国电信提出另一个移轨挑战：如何利用现有网络创造更多
收益？对这个移轨挑战的追求刺激了它的一个合作伙伴 Wider-
Than，后者发现了一个盲点：呼叫者打给接收者时需等待的拨号
时间。当呼叫者拨打了一个号码，他要等待电话被接通。这时对
电信公司来说，虽然网络被占用，但不产生效益。SK 电信由此推
出以彩铃为品牌的回铃音服务，合理地利用了这个本来是没有创
造价值的呼叫时间。当呼叫者拨打了电话号码等待接通时，听到
的是一段旋律，而不是传统的忙音。这又被进一步使用在其他的
业务上，如未接来电的通知。2002年10月，推出这个业务仅仅
七个月的时间，彩铃业务收入已经超过了铃声下载服务的收入
（Sensini，2004）。

移轨挑战 vs 绩效目标
The orbit-shifting challenge vs performance goals

以上的三个项目包括太空旅游、电视节目和彩铃业务，它们
都是在移轨引发的挑战下，激发出来的移轨创新的点子。

移轨挑战引发了一个新的方向。它瞄准的是一个变革性的影响，
为此不惜放弃当前的轨道。这要求不再沿着当前轨道前进，因为只是
重复做一些同样的事情是不可能达到目标的。一个够格的移轨挑战是
指挑战那些在当前轨道下被认为不可能的事情。

通过设计，承担并追求移轨挑战便能引发移轨创新。另外，
大多数管理良好的组织追求完美的目标设定过程，即目标管理

(MBO)。理想的目标是既具挑战性又很现实的。

现实！它的参考点是什么？参考点就是目前的轨道。如果你想使你的目标更现实，最终只会陷入当前的轨道，而不是打破它。

作为一位首席执行官，想想这个：

目标管理是现在大多数组织使用的规范。然而，它仅仅为"基于现有轨道的创新"服务，这导致大多数领导人以"改善"为目标。而为了释放移轨创新，组织需要超越仅仅是"改善"的目标，承担移轨挑战，即对当前给定轨道的参考点来说具有变革性的那些挑战（见图3—1）。

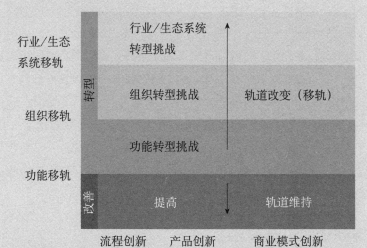

Copyright © Erehwon Innovation Consulting Pvt. Ltd.

图3—1　移轨挑战组合

移轨挑战需要跨越移轨挑战的组合。一个行业生态转型的挑战，目标是在行业或者生态环境这个层面创造一个移轨创新。

对于沃达丰，"M-PESA以手机作为平台，为数以百万计没有银行账户的人提供了银行金融访问服务"，这是一个行业转型挑战。这个商业模式的创新为移动运营商创造了新的市场。

诺和诺德公司的诺和笔解决了产品创新的行业转型挑战："像笔一样的装置，一点击就可以提供胰岛素。"这种药物输送装置已经在"糖尿病护理"行业成为一个游戏规则改变者。

《戴尼克·巴斯坦》报接受了"过程领导式"行业转型挑战。它发起了一个移轨挑战，在一个新城市发行的第一天就实现了领导力。《戴尼克·巴斯坦》的移轨挑战是真正的行业转型，因为在一个新城市发行的第一天就获得领导地位，这在传统的报纸行业是不可想象的。他们实际上是让市场成长，为此大多数家庭开始购买两份报纸，而不是一份（Munshi，2009）。

当一个组织转型挑战是在当前游戏里转变组织的影响时，行业转型挑战将给游戏规则改变者输送燃料。一家饮料行业跨国公司的组织转型挑战是：在一个地域内使其销量翻倍。该组织发现，只有不到一半的日常家庭用品经销店里在卖冷的饮料，因为冷饮必须在 4 摄氏度冷藏。要做到这一点，经销店必须要有一个冷藏箱，而大部分经销店都没有。移轨挑战来了，"创造一个冷藏箱，能够使得冷饮在最小的经销店都能买到，这样就能使得市场销量翻倍。"另一个接受组织转型挑战的是国际香料和香味公司（IFF）的团队。他们接受的挑战是：使新客户简介的点击率翻倍。这个挑战不仅改善了原先的方法，更使该团队向新客户介绍的方式发生转变。这个变革增加了一倍多的点击率，为大爆炸式的增长输送了燃料。

泰坦从车间里开始移轨创新。功能转变的挑战采取自下而上的方式。这些挑战类似：

● 一个流程的突破，使得黄金铸造的产能从全球标准的 30% 提高到 60%。

- 用目前 15% 的采购成本来开发 XRF 机器。
- 减少黄金质量检测流程的时间，从全球平均的 2 个小时降到 2 分钟。

每一个挑战都不仅仅是情况的改善，它们打败而不是去迎合全球的标准。

你现有的移轨挑战组合是什么样的？

什么是你的盲点？

你追求的移轨挑战与你追求维持轨道的目标和绩效目标有同样的热情吗？如果没有，为什么没有？是什么阻止了你？

重新定义目标设定

通过设计来触发移轨创新，组织需要在开始时就有一个超越绩效的目标。它们需要重新定义目标，将其设定为双轨道目标：同轨＋移轨两个目标。一个强大的原则是：每接受三个同轨（性能）的目标，领导者至少需要接受一个移轨的挑战。

采用并且制度化 3＋1 多轨道的目标设定架构，你将能够设计出移轨创新。

再进一步，通过确保移轨挑战不偏离方向，又契合在流程、产品和商业模式等所有移轨发生的层次里，领导者需要确保一个强大的创新组合：不仅仅是建立竞争优势，而且保持和发展未来的优势。双轨目标设定是一个将战略柔性植入组织基因的强大方法。

触发移轨挑战
Triggering the orbit-shifting challenge

一个领导者或一个组织如何去发现和识别移轨挑战？新的参考点是什么呢？又是什么触发了移轨挑战的识别，来抗衡传统的绩效目标？

大多数传统的目标设定会自觉或不自觉地从当前轨道的参考点出发。去年的业绩和行业预测成为明年目标设定的第一个参考点。

移轨者不同于追随者，他们不去参考去年，而是要创造延伸的目标。他们通过一系列九个触发器来触发移轨挑战。

第一个触发器：发现一个正向的拐点

当追随者在看市场趋势时，移轨者则在市场上感受一个正向的拐点，即一个生态系统需要的空隙，当这个空隙被填补起来时，会释放出巨大的需求。

健康的零食

在过去的十年中，越来越多的人开始关注食品和环境对健康的影响。从快餐、食品成分中的污染物，到更健康的烹调方式，整个国家的人都开始意识到，除非他们控制吃法和食物的来源，不然肥胖与疾病将会给身体带来长期和巨大的影响。这是一个正向的、积极的拐点！食品医生，一家专注营养实践的英国公司，在1999年刚成立的时候就发现了这一点。迈克尔·达·科斯塔，食品医生的领导者回忆说："这是健康和营养渗入公众意识的初期，我们还意识到：每餐饭之间的零食是不健康的，虽然美味，但是会让人在吃过以后有负罪感。我们觉得食品医生有一个独特的机会，就是将'每餐饭之间的零食变成健康的食品'。"[2]这成为他们的一个移轨挑战。迈克尔所做的就是确定市场的拐点：消费者有意愿获得能够保持健康的三餐；但市场中没有这种在每餐饭之间的、健康的东西，也就是消费者正在寻求的"味道好且健康的零食"（Thefooddoctor.com，1999）。

同明信片价格相等的一通电话

迪路巴依·阿慕巴尼感觉到了印度电信市场的一个积极拐点。在古吉拉特邦旅行时，有一个想法"击中"了他："数以百万计的印度人是文盲，不会读也不会写，但是他们会说话。同一张明信片一个价格的一通电话，可以改变数百万人的生活，他们既打不起电话，也不会写信或者明信片。"（Sridhar，Katakam，2003）

他把这个想法转换成他新成立的电信团队的一个移轨挑战，"同明信片价格相等的一通电话！"这个移轨挑战在报纸上公布时，震撼了印度电信业。业内人士一致认为，来自瑞莱恩斯集团的挑战是严肃而巨大的，因为"瑞莱恩斯正是以在最短时间内完成超大型项目而著名"。

通过这个移轨挑战，迪路巴依不仅成功地让他的团队跳出盒子，更让整个行业都跳出盒子来思考。

巴蒂集团的埃尔泰尔电信公司也被推动着跳出盒子思考，它建立了一个精锐的团队，针对这个挑战来发现并推出解决方案，并在 90 天内完成了，甚至比瑞莱恩斯集团还早。这个埃尔泰尔的精锐团队实际上向全世界征集了解决方案。正是这样的搜索，团队才找到了菲律宾的"预付卡"解决方案。它实际上不是用了三个月，而是四个月，把预付方案（"易充值"）推向市场。但埃尔泰尔的确成为印度第一个推出"预付费解决方案"的公司，在此之后，它继续开发出一种突破性的商业模式，使得预付费在经济上变得可行。[3]

> 作为一位首席执行官，想想这个：
>
> 一个正向的拐点是一个生态系统中需求的空隙，当这个空隙被填上，将带来大规模的增长。"同明信片价格相等的一通电话"就是这样一个正向的拐点。当这个问题被解决时，它就变成了一个群众运动，在印度创造了超过 9 亿的移动技术使用者。你在哪里能够感受到你们市场的正向拐点呢？感受到一个正向的拐点并将它转换为一个雄心勃勃的移轨挑战，会在你的世界里创造历史。

第二个触发器：针对极端情况进行设计

太空食品

极端的条件产生极端的挑战。在许多情况下，当一个社会或组织被推到了极端的环境时，移轨创新就会出现。为处于极端地形的军队或者为在空间站的宇航员找到解决方案都会引导出一系列的新思路。当大多数的移轨创新发生在对周遭的变化做出被动反应时，阿尔拉食品公司却主动接受了一个极端的挑战。

阿尔拉在极端条件下的挑战始于 2001 年，当时迈克尔·斯蒂文思，公司的创新"导演"，正在思考如何找到一个激进的挑战，从而将公司的产品和能力提高到一个新水平。没有一个激进的挑战，他认为所有的创新最多也只是增量而已。

然后有一天，当他飞行在 30 000 英尺的高空时，灵感突然来袭。他遇到一个乘客告诉他，美国宇航局曾向他的公司寻求合作，但被他拒绝了。迈克尔的灵感来了。他一直在寻找的一个能够让阿尔拉跳出盒子思维的极端挑战，被他刚刚找到了：他们将为太空站制造乳制品！他请来了卡尔斯顿·海隆·斯劳，一位有着极端驱动力、曾经完成过具有挑战性的项目的领导者，来负责这个项目。

迈克尔和卡尔斯顿决定把项目称为拉克莫斯（Lacmos，lac 为牛奶，mos 为太空）。同时他们从项目里发现了潜在的副产品。美国宇航局的宇航员对营养问题感兴趣。在太空中，当重力消失时，宇航员会经历不少生理变化，其中之一是骨密度的下降。宇航员每个月要下降差不多 1% 的骨密度。还有一些其他的问题，如肌肉萎缩、血容量降低等。卡尔斯顿和迈克尔认为，如果他们能通过奶制品来解决部分问题，美国宇航局将会更感兴趣。

但是阿尔拉呢？什么又是阿尔拉食品公司的潜在好处呢？如果无法给阿尔拉带来好处，最高管理层将不太可能给这个项目提供资金。有趣的是，骨密度降低是衰老和老年病的共同结果，同样也会影响卧床的病人。在 50～60 岁，我们每个人的骨密度下降率，在超过 10 年的时间内都在 10% 左右。如果阿尔拉食品公司能够找到一种方法，可以在如太空这样的极端条件下防止或减缓骨密度的下降，那在地球上一定有类似的市场。同时，开发这些产品会迫使他们超越在地球上通常使用的配方。比方说他们需要创造能够咀嚼的奶制品，因为不管是液体还是粉末都无法在零重力的环境里使用。酸奶需要无须冷藏而至少有两年的保质期，因为制冷会占用太多的能源，而不能用于空间站。从这一思路出发，拉克莫斯项目作为一个移轨挑战诞生了。[4]

> 作为一位首席执行官，想想这个：
>
> 对于通常的、为一般条件而设计的产品很可能导致很多雷同。而为极端条件设计的产品将会导致思维跳出盒子，需要连接新的点。
>
> 你的工作和极端条件的联系在哪里？不要忽视它。你怎么能把它转换成一个移轨挑战呢？你的产品最极端的使用条件是什么？如何解决这种极端的挑战从而带来不同的或更大的市场机会？

第三个触发器：绕过威胁

创新传统

面对威胁时，受重力影响的跟随者会采取安全措施，甚至选择退缩。移轨创新者则会将威胁变成移轨挑战。

博世演示了"生存威胁"如何触发移轨挑战，继而引出一个突破性的想法。一种新技术的出现，对现有的、老的技术是一种迫在眉睫的威胁。博世的单缸泵（称为 PF 泵）柴油机是德国博世的卓越产品。但是世界已经采用水平更高、更严格的排放标准，一种被称为共轨（CR）系统的新技术已经被开发出来。要超越欧3 排放标准而达到欧 4、欧 5 和欧 6 标准，需要 CR 系统的高压泵；

PF 泵的老技术只能满足欧 2 排放标准。

转移到欧 4 和更高的排放标准也要求旧的柴油发动机制造商转型到 CR 系统。这意味着柴油发动机的设计需要大量修改，这将花费 300 万~2 000 万欧元。即使在公司内部，大家也感觉到 CR 是现在而 PF 已经成为过去。CR 团队看队友 PF 团队，就像看到被时间淘汰的文物一样。母公司的重点是朝着 CR 发展，把它作为未来的火炬手。有关 PF 产品开发团队所做贡献的问题开始在内部被提出。毕竟，PF 仅仅是修改和调整原有的产品（Munshi，2009）。

从这种威胁中诞生了移轨挑战："改进传统的 PF 泵来满足欧 4 排放标准。"PF 团队接受了这个不可能的挑战，又找到一个理由让自己变得重要了。

赛骆驼

赛骆驼是中东贝都因人的传统运动。多年来，它变得越来越商业化，成为充满竞争性的比赛，奖金数额也十分巨大。如今，它已成为一个上百万美元的产业，有着自己的骆驼繁殖计划、一批专家和培训师，甚至在比赛季还有独家的电视频道播放比赛。

然而，隐藏在光鲜外表下的是一个肮脏的秘密。骑师的个头大小决定了速度，因此，骆驼搭配一个个子小、分量轻的骑师往往速度会比较快。20 世纪 70 年代初开始，为了在竞争中做到更快，个子小、年少的孩子们受到青睐——8 岁的孩子，甚至 4 岁的孩子。这些孩子来自巴基斯坦、孟加拉等国的贫困家庭，家长为了几百美元或成为骆驼骑师后的名利，卖了自己的孩子，却漠不关心孩子们面临的危险。

这些孩子在比赛中面临巨大的风险；骆驼奔跑的速度在每小时 50 公里左右，孩子们作为骑师往往会被摔在骆驼脚下，致残或致死。训练条件很恶劣，孩子们毫无疑问被剥削、被利用了。更糟的是，他们已经成为远离父母和文化的失落的一群人。

21 世纪初，越来越多的来自国际和国内的压力，让大家把注意力集中到联合国儿童基金会所称的"恶劣形式的童工"上。2002 年 7 月 29 日，阿联酋王室阿勒纳哈扬家族的哈姆丹·本·扎耶德宣布禁止雇用儿童骑师（年纪小于 16 岁，体重小于 45 公斤的儿童）（Khaleej Times，2005）。而卡塔尔在阿联酋宣布禁止使用儿童骑师后，命令从 2007 年开始，所有的比赛需要使用听起来有些不可思议的机器人骑师（Al-Issawi，2005）。

面对国际上的嘲笑和关乎国家荣誉的抉择，阿联酋和卡塔尔都首先禁止了儿童骑师，然后宣布了一个貌似不可能的挑战：创造出会模仿儿童骑师的机器人骑师。面对本可能会消失的传统或者不适应需求的变化所带来的威胁，它们通过技术创造了一个全新的赛骆驼时代。今天机器人骑师已经成为现实。这个产业已经自行复原，并重新振兴。机器人骑师由操作者在与赛道平行的赛车上依次用手里的遥控器进行引导（Menacherry，2013）。[5]

不仅是关于赛骆驼这个产业，随之而来，一个与人相关的移轨挑战出现了：如何将儿童骑师遣送回国。"我们不想只是把所有的孩子遣送回家。我们想以人道主义的方式从源头解决这个问题，"阿布扎比内政部社区警务处处长那吉姆上校这样说。

因此，阿联酋政府、联合国儿童基金会、孟加拉、巴基斯坦、苏丹、毛里塔尼亚这些有过儿童骑师的国家负责移民的国际组织连同政府和非政府组织代表，在 2005 年 5 月聚集在一起，承诺执行一个端到端的行动计划来遣返近 3 000 名在阿联酋的未成年骑师。阿联酋政府和联合国儿童基金会同意提供 270 万美元的援助，那些儿童骑师所属的国家也同意不仅将孩子们接回国内，同时也会帮助他们逐渐地重新融入他们的家庭和社会当中（UNICEF，2006）。

电影：《斯巴达 300》

21 世纪之初，华纳兄弟工作室通过连续两部大预算、"剑和凉鞋"体裁、基于希腊神话的电影的失败，烧到了自己的手指。《特洛伊》（主演布拉德·皮特，影片中还有奥兰多·布鲁姆和许多其他一流大明星，并由沃尔夫冈·彼得森导演）和《亚历山大》（由奥利弗·斯通执导，科林·法瑞尔和安吉丽娜·朱莉主演）都未能达到他们的票房目标。《特洛伊》花费了 1.75 亿美元（boxofficemojo.com，2004），是当今时代最昂贵的电影之一。

扎克·斯奈德在这个背景下，梦想着制作另一部"剑和凉鞋"电影：《斯巴达 300》，它脱胎于弗兰克·米勒标志性的 1998 年的动画小说（boxofficemojo.com，2007）。华纳兄弟工作室虽然之前有过失败，还是购买了他的剧本，并同意了他的拍摄项目。

然而，在把《斯巴达 300》展现到屏幕上时，斯奈德从华纳接到任务，用制作人伯尼·戈德曼的话来说，就是"创造一个你没有见过的世界，重塑史诗电影，并且做得更便宜。"这部电影几乎只有《特洛伊》和《亚历山大》1/3 的预算成本，这意味着影片中将没有大明星。

斯奈德接受挑战，制作了 2007 年最成功的电影，一个名不见经传的演员，热拉尔·巴特勒成为电影主演。《斯巴达 300》创造了 7 000 万美元的周末首映票房，全球票房收入超过 45 000 万美元（包括北美的 21 000 万美元）（menshealth.com，boxofficemojo.com，2007）。

正如詹姆斯·卡梅隆说的："有一些电影制作人很叛逆。坦率地说，我很敬畏。而扎克·斯奈德的《斯巴达 300》是一部真正的革命性的电影。"（Wong，2012）

斯奈德不得不制作《斯巴达 300》的故事很显然是一个移轨挑战：两次大的失败，一半的预算，没有明星。斯奈德本可以做得更安全和更传统。但是他选择了另一条道路，大量使用 CGI（计算机成像），同时赋予电影以动画小说的感觉和质地。这部大量运用 Comic-Con 的电影有其特定的观众群体：即年轻的成年男性。这部电影创造了历史。

> 作为一位首席执行官，想想这个：
>
> 你所面对的市场或技术威胁是什么？
> 什么是可以将威胁转化为机遇的移轨挑战？

第四个触发器：创造一个例外，一个新的参考点

一些跟随者依据业界的平均水平创造出延伸的目标；其他人以行业最佳实践为基准并创造出别人追赶的目标。而移轨创新者超越了平均水平，也超越了最佳实践。他们跨行业和领域寻找例外，并把这个例外变成移轨挑战的参考点。

从清酒酿酒厂到 SK-Ⅱ

SK-Ⅱ是宝洁旗下的一个护肤品牌，就像宝洁在 pg-science.com 的一篇文章中宣布的，"它已经成为最近达到 10 亿美元销量的两个宝洁品牌中的一个。"令人着迷的是，这个今天如此成功的品牌来源于 40 年前发现的一个例外，它触发了一个移轨挑战。

引用 pgscience.com 的一篇文章：追溯到 20 世纪 70 年代，当时科学家们正在开发一个叫作"秘密的钥匙"的护肤产品线。他们的任务是：找到可以让肌肤晶莹剔透的、纯天然的、使皮肤更美丽的"秘密的钥匙"。

在一次偶然观察日本清酒酿造厂的工人时，科学家发现老年工人脸上有皱纹，但是"有一些东西使得他们的手保持光滑、白皙而年轻"，SK-Ⅱ对外关系部副主任柯林·德·席尔瓦博士说："他们的手经常接触发酵过程中的酵母。"

研究人员发现，清酒发酵过程中创造了一种天然的副产品：一种清澈的、富含营养的液体，它可以滋养并护理肌肤。从对发酵过程中酵母的研究开始，在多年涉及 350 多种不同的酵母菌株的研究后，科学家分离出的天然酵母能产生一种营养丰富的发酵滤液。他们称它为皮泰拉。

该物质混合了维生素、氨基酸、矿物质和有机酸，可以让肌肤表面自然地恢复原先的功能和样子。皮泰拉同组成皮肤的天然保湿成分很相似，可以使皮肤更加光滑、透明。这个成分被添加到"秘密的钥匙"护肤系列。品牌更名为 SK-Ⅱ，并于1980 年 12 月推出。

这个移轨创新，从观察清酒酿造开始，已成就今天价值 10 亿美元的品牌。就像 pgscience.com 的文章所写的，"SK-Ⅱ触动并改善了全世界数以百万计的女人的生活。"作为亚洲领先的护肤品牌，它在 13 个市场上销售，包括日本、韩国、中国、马来西亚、新加坡、泰国、印度尼西亚、澳大利亚、美国、英国和西班牙等。

人们最喜欢的节目

KBC 的移轨挑战来自鲁伯特·默多克和彼得·穆克杰提出的问题，"什么是印度收视率最高的电视节目？"而不是"什么是印度收视率最高的游戏类节目？"。他们把所有电视节目形式作为参考点，这就进而触发了新的移轨挑战：使得印度版的《谁想成为百万富翁》成为和印度与巴基斯坦的板球比赛一样重要的周日节目。

F1 式进站

低成本航空公司一直在寻找方法来减少甚至消除成本。主要的重点是飞机的周转时间，即从着陆到起飞。他们怎么能减少周转时间呢？他们没有用通常的方式，这就引出一个目标：减少周转时间 10～15 个百分点。相反，他们问了自己一个新的问题：他们见过的最短周转时间是多长？答案迅速就冒了出来了，"F1 式进站，即进站时间按秒计算，最多就一分钟！"

F1 式进站成为新的参考点。它启发领导者和团队来把这个例外变成他们的移轨挑战："飞机周转像 F1 式进站。"

这个移轨挑战引发了跳出盒子的点子，最终使得周转时间大幅度地降到 20 分钟。

作为一位首席执行官，想想这个：

传统主义者关注平均水平，他们把例外的事件作为异常情况而予以忽视。对于移轨创新者，今天的例外可能就是明天的标准。

像一个移轨创新者一样，要在你的行业里寻找绝对的例外。跨行业的例外是什么？用每个参考点来确定当前的轨道，寻找异常，寻找例外，在行业内和行业间。

把例外变成新的、下一个移轨挑战的参考点。

第五个触发器：重拾失去的尊严

有时，是一种情感的触发导致了移轨挑战。

一种重拾失去的骄傲的强烈冲动会导致最快速的移轨挑战。没有什么比重拾骄傲更能点燃一个人。人们都愿意为此付出超常的努力。

在英国政府的旗帜下，甘地过着舒适的律师生活，直到"真相时刻"事件发生时，他被羞辱、被歧视，虽然他没有做任何错事。谁不记得奥斯卡获奖影片《甘地》，它生动地描绘了那深深的痛苦，以及当甘地明明有火车票却被抛出火车时所受到的影响？重重地跌在站台上的那一刻激起了他的愤怒，他痛苦地意识到，从文字上遵从英国法律并不一定会产生平等。正是这样的触动启动了非暴力不合作运动的移轨阵营。瓦杰帕伊（印度前总理）在访问甘地被扔出列车的那个南非车站时说："这催化了甘地从律师到圣雄的转化。"（Bhushan，1999）

这正是愤怒的作用。它动摇了一些根深蒂固的、曾经毫无问题的信念，促进实现一个新的现实的愿望。这样一个强大的愤怒可以将根深蒂固的思维带向一个移轨挑战。

民族自尊受到伤害

雷迪也同样被激怒。作为一名前政府雇员，工作间隙，他在美国亲戚家做客，偶然发现了一张便宜的机票，于是就陪同他的亲戚一同去欧洲参加了一个国际健康会议。在会议上，他第一次知道了乙肝，并且首次发现这对印度人的生活来说，是一个比艾滋病更大的威胁。事实上，印度 4.75％的人口是乙型肝炎病毒携带者。"这就像在印度有 4 200 万移动的原子弹（Warrier，2003），每年导致 34 万人死亡。然而，它又不像艾滋病那么吸引眼球，因此只有很少的资金进入该病的医疗领域。"1991 年的疫苗价格是 2 250 卢比三剂量。因此，南亚地区的医生不得不央求西方的同行能够提供更便宜的药物。他亲耳听到了西方人对南亚人民的不敬评论，这深深伤到了他，"这些印度人又开始乞讨了。"雷迪震惊了。他问其他印度人，"你们被这样贬低和不受尊重，难道不愤怒吗？"其他人并没有生气，因为事实正是南亚人确实向西方乞讨便宜的疫苗。正是这种别人认为是正常的待遇，雷迪却觉得深深地被侮辱了。事实上，他感到个人受到严重冒犯，以至于亲自出来接受了挑战。他运用跳出盒子的思维，以 50 卢比每剂量的价格创造出印度第一个自主研发的 DNA 重组乙型肝炎疫苗，这比之前的便宜了 94％。经过七年的考验和磨练，他真的成功了。但是，雷迪从未忘记那句挑衅："印度人是乞丐"。这激起了他的自尊感，令他最终成功地创造出善维可疫苗，该疫苗最终售价为 150 卢比三剂量，并且在印度改变了乙型肝炎疫苗的安全性（Munshi，2009）。

雷迪说得很简单："我被激怒了，我的民族自尊心受到了伤害。"积极的挑衅可以触发移轨挑战，从而导致一个积极的、改变生活的结果。

街头斗士

不仅是个体会被激怒并重拾尊严；有时整个团队、部门或组织也可以如此，于是整个团队开始积极寻求改变，甚至对现状感到不满。

联合利华印度尼西亚分公司的卫生部门是一个表现良好的部门。联合利华印度尼西亚分公司超过了预期的表现，不断地给予最大额度的奖金，成为联合利华亚洲区的明星。它击败丰田、新加坡国际航空公司和联想等公司，获得了亚洲最佳公司的称号。这个卫生部门在该公司所有部门里是最大的，负责约 40% 的营业额，但在过去的五年里一直表现不佳，特别是在洗衣类产品领域。正是在这种情况下，来自巴西的莱西奥·卡多佐开始领导卫生部门。他说："当我抵达雅加达时，我发现卫生部门一片混乱。洗衣类产品在衰退，其市场份额迅速下降，落后于当地的新公司——Wings。"[6]

然而，真正引起他的注意的一个问题是团队的士气。"比市场表现更糟糕的是卫生部门团队的士气；团队的能量处于最低点，同事之间关系对立，工作态度很消极。"该团队开始相信它不可能在市场上获得成功。更糟糕的是，这个团队很快在联合利华内部失去信誉，并被认为是没有业绩表现的被遗弃者。在公司内部，人们不愿意与卫生部门有任何关系。莱西奥说：

> 卫生部门很沮丧。在公司的季度会议上，当各部门的结果汇报展示结束后，卫生部门只是在为其不佳的表现找借口。他们在公司总是很自卑地低着头走路，避免碰到他们部门的同事，同时也为其给公司一贯的优秀业绩抹黑感到羞愧内疚。卫生部门被孤立了。他们没有生活在联合利华的印度尼西亚分公司成功的骄傲情绪之中。

莱西奥·卡多佐鼓舞和激发了他的团队，同时在公司内部和市场上重拾失去的荣誉。他们齐心合力，提出了一个鼓舞人心的移轨挑战，"我们要做街头斗士，走出舒适区，走向街道，一条条去'扫街'来赢得市场信誉和利润"，为了信誉和利润去战斗！为了补救和市场份额去战斗！

从这时开始的九个月，卫生部门发生了惊人的转变。他们在市场上击退了 Wings 公司，超过了预期的增长率，莱西奥开始重拾卫生部门在联合利华印度尼西亚分公司的骄傲和尊严。

月球上的人

不仅仅是一个部门或一个组织，一个国家也可以被激发。在冷战期间，俄罗斯在 1961 年 4 月将载人航天器送入轨道，这把美国人震惊了。在那一年的 5 月 25 日，约翰·肯尼迪在一次特殊的国会联席会议上做了一个演讲，宣布了他对国家的一个重大承诺：美国将在这个十年结束之前把人类送上月球。这是一种愿景驱动，在受到巨大的压力后，也是在尴尬后，被强烈的愿望驱使。美国人不是一次，而是两次被俄罗斯打败：1957 年世界第一颗人造卫星升空——人造卫星 1 号；现在又被尤里·加加林在地球轨道上打败了。肯尼迪再也不能承受更多的失败了。他被激怒并做出公开承诺，这吸引了全世界的想象力，将让美国重获世界第一大国的地位，美国要在太空竞赛中击败俄罗斯。其余的，正如我们所知道的，都是历史（history. nasa. gov，1961）。

> 作为一位首席执行官，想想这个：
>
> 你的团队在哪里失去了骄傲？你又是在哪里想当然？你在哪里觉得永远不够好？而这个怎么能成为你的新的移轨挑战？有什么会让你被激怒，让你去重拾你失去的骄傲？

第六个触发器：拒绝接受次优平衡

重力创造出舒适区，而舒适区导致了接受，甚至理性化的次优平衡。次优平衡发生在一个社区或社会已经学会了忍受不平等或者造成很大不满的缺口时，这个社区或社会把这些看作生活中固有的部分。

当移轨创新者看到并且选择去消除次优平衡而不是容忍它时，移轨创新的挑战被触发。

法比奥·罗斯发现了巴西的次优平衡。他意识到电力的缺乏使农业的生产力大大降低，同时导致人们涌向城市去追求更好的生活。正是意识到了这种次优平衡，才引发了他开启"如何在巴西农村更方便地获得电力资源"的移轨挑战（Borstein，2007）。

凡卡塔斯瓦米博士看到眼部护理的次优平衡，"印度农村的数百万人失去视力，是因为他们不知道他们患有白内障，而白内障又是可以治愈的。"他接受了一个移轨挑战来"消除不必要的失

明"。这个跳出盒子的挑战加速了在白内障手术的流程上的突破
（Munshi，2009）。

阿尔拉食品公司团队——一家位于丹麦与瑞典的公司——发
现在牛奶和乳制品的生态系统的一个次优平衡。团队意识到选
择的力量集中在零售商手中，他们既决定了脂肪含量和乳制品
的品种类型，也决定了放在架子上的产品数量。正是这种零售
商的独裁决定了消费者的需求和行业的发展。团队围绕着行业
中不同的力量及其相互作用进行对话，一个强大的移轨挑战开
始慢慢形成。他们的移轨挑战被称为"使牛奶民主化"：即把选
择的力量从零售商转移到消费者手中。

清理尸体的人

安舒·古朴塔是一个年轻的学生，渴望成为一名记者，在新德
里街头遇到改变生活的体验。一个冬天的早晨，他带着相机在老德
里街头寻找有趣的故事。他发现了贴在人力车后面的一个不寻常的
布告。它来自一个很老的男人和他的妻子，上面写着"帮助德里的
警察清理尸体"。哈比和他的盲妻阿马纳有一个奇怪的职业。他们负
责挑选和处理新德里街头无人认领的尸体，这些尸体没有犯罪嫌疑。
每处理一具尸体，他可以得到 20 卢比和三码布，不过他们必须把尸
体送去最近的火葬场。安舒被这个故事迷住了，花了一些时间跟随
哈比和他的妻子，并且知道，在冬天尸体的数量会大大上升。当然，
原因是穷人的衣服太单薄，不能帮助他们抵御严寒。安舒本可尝试
保持平静，但是却无法摆脱愤怒，正是因为冷漠才导致新德里街头
的这些死亡。所以当大多数人在他们温暖的家中坦然接受新德里冰
冷的街道上的这个事实时，安舒却被那些冰冷的尸体所驱动，决定
做些事情。

安舒一直面临着一个次优平衡，他不能接受这种情况下的极
端冷漠，冬天尸体的数量大大增加纯粹是由于缺乏御寒的衣物！
他意识到，提供御寒衣物甚至都没有出现在全国或全球发展会议
的议程中。新德里街头的死亡是缺乏御寒衣物直接导致的后果。

这里出现了安舒的移轨挑战。有许多人和组织都在试图解决

贫困、饥饿和教育问题，但几乎没有人解决衣服问题。安舒说：
"我想把衣物放在全球发展会议的举办场所。"安舒的 NGO——
"GOONJ——不会被消除的声音"诞生了。[7]他开始寻找方法来解
决个人尊严和生存问题，通过使个体有衣蔽体，使身体受到保护
来实现（Alternative Perspective，2008）。

> 作为一位首席执行官，想想这个：
>
> 拒绝接受一个次优平衡。次优平衡就是那些市场或社区
> 已形成的习惯。首先习惯，然后忍受各种不满的情况是一种
> 次优平衡，它等待着成为一个"移轨挑战"。在你的行业里，
> 次优平衡是什么？你在哪里接受并忍受了次优平衡？是什么
> 阻止你采取一种"消除次优"的移轨挑战？这是一个潜在的
> 等待着你立刻采取行动的移轨挑战。

第七个触发器：追求因果相邻

当企业的发展达到一个点，商业上的增长不足以激励我们时，
我们会做什么？日常的经营使得工作已经减少到只是维持一系列
无意义的琐事。没有灵感或驱动力？大多数人放弃了或离开了。
然而，移轨创新者却选择重塑前进的道路，通过找到现有业务的
因果相邻的动机来发现机会。一个因果相邻的动机就可能变成一
个未来业务的核心。

沃达丰和千年发展目标

沃达丰就围绕着一个动机发现了一个全新的业务，那是一个
在通常业务发展轨迹上本不可能被发现的业务：M-PESA，或者
称为移动现金，通过移动网络传送。尼克·休斯，领导并创立了
沃达丰的 M-PESA 业务，他这样写道：

> 为什么一家如沃达丰这样的电信公司开始经营类似银行
> 业务的项目？它是如何做到的？该业务完全不是沃达丰的核
> 心业务之一；它也没有在沃达丰的核心市场进行发展（肯尼

亚是沃达丰的疆土中一个相对较小的市场）；而它又与沃达丰的主要收入来源如语音或数据等主流产品相去甚远。电信公司是年轻的、行动迅速的；而银行是老的、传统的、保守并且缓慢的。

沃达丰是怎么想出 M-PESA 这个点子的呢？它在寻找一个动机，并在千年发展目标中找到了。事实上，尼克是带着命令而来的，他要了解沃达丰需要怎样做才可能对千年发展目标做出贡献。八个千年发展目标中有一个正是致力于减少贫困的，目标是到 2015 年减少 50%。正是在这里，尼克替沃达丰发现了一个可能的切入点，即"通过移动来享用金融服务"。

一个无序的市场经济存在着现金转账的困难。由于没有银行账户或没有任何接入技术，那些在世界各地的偏远乡镇的人们在支付账单或者寄钱上面临着很大的困难。然而，尼克说："把钱从 A 移动到 B 的能力，就是所谓'货币流通速度'，一直是一个最基本的、最重要的经济活动。"从这里出现的移轨挑战使得沃达丰和这个动机联系在一起。"在电信网络运营商中，那些能将移动技术应用在快速、安全和低成本的金融服务上，特别是在那些小额信贷机构已经开始发展并建设其基础设施的发展中国家。"M-PESA 正是这种移轨挑战的结果（Hughes，Lonie，2007）。

服装是商业，挽救生命是动机

法斯特嘎弗兰德森最开始是一家制服制作公司，"它是如何想出要生产生命吸管来防止通过水来传染疾病的呢？"从表面上看，这似乎是一个完全不同的业务，但当我们走到问题的核心时，才发现真正的原因。1970 年，托本·弗兰德森从他父亲凯尔手里接管了公司。1990 年，他买了 100 万码瑞典军队的剩余布料，并做成毯子捐给慈善组织，这是该公司首次进入慈善领域。当他的儿子，有着非洲工作背景的米克尔加入公司后，把自己对非洲大陆的激情变成一个可行的商业命题，即用纺织品来拯救生命。在这样做时，米克尔发现了一个"相邻动机"。当大多数人在寻找商业机会或市场相邻性时，米克尔所做的是找到跟他的生意相关的动机。他能利用纺织品挽救生命吗？他能把他的激情和他的生意合二为一吗？事实上他可以，并且做到了。今天，米克尔加入公司后，法斯特嘎弗兰德森比他刚来时增长了一倍；拥有一系列疾病控制的纺织产品，包括生命吸管、水过滤装置、PermaNet 牌蚊帐（一种涂有杀虫剂、药力持久的蚊帐）；ZeroFly 牌覆盖着杀虫剂的耐用塑料布（弗里德曼，2005）。[8]

作为一位首席执行官，想想这个：

沃达丰的尼克·休斯和法斯特嘎弗兰德森公司的米克尔所做的之所以卓有成效，是因为他们找到了和商业产生共鸣的那个原因，并把这个原因变成了移轨挑战。解决这些挑战产生了变革性的影响。

要越过市场相关性来看；要寻找一个动机。什么是你的企业能够服务的动机？什么是你的企业最大的相邻动机？

接受这样的动机，并把它变成下一个移轨挑战，这样就能改变你的企业。

第八个触发器：不以"最可能的"，而以"理论最佳"为目标

什么是现实的，什么是可能的，这是根植于现行轨道的两个问题。它们成为阻碍挑战被执行的重力。

2002 年，塔塔电力公司（以前称为新德里电力公司）已经着手来减少"聚集/技术/商业"（AT&C）上的损失，这种损失可以高达 70%。团队迅速设法降低 AT&C 损失，从 53% 降低到 19%。就像团队的队长所说："若只想稍稍降低损失，那有效的管理就够了。"但真正的挑战出现在减少损失到 19% 以后，因为每再降低一个百分点都是很艰难的。

一个创新团队成立了，他们首先被要求明确定义自己的挑战。第一个挑战的定义如下，"把 AT&C 损失从 19% 减少到 15%"，因为这已经是当时印度最好的结果了。当进一步研究后，参照国

际标准，他们决定接受挑战，将损失减少至 13% 左右。

然后，他们被问了一个移轨挑战的问题："什么是理论上最好的？不要看现有的基准，只定义理论上最佳的。"理论上的最佳，据他们说，是 9%。最终移轨挑战的目标浮出水面，参考点从印度最好的到"理论最佳"。这发生在 2008 年。

追逐"理论最佳"迫使团队暂停各种判断，来寻找根本突破点，而不是世界上最好的解决方案。跟随真正的突破点而来的是 2012 年 AT&C 损失下降至 10%。[9]

> 作为一位首席执行官，想想这个:
>
> 你在哪里忽略了"理论最佳"，只因为你相信它们只能实现在书本上，而不是在现实生活中？如何让理论最佳为你的下一个移轨挑战注入能量？

第九个触发器：转变输入输出模式

移轨创新者转换了输入输出模式。他们通过移轨挑战颠覆了输入输出的平衡。他们接受发展上的和增长上的挑战。

安萨里克斯奖是一个移轨挑战。它通过要求设计"一个私人资助的至少可以载三个人上太空的太空飞船"来质疑原先在太空旅行上的输入输出的平衡。一直以来被认为理所应当的太空旅行对政府资金的依赖（输入），在那一刻被打破。

在药品发展上挑战输入输出模式

司各特·约翰逊，一个商业顾问和企业家，在他 20 岁时（1976年）患上了多重硬化症（一种影响脑部和脊椎的髓鞘组织疾病）。

26 年以后，他决定做一些跟它有关的事情，而不是一直期望得到一些有效的治疗。为什么需要这么长的时间才能把一种有效的药物带到市场上呢？根据约翰逊的描述，每年有 1 390 亿美元被投入在医学研究中，结果是 80 万篇研究论文发表在学术刊物上，最终有 21 种药物通过美国 FDA 批准。因此一定有什么东西出了很大的问题，导致输入输出的不平衡，花了这么多钱，但回报却少得可怜（Hempel，2012）。

这触发了 2002 年髓鞘修复基金会（MRF）的成立，伴随着移轨挑战来"缩短针对多元性的髓鞘修复治疗药品的上市时间"，并革命性地改变了所有医学治疗的流程。

为什么在巨大的研究投入和推向市场的新药数量上存在着巨大的差距呢？症结在于发表论文是学术界的终极目标，而药厂则被股东们的利益所驱动。结果是，一个"死亡之谷"被创造出来，形成的局面是，证明了早期可能性的研究越积越多，但都不足以使得一个药厂花费上百万美元来把一个可能性转化为一个有效的解决方案。而这就是 MRF 起步的地方。通过一个专门的科学团队，他们和很多实验室合作，来收集一些早期的可能性研究，并通过他们的转化药物临床试验平台，把这些可能性研究转化为一些足以吸引制药公司来投资的药物。它在死亡之谷上建立了桥梁（myelinrepair. org. nd）。

当约翰逊成立他的基金会时（2002 年），他被告知髓鞘修复治疗至少要等到 30 年以后才能实现。而今天在克利夫兰诊所的研究人员正在招募患者进行一个尝试性的治疗，这些都是从约翰逊的临床试验研究中心的资助项目上发展出来的。

美国宇航局还向 MRF 咨询，来寻找方法提高他们的研究成果。"在我们的世界里，我们正试图把相同的流程变平"，杰夫瑞·戴维斯博士，美国宇航局的人类健康和性能部门主任，他几年前就邀请约翰逊给他的员工做演讲（Rodriguez, Solomon, 2007；Tozzi，2012）。

挑战一个内嵌解决问题的模式

在一段时间内，所有行业和领域都会发展并应用一种方式来解决问题。而移轨创新者则挑战内嵌解决问题的所谓输入输出平衡。

登革热是一种通过伊蚊传播的疾病，目前还无法治愈，这使得整个热带地区的人们深受痛苦。每年都有超过 5 000 万人患上登革热。澳大利亚莫纳什大学的司各特·奥尼尔和他的团队，已经在挑战如何"消除登革热"。

传统减少感染登革热（输出）的方法，主要是用驱蚊剂"保护身体"或通过识别和清除蚊子滋生地点来"完全消灭蚊子"（输入）。但司各特和他的团队通过一个移轨创新"利用沃尔巴克氏细菌阻断蚊子传播登革热"，颠覆了过去的传统方法。

自然产生的沃尔巴克氏细菌能克制登革热病毒。这引发了他们的移轨挑战，"让携带登革热病毒的蚊子感染沃尔巴克氏细菌，使其无法传播登革热。这些蚊子现在被称为天使蚊子，并被释放到自然环境中，和野生的携带登革热的蚊子交配，最终消除其影响。"

就像他们网站上的一段视频所示：

> 科学家们对沃尔巴克氏细菌的生物性进行了长时间的研究。20 世纪 90 年代，在美国的西莫尔本泽尔的实验室，科学家发现在果蝇体内的沃尔巴克氏细菌，它减少了苍蝇成虫大约一半的寿命。蚊子和果蝇的寿命差不多，大约 30 天。但对于登革热来说真正有趣的是，在携带登革热的蚊子咬了一个人后，它需要 8～10 天才可以将登革热病毒传给另一个人，这就意味着传播登革热的蚊子已经老了。所以我们有一个想法，就是如果我们把一种可以缩短果蝇寿命的细菌转移到传播登革热的蚊子身上，也许能缩短蚊子的寿命，这或许会降低登革热的传播（Eliminate Dengue Program，2012；monash. edu. au，2003）。

作为一位首席执行官，想想这个：

在以现有的行业和生态系统输入输出平衡作为给定的条件下，你的组织做得怎样？你怎么能像司各特·奥尼尔和司各特·约翰逊一样，以一个移轨挑战来挑战传统？

这九个触发器引发了一系列惊人的移轨挑战，这些都源于三个核心的移轨问题（见图3—2）：

"为什么？"

移轨者开始创造一个对生命的变革性的影响。当一个企业、产品或服务被质疑和重定位，一批移轨挑战便被触发，从转型的角度来对生命和生活带来变革性的影响。用第一、五、七个触发器来接受"为什么"挑战。

"什么？"

移轨者不会以创造事物的另一个版本为目标。他们接受移轨挑战，要从根本上改变"什么"：旨在重新定义当前参数的挑战。用第二、三、四个触发器来接受"什么"挑战。

"如何？"

移轨者超越了仅仅提高，他们采取的移轨挑战立志改造基于生态系统/行业结构的核心的输入输出模式，挑战的目的是转变业内视为基准的结果和资源的比率。用第六、八、九个触发器来接受挑战"如何"。

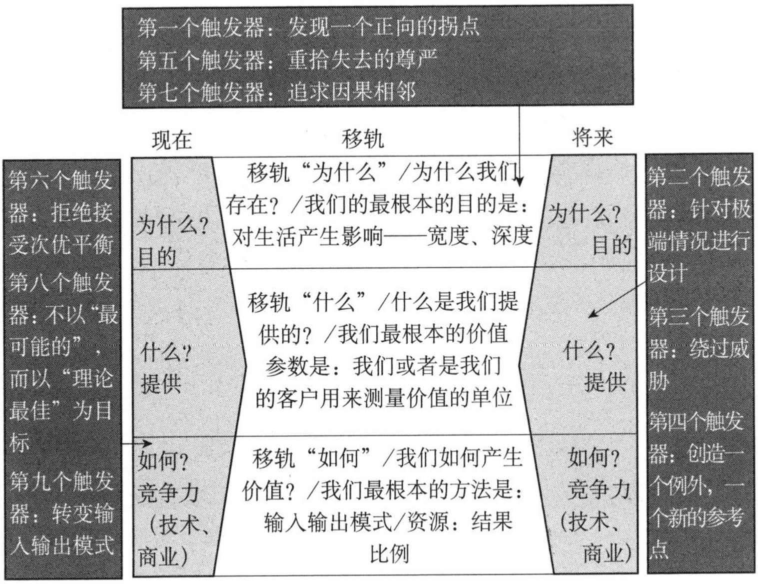

图3—2　触发移轨挑战

能力的陷阱
The capability trap

　　那些移轨挑战并不是没有被好好构思过。它们被论证过，但是很少被采纳。对于很多领导团队，这是个似曾相识的感觉。我们已经听到很多领导人重复说些类似的话："我们的确在我们的年度战略会议上考虑到这种挑战，但一如往常，摆在眼前的业务照旧接管了一切。"这些挑战得到讨论和评估，一旦尘埃落定，最终还是会被对应到组织的"舒适区"——现在的能力。

　　对于移轨挑战，因循守旧的人的典型反应是去怀疑他们是否能做到。他们有能力做到吗？深受重力干扰的领导团队会进一步提问："在业内还有其他任何人能做到吗？"

　　面对一个明确的"能力差距"，传统领导者的第一反应是开始淡化挑战："我不喜欢限制我们的野心；但我们必须实际……""这些都是巨大的挑战，但我们现在可以尝试的是……"另一种保守但略聪明的领导会说："听起来很棒，而且具有挑战性，但是让我们把它放在第二优先级，我们现在需要尝试的，更多是在我们控制中第一优先级的事情。"听上去无所谓，但第二优先级的事情似乎永远不会发生。

　　更多的时候，事情会被重力接管，并开始拖累接受移轨挑战的雄心。很快，开始时的移轨挑战被淡化成一个维持目标形式的增量改进计划。一些管理者承认：

　　● 我们的思维方式都是围绕着能力和经验的。我们认为，首先是经验，然后才是项目。人类登月这样的任务或者像微软的 X-BOX 这样的项目，永远不会被我们这个团队接纳并操作。

　　● 对于大的项目，我们需要经验。但要获得经验，我们则需要做大的项目。

　　● 就像另一位首席执行官分享的，"我们要逐步改变。但在我的领导团队中要有人负责执行。他们对一步步改变目标的第一反应是'让我们专注，不要高估自己'。这种态度导致了权衡，同时关注点转移到实际的'这里'和'现在'。"

最终生产出"边缘"这个产品的泰坦团队，其第一反应与上面的内容非常相似："我们没有能力。瑞士人做不到，我们怎么做得到？""我们不能这样做。我们没有那些技能。" （Munshi，2009）

"不是能力驱动，而是面对挑战"
Orbit shifters 'don't work capability-forward, they work challenge-back'

这里有两支团队在不具备能力的情况下接受了移轨挑战，挑战从未做过的事情。一个是中国人遇到的物理工程上的挑战，一个 50 年的梦想成真了。尽管不断被告知，它是永远不可能被完成的，但是中国在极端的物理和地理条件下建造了世界上海拔最高的铁路线。另一个是软件解决方案，外泊若公司建立了全球指挥中心，作为海上设施维护的解决方案。没有已知的解决方案存在，这是不可想象的。然而，无论是中国人还是外泊若团队，都使不可能成为可能。

应对挑战而不是能力驱动，是中国建造世界上海拔最高的铁路线的诀窍。

他们面临着许多亟待解决的问题。这并没有阻止他们。他们向前推进，就像一个移轨者应该做的，并坚信，"一旦我们已经接受了移轨挑战，就将找到解决问题的方法。我们没有解决方案，但我们一定能找到它们。我们没有答案，但我们有能力去找到答案。"

极端的工程挑战

中国人面临的第一个几乎不可能被战胜的挑战：多年冻土

如何在不稳定的地面上建造稳定的铁路？550 公里轨道的一半距离不得不经过多年冻土。要点是保持地面低温，尤其是在夏天的时候，当气温上升，随着铁路线上工作的推进，可能加速土壤转化为糊状物。

中国的工程师们想出了一系列解决方案，从简单的方法到含有更多高科技的解决方案：

- 许多延伸路段，轨道铺设在铺满碎石的路基上。碎石之间的空间供冷空气流通，在夏天时，也可以保持地面凉爽。

- 针对更不稳定的冻土，中国人部署了另一个低成本的解决方案，这是他们通过观察当地居民的生活从中学来的方法。当地居民在空的排水管上建造房屋，平时他们注意保持排水管畅通，去除各种阻塞。空的管道把房子和地面隔离开，保持地面温度较低。只要排水管是空的，整个地基就是完好的，而房子也是稳定的。如果排水管被土壤和杂物所堵塞，墙壁就开始有裂缝。中国的工程师运用这个方法把铁轨也建造在空的管道上并保持管道畅通。

- 对于更脆弱区域，则使用了高科技的解决方案，如在灌装液氨的热管内安装无数的散热片。管道部分嵌在地下，部分露出路基。由于夏季地面温度升高，液氨吸收热量，变成气体上升，在"热管"的顶部与冷空气接触后，将热量传递给空气，液化后又流回管道底部。

- 在最艰难的延伸路段，那里的地面太稀，无法承受铁路路基的重量，工程师们就一公里一公里地把轨道铺设在柱子上。单是把这些柱子嵌入地面就是一项工程上的壮举，为此必须要找到一个解决方法，来确保在整个过程中地面不会过热。而最长的工程，如"大陆桥"，全长约有12公里！

第二个挑战：地震

青藏高原位于印度板块与欧亚板块的边缘，这使该地区容易发生地震。就像其中一位工程师在探索频道里所说："我们正站在一个地震断裂带上。而青藏高原铁路沿线有超过140个地震断裂带。"

2001 年 11 月，里氏 8.1 级地震摧毁了整个地区。一个隧道的裂缝阻碍了维修工作的进展。团队认识到，一旦项目完成，不间断的维修是不切实际的。所以他们决定绕开地震带而不是直接穿过。然而，无论怎样不可能，他们创造了更简单的结构，可以很容易地被修复，而不是原始设计里定义的那样；所以，桥梁（在地震中将遭受很大破坏，很难修复）被更容易修复的可更换的路基所替代。

最后，所有这一切都不得不建立在一个脆弱的生态系统上，同时被全世界的环境保护主义者所监督，他们观察着青藏高原上影响气候变化和造成全球变暖的迹象。所以除了应对冻土和地震，团队也必须确保对环境的最小影响。

草皮被移走、保存并移植在建成的铁路路基上。铁路线绕过珍禽养殖场，并通过建设特殊的桥梁或改走地下来保护藏羚羊的迁徙。但最重要的是，高原是三大河流的发源地：黄河、长江和湄公河。建筑工人不允许造成这些水域被污染。所以任何污染的水必须选经过两个沉淀池，由环境科学家进行安全测试后，才能释放到长江。

从一个不可能完成的任务开始，工程花了 14 年来规划，并在短短的五年里实现，甚至提前一年完成（Discovery Channel，2006）。

创造新的商业

外泊若公司的全球指挥中心（GCC）是另一个有力的例子，向我们显示移轨挑战（仅仅七年）如何将业务从 1999 年的 400 万美元，零离岸 IT 服务，转变到 2006 年的 1.46 亿美元包括 70% 的离岸 IT 服务。而这一切在开始时，他们并没有任何积累。

GCC 管理和维护离岸的基础设施。一位高级经理说：

> 管理离岸 IT 服务是一项很容易的工作，主要是软件维护。然而，仅仅是远距离维护硬件的想法就已经令人恐惧退缩了。怎样去维护在很远的距离以外的一台电脑或者服务器

呢？硬件维护永远只能是在现场的工作。

它从一个移轨的愿望开始。普若萨那当时正带领 GCC，同时领导着这个项目。他说：

> 1999 年，如果我们想要把我们的运营规模提高三倍，甚至四倍，一个很大的局限是签证。采用直接派人到美国/英国这种旧的模式，我们能做的只有这么多。因此，为了实现这个愿望，一个模式的转变被用来管理离岸工作。另一个驱动力是提高经营利润，离岸服务有更高的利润，即使在给客户打了相当大的折扣以后。一旦团队决定来管理离岸工作，他们问道："我们怎样做才能让这个成为可能？"

普若萨那的团队没有把愿望套进目前的能力，而是开始反向挑战自身。就像普若萨那说的："我们坐下来并写下理想的服务定义，写下我们全球指挥中心将要实现的事情。然后我们再找方法去做。"

他生动地描述了移轨挑战者如何挑战自身而不是止步于现有的能力，他说：

> 如果有什么是不可能的，它只意味着对应的工具还不存在。创建工具，将不可能变成可能。一旦我们理解了这一点，没有什么可以阻止我们。"什么将会让客户停止运行这里的工作呢？"从 1 万英里以外控制一个服务器的工具不存在。因此，我们需要创造出这个工具。

> 普若萨那继续说："当我在印度时，我又怎么知道一个位于欧洲或美国的服务器不工作了？因此，监测和管理工具是必需的。另一个困难是连接不存在。因此，我们主动投资建了一条到美国的连接。其他问题可能现在看起来微不足道，但在当时是很大的问题。例如，当系统崩溃时寻呼机要报警存在问题。但这仅仅发生在美国。我们说，让我们把它带到这里吧。但还有一个大问题，寻呼机公司不能在保证的时间内完成。团队需要寻呼机每五分钟响一下，而他们的 SLA 服务承诺他们将会在 15 分钟内响应。五分钟响一下的技术是不

存在的。所以团队和寻呼机公司一起坐下来讨论技术难点并解决了问题。现在每个人都在用这个，甚至在印度。"

GCC 的移轨挑战和解决的问题，是以前从未尝试过的，但他们成功了。他们创造了一个可行的商业模式，催生了一个全新的 IT 服务业务——硬件的远程维护。

像 GCC 这样的移轨创新的团队都有着类似的起点。它们都知道，自己当初没有这个能力。这种能力在全球范围内可能存在或可能不存在，但肯定是该团队不具备的。但这些人与其他人的不同之处在于他们的信仰，在移轨挑战的过程中，他们将获得任何需要的新的能力。"我们没有答案，但我们有信心，我们有能力发现它们。"[10]

作为一位首席执行官，想想这个：

整个全球汽车行业告诉塔塔集团的团队，这个世界上没有人有能力生产出一辆 2 000 美元的汽车。就像尚卡·艾亚尔今天在印度写道，2008 年 1 月 11 日："一直以来，竞争对手——包括日本、韩国的巨头——貌似是有效设计和创新价格的大师，它们嘲讽一辆汽车只需要 10 万卢比。它们说这不可能做到。铃木修，铃木汽车的总裁，甚至开玩笑地猜测，这将是一个三轮车或一个备用轮胎。"

当面对一个移轨挑战，遇到能力的问题时，大多数轨道维持者首先会评估然后拒绝挑战。甚至当他们接受时，他们经常会降低要求以适应当前的能力。

相比之下，移轨挑战者意识到移轨的挑战将鼓舞和激励团队，创造一个理想的标记，然后才能对新的能力打开大门，有些能力只有在挑战下才能被激发出来。你和你的组织正在做什么，来激励你的团队用超出目前的能力来承担移轨挑战呢？

移轨挑战者不是根据能力来选择挑战，而是回头挑战自身。事实上，性能是他们超越的其中一个方面。他们接受一个移轨挑战时，不仅要超越组织，更要超越行业能力。

烧掉了退路：不是商业风险，而是个人风险

Burn the bridge: not a commercial, but personal risk

　　只有当领导者、团队和组织接受了这个挑战，并立志要完成它，然后将桥梁烧掉，让自己没有退路时，一个移轨挑战才能具备一定的发展速度。一旦退路被烧，就没有第二个想法了，只剩一条路，那就是往前走。现在的问题不再是"我们应不应该做"，而是"如何去做"（见图3—3）。

图3—3　烧毁桥梁，去掉逃生按钮

　　是什么让领导者后退或试图削弱移轨挑战？什么才是突破这种重力所需要的？要怎样做才能达到那个点，那个让移轨挑战变得不可逆的点？

　　当肯尼迪总统在20世纪60年代早期宣布，美国人将在这个十年结束之前把人类送上月球，美国宇航局认为这是一个不可能的挑战。他们必须从根本上同时修改他们的目标以及战略，才能实现它。但肯尼迪在冷战时代，他在国际范围内做出了一个承诺。

桥已被烧毁，没有退路。移轨挑战必须被接受，这已经是不可逆的，事关民族自豪感，没有回头路。

塔塔集团的纳诺项目已经成为一个全球性的游戏规则改变者。这个"2 000美元的车"的移轨大张旗鼓地开始了。拉丹·塔塔，塔塔集团主席，向媒体宣布："塔塔集团将造出10万卢比的汽车，即2 000美元的车。"

在一次与领导这个项目的团队的对话中，我们问："你们什么时候第一次听到这个项目？"团队的队长笑着说："我们第一次听说？当它被印在报纸上时。"我们听到这个很惊讶，我们的下一个问题是："真的吗？你的意思是说，这个项目宣布时并没有相应的项目计划？"他们点头表示肯定。"那么你们是怎么做的？你们对公告的第一反应是什么？"队员们互相看了看，然后其中一个说："老实说，我们什么也没做。我们想：这一定是个公关活动，希望老板能忘掉它。"然后，几个月后，它又出现在报纸上了。直到那个时候，我们突然意识到："哦！我的上帝，这是认真的！看来我们得做点什么了。"这就是这支团队如何组成的，他们接受这个移轨挑战，并把项目变成现实。[11]

拉丹·塔塔去媒体做了什么？像肯尼迪一样，他把桥烧毁了。他押上了自己的个人信誉。没有回头的可能。这个10万卢比的车已经成为一个公开承诺的移轨挑战。通过这个公开承诺，塔塔已经突破了他和整个塔塔集团的重力，同时使得这个挑战达到了那个不可逆的点。

塔塔集团并没有改变团队成员以使移轨产生。正是同一个团队做到了。他们回答了许多悬而未决的问题，解决了许多尚未解决的问题。他们开始什么都不懂。他们从解决的一个又一个问题中找到了信心。

"移轨创新的最大恐惧不是商业风险，而是对个人风险的恐惧。"只有当一个组织的领导者和创新团队接纳这个挑战并烧毁桥梁时，移轨创新才需要获得一定的速度。

对于大多数组织来说，构思一个移轨挑战仍然是比较容易的部分。找到一个领导者和一个团队并且把桥烧掉，像塔塔那样在媒体公开甚至在组织内部公开这个移轨挑战，则是非常困难且令人痛苦的。

接受一个移轨挑战需要走出个人舒适区，进入未知领域。它唤起害怕失败的恐惧，在我们履历上的每一年的成功放大了这种恐惧。最大的个人恐惧并非货币风险或对失去工作的恐惧。比这更糟糕的是对失去信誉的恐惧，特别是在同伴面前失去个人信誉。这是个人风险。"我们花费了很多年建立起来的岗位、工作、名声，如果我们失去它会怎样？我们会不会成为同行间的一个笑柄？"正是这种对个人风险的恐惧，拖住了梦想家的脚步。梦想接受移轨挑战是一个好的开始，但是下一步，把桥烧毁，押上个人的信誉，承诺去追逐梦想，是最难的。这是出发的时刻，也是大多数所谓有梦想的人临阵退缩的时刻。

> 作为一位首席执行官，想想这个：
>
> 谁是你的组织中的"英雄"？
>
> 大多数组织培养的一种文化是，"英雄"是那些承诺虽少却能超额完成任务的经理们。现在学会"如何承诺只比目标少一点点"已经成为一个成熟的模式了。
>
> 这个"低承诺和超额完成"的文化成为一种心智模式的重力，不鼓励人们承担个人风险，反而鼓励人们保持原有的轨道。
>
> 今天没有一个首席执行官敢不去谈论创新，但他们却很少成功。无数谈论创新的首席执行官最终只不过推动了"低承诺和超额完成"的文化。你是否自觉或不自觉地在做同样的事呢？

超越"低承诺和超额完成"：去掉"退出"按钮

当一个组织的文化是"低承诺和超额完成"时，想要踏入未知领域去接受一个移轨挑战，这不仅仅是艰难的，几乎到了疯狂的地步。

　　然而，和一个规避风险的文化相反，在科拉曼达拉姆汽车金融公司，接受移轨挑战是驱动巨大增长的核心。

　　科拉曼达拉姆汽车金融公司，是位于金奈的穆鲁卡巴集团的一部分，在世纪之交由沉默寡言的皮瓦苏德范领导。汽车金融业当时正在不断变化中。汽车和车辆所有权的闸门已经打开，政府开始加紧调控，致使整个行业整合。小的玩家很多都纷纷落马，而大玩家们则在稳定中学习和成长。

　　科拉曼达拉姆是其中一个正在走钢丝的小玩家，它也许能成长，也许会消失。在穆鲁卡巴集团领导层的一个封闭会议里，领导们都把注意力放在低增长上，并试图找出问题的根源。他们的讨论很快聚焦在"我们的规避风险的文化"上。每个人都接受"我们是风险规避的"这个事实。（顺便说一下，在这样的讨论中，每个人都在说"我们"，没有人真正认为是"我"。房间里的每个人一般都相信，"我不是风险规避者，其他人是。除非他们中的一些人与众不同！"）当其他人讨论风险规避时，皮瓦苏德范突然恍然大悟。他回味道："这不是'我们'在风险规避，而是'我'就是风险规避者。"

　　这个关键的从"我们"到"我"的变化继续转变着皮瓦苏德范和科拉曼达拉姆从一个安居乐业者到汽车金融领域的先锋。皮瓦苏德范自己意识到，他不能再藏在舒服的"我们"背后；他必须做点什么，否则他会失去信誉。皮瓦苏德范设计了一个全新的发展战略，这不是寻常的"用数字推动销售团队"的路线，而是通过一个鼓舞人心的方法，叫作"梦想会议"。他访问了手下所有20个分支机构的每一个人，并要求他们梦想一下今年的目标，如果他们完成了，会给他们一种成就感与满足。皮瓦苏德范惊讶地发现，大部分分支机构想出了比他可能会交给他们的更大的目标（"怪物目标"，正如他称呼它们的）。他的人告诉他："既然你给我们自由来提出目标，这就是我们的权力，所以我们会有远大的梦想。"但是成功的关键是他们之后做了什么。在最后一次与他的团队会面时，当他们将下一年的目标展示出来时，一个成员提出了疑问："我们如何向董事会承诺？你确定我们应该提出这种怪异目标？如果我们不能实现，我们会不会看上去很傻？""在任何情况下，我们都不会获得激励。"另一个成员补充道。这样很快，谈话就被以往的重力拽下去了。突然有一个人举手说："我有个主意。我们自己可以将目标设定在 30 亿卢比，但我们给董事会承诺 17 亿卢比。"

> 这个听起来是不是很熟悉？你是否曾经有过类似的对话？用来缓解目标带来的压力的缓冲区反而成为实际的目标？这个团队本可能会完成什么，如果他们瞄准了 30 亿卢比，而承诺董事会 17 亿卢比？那 17 亿卢比很有可能就会成为那个逃生按钮！

对于皮瓦苏德范，这是该出发的时刻。他意识到对董事会承诺较低目标其实就是一个逃生按钮，这将给团队带来负能量，并给团队刚刚被释放的愿望带来打击。他选择了放弃这个逃生按钮。他去了董事会，宣布了他的移轨挑战。他接受了这个风险，他烧毁了桥。就像皮瓦苏德范说的，"挣钱容易，获得信誉很难，所以我们把我们的信誉放在前面。"

这种将一个挑战从智力刺激转变为活生生的现实的能力只会发生在桥梁被烧断时。如果我们不这样做，撤退到舒适区的趋势将压倒一切。认识到这一点后，移轨者放弃了逃生按钮。

当他们实际上达到 30 亿卢比的目标时，科拉曼达拉姆汽车金融让大家都很吃惊，但他们自己没有。然而，他们不只做到过一次，而是如此做了很多年，通过烧掉桥梁、放弃逃生按钮并给自己一个像怪物一样庞大的目标。四年里他们持续地增长，从 30 亿卢比增长到 60 亿卢比，又到 90 亿卢比，再到 120 亿卢比。团队的思维方式发生了转变，他们学会挑战自己，而不是仅仅完成上一年的延续任务（Munshi，2009）。

当他们接受并完成了"超越中国"的挑战，规模成长为原来的两倍，并成为总公司在亚洲最大的贡献者时，一个美国的跨国企业的印度分支已经从外围来到了全球领导关注的中心舞台。为了记住这个荣誉时刻，公司的全球总部设立了印度钟，以此奖励每年增长最大的团队。这是在纽约年度会议期间发生的。而现在他们需要一个更大的挑战来把印度钟保留住。他们进入一个共同创造的对话。只有增长是不够的，印度的市场总是在增长。他们想被视为领导者，但这只会发生在他们变得难以想象的巨大时，因此他们设立了一个巨大的挑战：比在该地区的其他公司增长快2.5倍！团队刚刚讨论完这个，他们的领导者走开了一会儿，当他回来的时候，他说："我刚写了一封电子邮件给总部，向他们表示，我的增速将比其他公司快2.5倍。我们会保留住印度钟!"他故意烧毁桥梁，放弃逃生按钮。现在没有回头路了。

缓冲区回来了

与此相反的是，另一家跨国公司，也想有与这家美国企业一样惊人的成长。然而，它的领导没有做出公开的承诺。他只是说："私下里，这是我们的大目标，但我会用我们常规的目标去报给区域委员会。因为我不想给我们施加那么大的压力，去承诺一个过高的数字，他们也许会认为我们可能无法实现。"果然在年底，他只取得了他承诺给区域委员会的常规目标。除此之外，他还得到了一个不可预知、却是自然发生的后果：一个失望的团队。团队成员之前被这个大的愿景所激励而充满了希望，但是领导者的妥协让他们满满的希望破碎了一地。

这两位领导人，一个决定把桥烧掉，而另一个没有把最深层次的、最根本的障碍去除来接受移轨挑战，让自己受困于对个人风险的恐惧。正是这个恐惧，使得组织的管理者只能附着于他们当前的轨道。

成功等于不失败

"成功意味着不失败"是一个"低承诺和超额完成文化"主导的思维方式。

大多数领导者对接受一个移轨挑战都表现得很犹豫，关键原因在于他们对失败的认识。在以绩效为导向的文化中，失败不是一种选择。事实上，在价值驱动的文化里，绩效等同于没有失败。人们会花更大力气去做到不失败，而不是去获得成功。所以，一旦"不失败"的范式被设定了，人们会变得太害怕，而不愿承担风险。在这种环境下，如何做到适度是关键，领导人需要在低承诺和超额完成之间实现一种平衡。

一家公司如何在"成功等于不失败"的文化下接受一个移轨挑战呢？

低成本航空公司接受了一个将"飞机的周转时间像F1式进站的周转时间靠拢"的移轨挑战。F1式进站周转时间只有短短的几秒钟，低成本航空公司终于将其周转时间缩短到了20分钟。他们失败了吗？

如果按照绩效目标的标准，他们失败了。20分钟比以秒计算的F1式进站周转时间长多了。那么，这应该被认为是一个失败吗？但如果你回过头来从发展的历程看，会发现这不是一个失败。这个时间使得飞机周转时间的现行行业标准缩短了50%。和现有的标准来比，这是个巨大的进步。因此，同这个行业的其他公司比起来，他们可以做到每天每架飞机增加一个额外的班次。

移轨挑战：一个转型的载体，而不是一个绩效目标
The orbit-shifting challenge: a transformation vehicle, and not a performance goal

组织如何克服这种根深蒂固的"低承诺和超额完成文化"？组织可以做什么来激励人们接受移轨挑战？

组织可以采取大步走的方式来真正重新定义目标设定，并使用3＋1多轨道的目标设定架构：三个轨道保持当前的目标，另一个轨道追求移轨目标。"3"是比较容易的部分。艰难的部分是启发人们去追求那个"1"，即移轨挑战。真正激发人们接受移轨挑战的是认识到"这是一个转型的载体"，而不是绩效目标或者其他目标。这意味着把一种文化制度化，在那里移轨挑战被看作一

种转型的载体，人们通过它可以产生巨大的影响，一旦大多数人看到这个，那么由目前的思维方式创造出来的压力"业绩等于不失败"就会减弱了。取而代之的是用燃烧的欲望来平衡这个"转型的载体"。

移轨挑战作为一个转型的载体是令人兴奋的，因为它给梦想注入燃料，去追求不可能，它让人们大胆地去到没有人去过的地方。在让转型载体转向时，重要的是动作。成功的参考点是进步，是超越现状的飞跃，而不是衡量承诺目标的完成情况，就像在评估绩效目标一样。

对于星空电视团队，"创造一个收视率跟周日的印度与巴基斯坦板球比赛一样的智力竞赛节目"这个移轨挑战是个转型的载体；它推动他们在各个方面的反思：内容、形式和节目营销。

他们未能实现既定目标。TRP 评级《谁想成为百万富翁》没有达到印度与巴基斯坦板球比赛的收视率，但他们成功地实现了一个变革性的影响。这个节目收视率超越了印度任何智力竞赛节目或直播节目的收视率。他们创造了历史。这个节目成为这个行业的一个新的标杆。

这便是一个移轨挑战的力量所在，即被设计为一个转型的载体：它推动组织来打破行业界限，它构建了一个新的参考点。成功意味着一个飞跃，是对现有的状况的超越，而不是另一场"完成指标"运动。

安萨里克斯奖也是一个强大的转型载体。26 支团队参与竞争，只有一支团队胜出。但彼得·戴曼迪斯，安萨里克斯奖基金会的负责人，在太空船 1 号已经没有争议地将成为最后的赢家并进行第二次飞行前说："如果安萨里克斯奖今天颁发，我想你会看到第一个加拿大人、第一个俄罗斯人、第一个英国人、第一个罗马尼亚人……所有的在美国以外的安萨里克斯奖的团队将继续他们的工作，成为他们国家第一个驾驶飞船进行私人太空飞行的人。"（space，1997）

该奖项是一个触发器；它鼓励在追求民用航天器旅行时产生

的技术飞跃，这才是从移轨挑战中获得的真正进步。它使得太空旅行真正实现了平民化。

阿尔拉食品公司的业绩在 2009 年出现衰退，业务戛然而止。然而，卡尔斯顿说：

> 这不是失败，我们学到了很多。事实上，许多新产品的概念都来自这里。我们现在非常了解极端条件下的技术和可用性。作为拉克莫斯的一个直接后果，我们学到了用一种全新的方式来接近市场，它已成为一种工作方式。比如我们正面临着一个新的市场机会，把欧洲乳制品食用习惯带到印度。

这说明了一个转型的载体的强大之处。一个遥远的、跳出盒子的挑战为一个组织催生了新的技术、新的能力和以营销收入为基础的产品，即使原来的项目面临着突然而快速的消亡。

街头斗士成为转型的载体

因糟糕的市场表现而步履蹒跚时，联合利华印度尼西亚分公司的卫生部门非常沮丧和泄气。当大多数组织在市场上遇到严重失败时，它们会越来越关注数字。它们设立艰难的、聚焦的目标，紧密监控员工来实现这些目标。而莱西奥则向他的区域负责人承诺了"将卫生部门的业务增长三倍"这样的挑战。

但当他和他的团队讨论接受这个挑战的可能性时，他们集体意识到，真正能够提升组织的不是另一个绩效目标，而是一个变革的驱动力，它可以激励和点燃整个团队。这个移轨挑战使得街头斗士横空出世。这是一个真正的转型载体，因为它鞭策着每个团队成员，在日常工作中努力向前。

一旦街头斗士的火花被点燃，没有什么能够阻挡卫生部门的脚步。九个月后，他们又回到市场排名的首位，再次成为联合利华印度尼西亚分公司的一个关键支柱。街头斗士引人注目的地方是他们实际上在短短九个月内取得了原计划要三年才能实现的三倍业务增长。街头斗士作为转型的载体，把他们原本看似很难完成的商业目标变成一个易于实现的目标。这还只是他们旅途中的一个里程碑，因为他们会继续秉持街头斗士的精神，去实现更多的目标。

> 作为一位首席执行官，想想这个：
>
> 街头斗士并没有任何硬指标，如实现某个数字。这只关乎赢，赢回市场、赢得信誉、赢得尊重。然而，它却超越了业务目标，不仅仅是微不足道的增长，而且是显著地提升了业务。你如何才能创建一个转型的载体，像街头斗士那样激励你的团队创造历史，而不仅仅是完成既定的指标？

盖茨基金：把巨大的挑战作为转型的载体

在健康转型的过程中，比尔·盖茨和梅林达·盖茨基金会投资了有发展前景的创新，以此应对巨大的挑战，如：

- 开发无针疫苗的递送系统。
- 开发一种化学方案，减少或使得传播疾病的昆虫种群失去活力。
- 创造不同的疗法以治疗潜伏的感染，等等。

这些挑战，每一个都被设计成强有力的转型载体（grandchallenge. org，2010）。

正如哈罗德·法默斯博士，这位诺贝尔奖获得者，领导的科学思想团队在 2003 年全球健康大会上阐述 14 个巨大挑战时所说："这些都是非常重要和困难的科学挑战。如果我们能解决其中的任何一个，对发展中国家人民的健康影响都可能是巨大的，而我们希望通过这个新的举措解决其中的几个挑战。"

"这些挑战吸引了那些聪明、有创造力，同时有巨大潜力的科学家们的注意力，让他们共同致力于改变全球数十亿人的生活，"汤米·汤普森，卫生和人类服务部部长说："通过集中资源和研究来针对这些挑战，开发实用的解决方案，我们正在创造一个真正的机会，来显著改善发展中国家人民的健康和幸福指数。"

哈罗德·法默斯博士和汤普森都认为，聚焦这些挑战将给这些长期落后的区域带来转型的解决方案。

为了促进这 14 大挑战的解决，最终颁出 45 项奖金，其额度总共达到 4.58 亿美元，涉及 33 个国家的科学家。司各特·奥尼尔的"消除登革热"就是其中的一个项目（gatesfoundation. org，nd）。

不是一个失败，而是一个被浪费的机会

当纳诺项目在三年后辜负了开始的炒作和巨大的销售预期时，移轨者的精神凸显出来。然而，塔塔集团仍处于前列，承诺要恢复和扭转命运。这不是一个会悄悄地沉没或可以被不知不觉取消的项目。塔塔集团继续使出浑身解数来让它有转机。汽车的制造只是漫长旅程的第一步，目标还没有出现，他们会不懈地追求挑战。就像拉丹·塔塔在 2012 年 1 月的印度汽车博览会上说的："我不认为这是一个失败。我认为我们浪费了一个机会。"他指出了广告的不恰当，以及经销商网络没有被很好地建立起来。

他说："我们将看到，随着我们的前进，这个产品将复活。"无论曾经有过怎样的耻辱，都将过去。旅程将会继续（Jones，2012）。

> 作为一位首席执行官，想想这个：
>
> 塔塔集团以尽可能最公开的方式，展示了如纳诺项目这样的移轨挑战怎样成为一个转型的载体而不是绩效目标。尽管存在那些非常明显的失败，拉丹·塔塔仍然很坚定地去追寻最初的梦想，当初建立纳诺项目的原因，是要帮助成千上万在危险的公路上、用超载的两轮挂车旅行的印度人。一个组织的文化，使成功等于不降低意愿地接受并追求移轨挑战。

谁会追求移轨挑战？
Who will pursue the orbit-shifting challenge?

同样的人做到了

阿尔拉食品公司、塔塔集团的纳诺项目和外泊若的 GCC 有一

个很强大的共性。在每一种情况下，它们都没有考虑改变团队来使移轨创新发生。它们起初并不具备能力，但在追求挑战的同时获得了相应的能力。

这打破了神话，"为了实现突破，组织需要建立多样性，意味着需要从外部引进新的人才。"

这些移轨创新有力地说明了，一旦思维方式的重力被突破，同样的团队也可以使移轨创新发生。通过我们在各个组织中的经验，根深蒂固的思维方式重力可以限制并泯灭新员工的活力，就像它们消灭新的思路一样。不管人们有多么不同，生存的战斗是一样的。

> 一个团队的多元化并不是创新的神秘配方，什么使你有意识地努力去突破心智模式的重力，并且放开束缚，使得同一支队伍也能让移轨创新发生？

空闲的人业余时间不能创造历史

年度策略会议通常在异地举办，总是设法摆脱重力，摆脱外界的干扰。管理团队也开始进行一些超越性的思考，新的机会因此出现了。这些机会带来了兴奋和期待，直到有类似"橡胶撞击路面"的问题呈现出来："谁会追求这样的机会？谁会把它当成一个目标？我们需要一个跨职能的团队，成员来自组织的各个部门。他们会是谁呢？"

现在重力抓住了大家。职能部门的领导面面相觑，他们通常的第一反应是："我们能找谁呢？"它成为一个交换游戏。"你能找谁？我能找谁？"在接下来的几分钟内，他们通常会落实一个 4～5 人的团队来兼职做这个工作。

> 作为一位首席执行官，想想这个：
>
> 给移轨机会提供资源的时候才是真正的"橡胶撞击路面"时刻，即开始行动的时刻。从很多公司的经验来看，我们发现这是一个当前轨道的重力把移轨创新的机会拉垮的关键点。

> 很多热衷于新的机会的管理者在这个时刻开始掉头。他们不准备让他们最好的人员全职投入到移轨创新的项目中。
>
> 他们最好的人正忙着保护当前的轨道而分身乏术。所以他们最终只能寻找一些在目前的轨道上不那么关键的人员，然后同意让他们用部分时间来从事移轨创新。
>
> 这是管理者的"自我保护"模式在起作用。将一个任务交给甚至只有 2～3 人组成的专职团队就等于把桥烧了，没有退路了，而这是一件传统的管理者不会做的事情。
>
> 但空闲人员在业余时间的工作是不能创造历史的！让空闲的人在业余时间进行移轨挑战将注定是一个灾难。

额外的制度承诺
Extra-constitutional commitment

移轨挑战需要额外的制度承诺

改进项目是跨职能团队追求的目标。对他们来说，每周一次或两次一起工作就够了。挤出一点点业余时间来追求保持轨道的创新就足够了。

要想在移轨挑战上取得成功，需要制度外的重视和承诺（见图 3—4）。

移轨挑战者不会创造一个兼职的跨职能团队，同时又希望得到最好的结果。他们把制度外的承诺的大小跟移轨挑战的大小对应起来。

行业的转型挑战需要一个有创业精神的制度外的承诺来启动。它被设计成一个行业的游戏规则改变者，同时它需要一个拥有 2～3 个关键领袖的专业团队。生态系统的转型还将需要专职的外

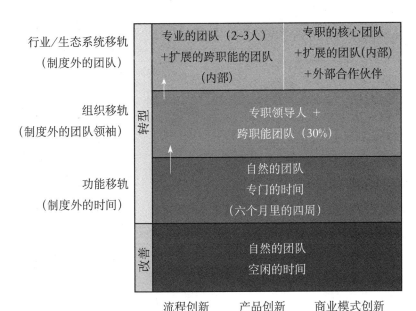

Copyright ©Erehwon Innovation Consulting Pvt. Ltd.

图 3—4　为移轨挑战提供资源的额外的制度承诺

部合作伙伴。需要的不是空闲人员，而是最好的团队成员。

　　一个创业团队，需要负责的不只是想出创意，还要接受挑战，并负责从概念的形成一直到成功进入市场的整个过程。

　　组织的转型挑战需要一个百分之百的专职领导人，外加一个由跨职能的专家组成的扩展团队，并且承诺至少拿出 30％的时间。阿尔拉食品公司的卡尔斯顿是拉克莫斯项目的全职负责人，他领导着一个跨职能团队。

　　功能转型的挑战可能不需要一个专业的团队或者专职的领导者，但它需要专门的时间。功能转型的挑战将需要一个跨职能的团队，以额外的制度保障，在 4～6 个月中至少有四个星期的时间来从事功能转型的工作。该挑战需要受到特别制度保障的专门的四个星期来推动转型挑战，以达到一个平衡点，同时不影响"日常业务运作"。

　　移轨挑战越大，就越需要额外的制度承诺。我们需要的是一个制度外的团队和时间上的承诺，再加上额外的预算和额外的汇报渠道，来直接连接团队和决策者，从而减少官僚体系的阻碍。

> 作为一位首席执行官，想想这个：
>
> 什么是你的组织追求的受到制度外的承诺保障的移轨挑战？在"维持现有制度"下进行的移轨挑战，将是一个即将发生的灾难。

用不可逆转的制度外的承诺来进行移轨挑战，才能真正"把桥烧掉"，它展开的使命是创造历史而不是循规蹈矩。

注释

[1] 和星空传媒的前首席执行官 Peter Mukerjea 进行的有洞察的对话。

[2] 和食物博士公司的董事总经理 Michael da Costa 进行的有洞察的对话。

[3] 和埃尔泰尔移动业务部的前总裁 Atul Bindal 进行的有洞察的对话。

[4] Erehwon 对阿尔拉食品公司的案例分析，基于同该公司的研究和创新副总裁 Carsten Hallund Slot 进行的有洞察的对话。

[5] 和纪录片制作人 Miriam Chandy Menacherry 进行的有洞察的对话。

[6] Erehwon 的案例分析，基于同联合利华印度尼西亚分公司的前市场副总裁 Laercio Cardoso 进行的有洞察的对话。

[7] Erehwon 对 GOONJ 的案例分析，基于同 GOONJ 的创始董事 Anshu Gupta 进行的有洞察的对话。

[8] Erehwon 对于生命吸管的案例分析，基于同法斯特嘎弗兰德森的首席发展官 Navneet Garg 和前首席执行官 Torben Vestergaard Frandsen 进行的有洞察的对话。

[9] 和塔塔电力团队进行的有洞察的对话。

[10] Erehwon 对外泊若公司的案例分析，基于同外泊若公司负责技术的高级副总裁 Prasanna 进行的有洞察的对话。

[11] 在 2008 年度印度创新大奖颁发现场，和塔塔集团的纳诺团队进行的有洞察的对话。

04

突破心智模式的边界
Breaking through mental-model boundaries

"没有饱和的市场，只有饱和的心智模式。"

移轨挑战需要移轨的想法来实现。为了发现移轨的想法，仅仅靠创意能力是不够的。它需要能够先认识到心智模式的边界，然后再突破它。一些组织里雄心勃勃的首席执行官提出了移轨的愿望，类似于"三三"（目前的业务在未来三年内增长三倍）或"创建一个相当于当前业务规模的新的业务"。大部分的梦想甚至都没有启动的核心原因是，当经理们最终落实到甄别机会和制定策略时，他们仍然被限制在原来的轨道上。用现有轨道的心智模式来追求移轨的愿望，是连启动都无法实现的。

闭锁的心智模式
Locked-in mental models

当面对这幅地图时（见图 4—1），大多数人会觉得搞错了，然后立刻把它倒转过来，让"正确的方位朝上"！他们本能的反应是抵制"倒过来"的地图，尽管事实上它并没有被倒置。它只是从另一个有效的视角来看世界。阿根廷的一位老师和我们一起分享了这幅地图和一个有趣的故事。一天，她让她的学生们画一幅世界地图，并标出阿根廷的位置。我们都知道，在传统地图上，阿根廷在左下方。然而，一个学生把阿根廷画在世界的中心。老

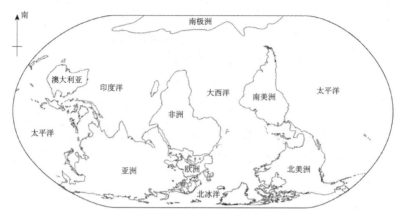

图 4—1　世界地图

师纠正了学生，并告诉她阿根廷应该在的位置。但孩子给了她一
个很深刻的回答，使得这位老师对于制图员在绘制地图时的狭义
角度开始了广泛的研究。这孩子说："对我来说，阿根廷就是世界
的中心。"世界地图实际上被设计成为我们提供位置信息的工具，
它应该可以用任何一种方式呈现出来。然而，几乎所有的地图都
以同一种方式呈现，北极总是在顶部。用一种方式看一件事情很
多年，它已经从信息转换成一种我们都没有意识到的心智模式。
它变成了看世界的唯一角度，直到现在，这种心智模式真正被锁
定了。如果我们拿到一张完全准确的地图，但是南方在顶部，我
们会立即把它倒过来，只是因为它和我们早已被设定好的心智模
式不一致。

　　电影中的外星人几乎不可避免地被呈现为变形的人类。它们
的特点可能会有所不同，身高、身体的颜色、手指的数量、器官
的大小等会有不同，但它们似乎都遵循人体外形的基本设计，同
时智力也类似人类。事实上，引述《读者文摘》上的一句话：为
什么我们总是想象外星人会更聪明但不如人类好看呢？它反映了
人类将自己的心智模式扩展到了外星人身上。我们无法超越我们
的心智模式的边界，想象出一个各方面完全不同的外星人。我们
甚至无法揣测任何与我们不同的、其他形式的生活方式。即使有

人设想出一个"与我们完全不同的"外星人的电影，它可能也不会引起大众的共鸣。人们通常从熟知的事物中扩展出对未知的想象，完全的陌生可能会导致普通大众的疏远。

大多数组织和团队都有一种把自己安置在一个可用的轨道上的倾向，这样可以合理地获得成功，很好地预测结果，最大限度地减少不确定性。越是稳定的轨道，人们越是想要依附于它，于是积累了更大的心智模式惯性。

> 作为一位首席执行官，想想这个：
>
> 心智模式是最基本的信念，通常不会被质疑，并成为我们思维的边界。
>
> 就像这个世界地图的例子，我们的行业心智模式地图也同样是被锁定的。
>
> 你现在的心智模式地图是什么？这幅定义了你的市场、客户、渠道和商业模式的地图，是唯一的映射方法吗？什么是心智模式的边界，翻转或打开这个边界可以解除束缚，带来一个全新的移轨机会吗？

心智模式的边界，甚至可以把最辉煌的团队和组织限制在"盒子"中。无形的结构和信仰叠加起来，在不知不觉中限制了思维的范围，减少了探索的空间，扼杀了新的可能性。

刺激创新的传统方法，如引入新的思维方式或建立多样性，通常无法揭示和突破心智模式的边界。这导致越来越多的创新尝试碰壁而没有回音。

要将创新和增长推动进入下一个轨道，组织需要突破心智模式的边界。它需要：

- 认识并面对现有轨道的无形限制。
- 揭开嵌入当前轨道的战略盲点。

你是否曾经参加一次激烈的头脑风暴会议却觉得没有出现什么新的东西，或者"大部分点子已经在过去出现过"？这是一个明确的迹象，表明该公司正撞到一面无形的、没有回音的墙上。这面无形的墙就是心智模式的边界。思路饱和不是说在某个领域没有更多新的想法了。它只是表示心智模式的僵化。认识到然后突破这个心智模式的边界，才可能释放新的观点并带来新的可能性。只有当最基本的心智模式被认识和挑战时，才会有真正的突破。

乔治·卢卡斯创新地通过《星球大战》系列的第四部电影打破了电影制作的心智模式。谁敢在一个老故事当中开始另一个非常雄心勃勃的故事，尤其是在第一次讲这个故事的时候？这与一本著名的书或一个著名的人物不同，观众都已经熟悉了它们的故事情节。谁在 16 年后重回到前传？当打破了思维边界时，乔治·卢卡斯引发了新一轮的前传电影热潮（IMDb，1983，1999）。

然而，《星球大战》的制作也带来了一种心智模式的封闭。当第一部《星球大战》电影在 20 世纪 70 年代被制作时，机械工程是技术发展的前沿。卢卡斯想象许多世纪以后的未来，一个更先进的文明社会，熟知太空飞行的知识，在不同的星球上有不同的生命形式，在光剑统治下的未来的军事技术。然而，飞船导航被描绘为通过机械杠杆操作。如果这部电影在今天拍摄的话，飞船导航很有可能被描绘成数字的。这正是心智模式在指导我们的思想。

移轨创新者成功地揭示了这些根深蒂固的、不容置疑的心智模式，并且打破了它们的边界。

5 分钟 55 秒的歌

一首最著名的歌曲，歌手 Queen 的《波希米亚狂想曲》，差点未能进入公众的视线。由弗雷迪·默可瑞为他们的专辑《歌剧院的晚上》写的这首歌曲，本身就挑战了传统体裁，它囊括了民谣、歌剧和摇滚乐的风格。把这三种形式结合在一首流行歌曲中，Queen 的演绎打破了心智模式的边界。当乐队想在 1975 年发行这首歌的时候，唱片制作人阻止他们这样做。制作人认为 5 分钟 55 秒的时间对一首主打歌曲来说太长了。这首歌坚定地违背了他们的心智模式"流行的摇滚歌曲应该是这样的"。引用 *Sound on Sound* 杂志的一篇文章（1995 年 10 月）描述《波希米亚狂想曲》的制作时的情景，这首歌的制作人罗伊·贝克这样说：

> 毕竟，这首歌打破了所有的规则。于是我们打电话给百代唱片公司（EMI），告诉他们我们有一首歌，请他们听一听。我们告诉他们这首歌音轨的时间（5 分钟 55 秒），在他们还没有听到它时，就说："哦，我不知道。我不认为我们能在任何电台播放一首这么长的歌曲。"我们说："但你还没有听过这首歌呢。"他们说："好吧，只是按照目前的规则，如果它长于三分半钟，他们就不会播它了。"

一个移轨的点子与旧的心智模式相遇了。但 Queen 和贝克决定做一些不同的事情。他们带着歌直接去找了电台主持人肯尼·埃弗雷特。结果是他很喜欢这首歌，但他们给他的条件是，他必须答应他们不播放这首歌！

> 他说："我喜欢这首歌。它非常好，他们必须发明一个新的排行榜位置。它不是第一，而是第 0.5 名！"这是我所听到过的最奇怪的事！我们做了卷对卷拷贝，但我们告诉他，他可以留下这首歌，但条件是不播放它。"我不会播的。"他说，眨了眨眼。

> 第二天早上，他在他的电台节目里播了一个开头，然后说："哦，我不能播了，因为我保证过。"在晚一些的时候，他又播了歌曲的一部分。最后，他在整个周末共播了 14 次。到星期一时，成群的歌迷去唱片店要买《波希米亚狂想曲》，但却被告知还未上市。百代公司的推广宣传部门的态度至此发生了 180 度大转变，说我们陷害了他们，却给了资本广播电台一份拷贝。但我们说，我们没有选择，正是你们告诉我们，没有人会想播它。在同一个周末，肯尼·埃弗雷特正在播放这首歌曲，有一个叫保罗·德鲁的家伙负责美国 RKO 广播的运营。他碰巧在伦敦，碰巧从收音机里听到了这首歌。他设法得到一份拷贝，并开始在美国播放。这使得 Queen 在美国与艾丽卡签

约。正是这个奇怪的情况，大西洋两岸的收音机都打破了播放纪录，而唱片公司却表示将永远不会播放该歌曲！（Cunningham，1995）

《波希米亚狂想曲》已经成为一首最具标志性的摇滚歌曲。英国唱片产业协会宣称《波希米亚狂想曲》是1952—1977年这段时期的英国最佳单曲（Gracyk，2007）。2002年吉尼斯纪录确定其为英国最佳单曲（*Daily Mail*，1997）。2004年，《滚石》杂志把它放在500首最伟大的歌曲清单的第166位（*Rolling Stone*，2011）。这首歌也是摇滚乐名人堂的"摇滚乐形成的500首歌曲"之一（Rockhall，nd）。

想法、框架和心智模式
Ideas, frames and mental models

想法从框架中产生。框架就像是思维的窗户。打开一个窗口揭示了一个想法的轨道；沿着轨道，将发现一连串的想法。但在同一个轨道上更辛苦地寻找和工作并不会产生任何新的东西。要获得一个全新的视角，需要我们关闭旧的窗口，同时打开一个新的窗口。它要求一个框架转移（见图4—2）。

图4—2　想法、框架和心智模式

从日落到日出

20 世纪 90 年代早期，一家寻呼机公司的团队坐下来集思广益；他们充满焦虑，因为寻呼业受到来自手机的威胁。该小组头脑风暴的问题是："我们可以做些什么来振兴寻呼业？"然而，一轮接一轮的构思并没有产生太多结论。

通过进一步的思考，他们发现了曾经支持寻呼业发展的框架，开始研究寻呼业的演进。他们跟踪的第一个框架转移是如何从"传递消息的寻呼"重新定义为"信息共享的寻呼"。他们认识到，在那之前，业界认为寻呼只是"信息传递"。这个框架转移开辟了一个新的业务流："信息共享的寻呼"，消息是由一个认识接收者的人发送的，信息则可以是由第三方发送。这导致了一个新的收入流，人们订阅和接收股票信息、新闻更新、游戏得分等。他们发现的下一个框架转移，是从"单向到双向通信"，一个人可以接收也可以发送消息。然而，所有这些框架转移的空间已经被减少到几乎没有了，因为移动电话可以很容易地满足所有这些需求，而且能做得更多。寻呼已经成为一个夕阳产业了。

有了框架转移，团队受到激发，看得更加深入，"对所有的框架转移，有没有一个共同的基础？是否有更深的心智模式界限，在演进过程中一直未被发现？"这一深层次的思考打开了心智模式的边界。所有这些框架的转移都有一个根本的共性，它们都专注于得到/发送信息，从一个人到另一个人。所有的交流都是"人到人"的。这导致了团队从"人到人的寻呼"出发，去探索"人到对象的寻呼"，以此来挑战心智模式的边界。突破这个心智模式的边界后，团队发现了一个非常有戏剧性的可能性：寻呼对象。任何有智能的物体都可以被寻呼。人们可以通过寻呼来和机器交流，甚至机器与机器也可以交流！而且，如果存在这个市场的话，其规模是惊人的，远远超过现有的市场规模。世界上物体的数目远远大于人的数目。通过这种心智模式边界的发现和突破，带来了一种彻底的改变。

> 如果框架像窗户，那么心智模式就是我们看世界的镜片。不管你打开多少扇窗户，如果镜片是一样的，你就不会看到什么新的东西。

有这样一个实验，要求人们计算他们家里时钟的数量。[1] 通常的答案是四个或五个。大多数人会数墙上的时钟和腕上的手表，有一些人则只数墙上的钟。这是最明显不过的计数实验。现在来检查一下潜在的框架：我们每个人跟时钟的关联和意义是什么呢？思考现在到达框架这个层面："时钟是一个计时设备。"现在，框架已经很明显了，它会立即扩大视角，同时爆发出新的想法："什么是房子里其他的计时装置？"突然，这个数字明显变大了：移动电话、电脑、电视机。现在把这个框架继续转移："那些本身具有功能的计时设备呢？"现在，洗衣机和微波炉也成为计时的设备了。数量达到 14～15 个。然而，所有这些框架的潜在含义是一个有限的计时的心智模式：它必须由一个设备来完成。"还有什么可以计时，但又不是设备呢？"这种心智模式被突破后，有了更多的选项出现：人类的生物钟，每天太阳光照在房子上也可以告知时间，每天早上报纸落在你家门口的时间也是相同的。另一种标记时间的方法！我们认为家里时钟的数量是有限的或可扩展的，其实这是由我们对计时的心智模式决定的。

在印度南部的一个大茶园，老鼠一直攻击向大部分种植园输送水的管道。多年来，管理者一直试图解决这个问题，但都没有成功。从捕鼠陷阱到老鼠药，或者改变管道的材料，还尝试把部分管道埋在地下。采取了许多措施，但都无济于事。也许管理者有很多想法，但都被困在一个单一的框架里。同一框架下的所有潜在的解决方案是："我们如何让老鼠远离管道？我们如何摆脱老鼠？"当时有一位经理问："是否有可能，老鼠攻击管道只是来喝水？"我们还有什么其他方法能为它们提供水呢？一个很简单的解决办法就产生了，因为现在框架的参照系已经从"让老鼠远离"转移到"给老鼠提供饮用水"。他们尝试用椰子壳盛了水沿着管道有规律地放置。这样，老鼠很容易地喝到了水，而对水管的损坏则立即停止了。

> 设计并产生一个移轨创新的想法像《波希米亚狂想曲》一样，需要一项从根本上完全不同的能力。它需要有能力来识别并突破嵌入当前轨道上的心智模式的边界。仅仅做头脑风暴是不够的。所谓的头脑风暴，通常只会以一个想法风暴结束，而其焦点不可避免地停留在数量上："我们今天已经提出了 1 000 个想法！"但重要的不是有多少个想法，而是有多少个心智模式的边界被突破。一个或两个移轨想法是我们需要的，而不是基于这些想法的 1 000 个变种。

一个闭锁的心智模式导致一个国家的灾难

用保守的思维方式来尝试移轨挑战不仅仅使得移轨的效果变得很小，还会带来灾难性的后果。

2011 年 4 月在《自然》杂志上有一篇优秀的文章，作者是罗伯特·盖勒，一位地震学教授。文章描述了日本整个国家基于一个错误的理论，多年被麻痹并形成一个虚假的安全感。

20 世纪中期，地质学家们开始接受板块构造运动作为解释地壳运动的理论。许多学者都为这一理论感到兴奋，因为它为把板块构造与地震活动联系起来的研究铺平了道路，如果这个关系可以被合理地展现出来，通过沿着板块相撞时出现的深深的移动的断层线，地震就变得可以预测了。推理展现出来的假设是相当合乎逻辑的，但只是在纸面上。那些没有地震的地方，在一个合理的时间段内可以被称为地震裂缝，未来存在很大的可能性会有地震。地震裂缝理论没有能够通过严格的研究，最后被搁置，因为随着时间的推移，科学家们发现，以板块运动来预测地震是很困难的，因为它不是经常发生或可预见的。

然而，20 世纪 70 年代中期，当这个理论仍然被绝大多数人接受时，日本地震学家确定了一个板块，在日本南部，那个地区被称为日本东海，邻近日本东南海和南海，地震学家把它标注为一个近期很有可能发生八级以上地震的地区。这是一个完美的地震裂缝，因为这个板块在最近都没有发生过大地震。日本政府甚至还通过了一项法律以确保对东海板块的持续监控，同时还有升级机制的保证。因此它在日本民众心中留下深深烙印，下一场大地震可能就发生在这里。悲剧的结果是，从 1979 年起，有 10 次地震导致 10 人以上死亡，发生在所谓的地震低发区（政府认为的地震低风险区），但是日本科学家和历任政府继续过分关注日本东海。灾难性的后果发生在 2011 年，当残酷的东北地震袭击地震裂缝以外的日本东部时，16 000 人丧生，造成数十亿美元的损失，还导致核泄漏。这 10 次地震仅仅是一个前奏，但却是一个明确的警告。然而，日本人是如此坚定地把视线锁定在 30 年前就被世界其他地区丢弃的理论上，坚持 20 世纪 70 年代已经通过的法律，忽视那些新数据，完全无视东北大地震！这悲惨地显示了强大而可怕的心智模式的重力（Geller，2011）。

> 作为一位首席执行官，想想这个：
>
> 东北地震是一个极端的例子，它表明了无法认识到心智模式的边界的危害。这些信号虽然很小，但仍然存在，最终它们因为与既定的心智模式不符而被忽略了。
>
> 与之类似，对于闭锁的/饱和的/无效的心智模式边界，大多数组织都很早就得到了信号。然而，这些信号通常被视作异常状况而忽视了。
>
> 什么是目前针对产品、组织或品牌的威胁信号？最近你在哪里遇到过这样的可能会是你心智模式边界的信号？你正在有意识地尝试识别自己的心智模式边界吗？或者你只是无视那些信号？忽略这些信号会带来什么后果呢？

从发现心智模式边界开始，而不是靠想法

Begin by uncovering mental-model boundaries and not with ideation

面对移轨挑战，保守者会直接把自己投入"点子生成"的活

动当中，而移轨者却不会这样做。他们克制自己，不急于进入"点子生成"阶段，而是努力地确定他们的心智模式边界。这就意味着他们将发现潜在的心智模式：在这个行业中，挑战被追求的模式和目前的方式。他们通过探索问题，来扩展他们思考的界限，这些问题诸如："为什么我们会在这个行业？什么是目前有投入无产出的业务？我们在什么地方对顾客说不？我们认为有什么是不可能的吗？什么是我们已经习惯的那些次优平衡点？我们认为行业的哪些部分已经饱和了？我们如何打破这种资本密集型的商业模式？"他们用一系列这样的问题来触发思考，并首次发现和识别了心智模式的边界。

移轨者认识心智模式边界的力量。这种力量是如此惊人，往往仅仅认识到这样的边界就足以揭示一个盲点，指向一个移轨的想法。

负责接受"复兴寻呼"挑战的那个团队之前曾经尝试过很多轮的构思，但大多数想法仍然只是渐进的，无法带来根本的改变。只有当他们认识到自己的心智模式的边界（到目前为止，他们所有的构思都被限制在认为寻呼是"人到人"的服务）时才会产生突破性的想法。这几乎立即引出了一个盲点，一个移轨的想法出现了：从"人到人"的寻呼转变到"人到物"的寻呼。

像其他许多人一样，法比奥·罗斯已经认定了太阳能发电是确保巴西农村电气化的百分百解决方案。但当他认识到使用太阳能潜在的心智模式边界时，才得到了突破性的想法。"购买太阳能电池板是什么意思？"罗斯问："这意味着买了未来25年的能源。谁会买未来25年的食物？你通常只买下一个星期或下一个月的食物。用电也应该是这样。"（Bornstein，2003）

认识到这个心智模式边界后，他获得了移轨的想法，"微租赁太阳能"，每月支付账单。

一个移轨挑战所需要的和移轨者所拥有的，正是认识和突破嵌入当前轨道的心智模式边界的能力。

在移轨者突破的所有心智模式边界中，有九个突破，在行业中创造了变革性的影响。

获取方式的转变
Transforming access

雄心勃勃的企业、慷慨激昂的非政府组织和驱动型的政府都有一个共同的目标：他们都想影响广大群众。世界上最大的分歧存在于有产者和无产者之间。

一些最大的移轨想法已经跨越了这个鸿沟。他们把以前只是给小部分人提供的产品和服务，提供给广大群众。

使产品或服务的获取方式发生改变，创建一个大众市场，需要突破四个获取边界组合：物理的获取边界、经济的获取边界、智力的获取边界和情感的获取边界。

获取方式的转变：突破物理的和经济的获取边界

移动通信革命的核心是突破了物理的和经济的心智模式边界。菲律宾的智能通信公司面对的关键问题是："我们可以做什么来极大地提高市场渗透率？我们如何让群众使用移动通信服务？"他们意识到，首要挑战来自于经济。在更深层次的挖掘后，心智模式的边界出现了，即后付费商业模式。传统的后付费模式使得普通市民有些紧张，人们不知道在月底会收到多少金额的账单。这个心智模式的边界被突破，智能通信集团采用了预付费移动卡的移轨创新。

其次的挑战是物理上的挑战，如何使其在预付费的基础上方便地使用？这个问题的答案是智能通信公司的移轨想法，"电子充值"。2004 年，智能通信公司因为其第一个预付费卡的无线充值业务"智能充值"荣获由 GSM 协会颁发的"最佳移动应用或服务奖"。该服务取代预付刮刮卡，允许店主直接从智能通信公司下载通话时间，然后转售通话时间给他们的客户，这一步也是通过下载完成，通过给智能通信公司发送短信来完成付费（KPMG，2007；Smart Communications，2011）。这引发了移轨。截至 2012 年，96%的印度用户使用预付费服务，总共有 8.7 亿预付费用户，令人难以置信。这显示了这个创造历史的想法的重要性（Aulakh，2012）。

获取方式的转变：突破智力的和情感的获取边界

智力的获取边界的产生不仅仅是因为教育的缺乏，而且是因为传统语言消失或者过时了。当一种语言失去了大众，使用者越来越少的时候，它就连同它的神化、它的故事和它的文化一起远去了。

对于大多数社会来说，其中最大的一个顾虑是文化的侵蚀。人们担心的是"现在的一代人和我们的传统脱节了，今天的孩子们不再根植于我们的传统文化中"。

建立文化最有力的方法之一就是民间传说——通常一个社会的先民用神话故事来生动表述价值观，并建立起文化。

20世纪60年代晚期，安纳特·派在印度观看一个学校的知识竞赛的节目时，发现对希腊和罗马神话都非常熟悉的学生们却回答不出"谁是拉玛（在印度广受膜拜的女神）的母亲?"他让他的侄子和侄女写一个故事。那是一个很好的故事，但那是一个孩子在英国的故事。这都来自那些从没离开过印度的孩子之手。这使得他深深相信，印度的孩子不知道他们自己国家的神话，因为他们平时很少听到。而图书馆里所有的书都是英文的。

这个认识使得安纳特·派想要突破心智模式的边界。最根本的问题是传统的神话故事都随着一个古老语言——梵文——的没落而被遗忘了。与用通常的方法，来把所有的梵文书籍翻译成英文，在学校里教授印度的神话故事相比，他想要做得更深入些。他在寻找一种突破的方法，来把印度神话生动地带给下一代人。

他意识到民间传说没有必要用英语来传播，而且它必须具有年轻的一代可以接受的形式。他的移轨创新最终成为阿马尔该卡塔（ACK），字面上的意思是不朽的图片故事，即用漫画书这种最容易被大家接受的形式，把神话故事带给孩子们。

这个移轨创新使得成长在20世纪70年代和80年代的几乎每个孩子的书包里或者课桌上都有一本ACK漫画书。这幸运的一代人在成长的过程中和印度神话有着亲密接触，不像他们的先辈，即生活在 60 年代的人们。今天的父母们，无论是住在印度还是住在印度以外的地方，都继续让他们的孩子接受 ACK 的传统教育。它现在已经成为当代印度教育的一个根本组成部分（Bajaj，2011；Singh，2009）。

突破智力的获取边界使得一个濒临灭绝的文化重获新生，并嵌入下一代人的成长当中。

> 作为一位首席执行官，想想这个：
>
> 很多组织在谈论教育消费者。这一方面是帝国主义的遗患，另一方面也是一个智力获取边界的症状。它可能不是关于消费者不能做什么，而更多的是关于消费者不在做什么！你可能需要简化你的信息，用不同的方法跟他/她建立联系。
>
> 你如何可以在你的产品上使用 ACK 模式？不是去教育消费者，而是给他们一个建立联系的方式，让他们主动发现并学习。

移动预付费卡突破了物理和经济的获取边界，使得大众可以使用通信服务；ACK 突破了智力和情感的获取边界，使得下一代人可以了解民间故事。下面看一看通用电气的想法，Mac 400 这个便携式心电图机，突破了三个获取边界：物理的、经济的和智力的。

获取方式的转变：突破物理的、经济的和智力的获取边界

通用电气以其世界一流的心电图机闻名。然而，在印度，它面临着一个独特的市场挑战。

心脏病是全球头号杀手，其中有 60% 的病例发生在印度（BBC，2009 年）。心电图检测是在早期发现心脏病的第一步。80% 的印度医疗保健在城市中心，而印度的人口有 75% 在农村地区（Esposito，Kapoor et al，2013）。对于许多生活在农村的印度人，想要做一次心电图检测是艰巨而困难的。这意味着要到最近的城镇去，

因此要失去至少 2 天的工作时间和收入。

　　通用电气看到了这一挑战的独特性，它迫使他们反思自己现有的心电图设备的设计、开发和获取市场的方式。正如一位高级经理所说："我们意识到最大的障碍是我们在销售我们所制造的东西，而不是这里的客户所需要的东西。"

　　面对一个完全不同的市场，领会客户独特的需求，使得通用电气认识并突破了它的心智模式的边界。他们挑战了传统的心智模式：做更大、更好、更先进的心电图机。处理印度市场的常规方法是"降价，减少 8～10 周的等待时间"。不仅仅是适应印度市场，通用电气还开始"为印度市场重新设计产品"。不是创造一个新的和更先进的心电图机，他们创造了 Mac 400，便携式心电图机。

　　他们突破的第一个边界是物理的获取边界，"Mac 400 是便携式的，因此让心电图机走向病人，而不是病人走向心电图机。"通过降低心电图机 80% 的成本，他们也突破了经济的获取边界。对于一位消费者来说，心电图测试的费用从 150 卢比下降到 50 卢比。Mac 400 的交互式用户界面和一键式操作打破了智力的获取边界。一个受过训练的医务人员即使不会英语，也可以很容易地操作它，从而抵消了对高级技术人才的需求。通用电气公司不是创造一个穷人版的心电图机，而是让新产品适应印度农村市场的条件。事实上，这款产品集成了一个分析程序和一个内置的软件设备，来把心电图翻译成英语，还具有以前只在通用电气的高端心电图机里提供的病理测试功能。

　　为了解决电力中断的问题，它必须是可以用电池供电的。印度农村的一些地区每天只能得到六个小时的用电时间。Mac 400 只需要三个小时的充电时间就可以支持连续 100 次的数据读取，在使用期间则只需要一天充一次电即可（GE Healthcare, nd, Roy, 2009）。

　　Mac 400 从物理上、经济上和智力上突破了获取边界，给心电图诊断带来了彻底的革命。这种易用的、便携的心电图机，将帮助挽救很多生命。[2]

获取方式的转变：突破物理的、经济的、智力的和情感的获取边界

斯普林克斯是一个移轨想法，通过突破四个获取边界来转化获得健康的方法：物理、经济、智力和情感。

斯坦利·斯洛特金医生接受了消除营养不良的移轨挑战。20世纪90年代中期，联合国儿童基金会联系斯洛特金医生，询问是否有其他方法能解决发展中国家儿童贫血的问题，因为他们目前所做的工作并不起作用。

对于斯洛特金医生，这个挑战是巨大的。维生素和矿物质缺乏影响了全世界20多亿人。婴儿和儿童最容易受到微量元素缺乏的影响，因为他们的生长需要大量维生素和矿物质的摄入，他们大量的生长需求与他们的食物摄入量有时并不协调。

斯洛特金医生开始识别需要被挑战的心智模式的边界。

在发达国家，儿童不存在这种缺乏症，因为他们能够得到强化的食物，这些食物大部分在工厂里生产时就加入了必需的矿物质和维生素。但是，在大部分发展中国家，儿童食物是在家里制作出来的，尤其是对穷人来说。

- 把工厂搬到这些居民区附近从经济上是不现实的。
- 改变人们几个世纪养成的饮食习惯也是不实际的。

更进一步，他观察到联合国儿童基金会尝试过的营养糖浆、药片、注射等，都有自身的缺陷：

- 它们很难吃（母亲不希望把很难吃的营养补充物质给自己的孩子吃）。
- 控制正确的剂量十分困难（家长不识字是其中一个原因）。
- 运输是个问题，尤其是液体营养品。

斯洛特金医生突破了这些心智模式的边界，找到了理想的解决办法，他要制造一种营养品：

● 可以每天加入到已经煮好的食物中，不会影响口味或者改变颜色，从而突破了情感的获取边界。

● 有可见的计量，并且方便运输，突破了物理和智力的获取边界（Michael Smith Foundation，2011；Sghi. org，nd）。

他开始设想一个两者兼得的解决方案。而这个结果就是一个移轨的点子，袋装微量营养素粉。它包含了所有的好处：剂量得到控制、方便运输、强化食品不改变味道和颜色。斯普林克斯就是指袋装的混合多种微量营养素粉，可以在家里很方便地添加到做好的食物中。任何家里做出来的食物都可以很简单地被强化，仅仅通过添加斯普林克斯即可。外层的含铁涂层可以防止味道变化或者变质。

测试显示这种家用食物强化剂减少了婴儿和儿童 31% 的贫血和 51% 的缺铁现象（Sickkids. ca，2009）。

它打破了把工厂设置在居民区附近，同时营养素又是液体的困难，使得解决方案从物理上和经济上变得可获取。独立包装使得剂量可控，从智力上保证了消费者获取上的便利。最后，因为它是撒在食物上，而不会影响到饮食文化的习惯或者儿童的味蕾，这又使得情感上更亲近了。

> 作为一位首席执行官，想想这个：
>
> 什么是嵌入你的企业架构的物理、经济、智力和情感获取上的心智模式边界？有什么是限制发展和影响你的产品和你的行业的边界？
>
> 通过有意识地挑战和突破这些心智模式边界，有什么可以被释放出来的移轨想法？

重新发现市场需求
Rediscover the market need

组织可以很容易地被锁定在一个心智模式中，从而看不见市场需求。一些通过发现差异带来的巨大商业机会和巨大增长的故事都发生在突破了心智模式边界之后，此时企业重新发现了市场需求。

移轨者们通常能够在成熟市场里重新发现市场需求。第一，当他们对客户需求的参考框架从功能需求变为情感需求时，突破产生了。第二，不只是关注明显的功能需求，移轨者们发现共同存在的需求，即当两个或更多的功能需求在一个时间点共同存在的时候，如何平衡共同存在的这些需求。更进一步，他们还发现并平衡了共同空间，即在两个或更多的功能需求共同存在的地方，客户所处的空间。

发现市场需求：从功能到情感

诺和笔

诺和诺德公司突破了心智模式边界，通过一个从功能到情感（社会）需求的转变，发明了诺和笔，它是一个移轨创新，一种新型糖尿病药物输送装置。

1981年1月，诺和诺德公司的市场总监索尼可·富利兰德打电话给包装部门的负责人基奥·儒克斯和伊万·杰森医生，叫他们到他的办公室来。富利兰德从口袋里拿出他的钢笔，就像儒克斯后来所说的："他问我们是否可以生产一个看上去像支笔的装置，方便使用，并且可以保持一个星期的胰岛素供应量，按下按钮就可以提供2个单位的胰岛素。这个笔一定要简单和考虑周到，最好能够看上去像一支钢笔。"

诺和笔的主意是突破了心智模式边界来定义市场需求的结果。当诺和诺德公司认识到大部分人都对使用注射器感到不适的时候，这个原先并没有被照顾到的市场需求被挖掘出来。考虑到一个糖尿病患者一天需要注射3～4次胰岛素，使用注射器是令人畏惧的。而且，在公共场合使用注射器和玻璃瓶对病患来说是一种羞辱。

追求这个移轨挑战使得诺和诺德的团队发明了诺和笔，一个像小型钢笔的装置，能够携带一周的胰岛素使用量。诺和笔解决了所有糖尿病患者的一个大问题，即要携带注射器和玻璃药瓶来完成每天的注射。诺和笔推出后，当时正在失去市场份额的诺和诺德公司，现在成为欧洲和日本的市场领导者，分别占有60％和80％的市场份额（Blueoceanstrategy.com，1980）。诺和笔和传统注射器与玻璃药瓶在价格上的差异并没有影响到它的推广。糖尿病患者更加喜欢诺和笔，因为它立刻消除了他们对注射器的担忧。诺和笔便于携带，因为它就像一支笔。它还很小，比较隐蔽，把病患从面对大众使用注射器的羞辱中解救出来。使用过程没有那么疼，同时操作容易，所以它对于年轻的患者或者年老的患者都很有吸引力（Rex，2003）。它使得药品的输送机制变好了，使得糖尿病患者过上了正常的生活："现在是我控制糖尿病，而不是糖尿病控制我。"诺和诺德公司定义了人们的最深层次的情感需求，并生产出一个装置来实现它。公司突破了自身的心智模式，即只关注药品的开发而不是药品的使用。

重新发现市场需求：从功能性需求到同时暂存的需求

M-PESA

诺和笔展示了重新定义市场需求，即从功能到情感的转变，如何能够带来一个增长并且有影响力的移轨创新。但是当功能自身被重新定义时，另一个心智模式的边界被打破了。

当"一个产品只有一个核心功能"的心智模式被打破，"同时存在的需求"产生了。大多数企业关注单一需求，围绕这个单一的需求，这些企业一直做得非常好。移轨创新者问了一个从根本上不同的问题："从什么时候开始有两种需求同时存在？"通过把两种需求结合起来，在一个产品或服务中实现它们，移轨创新就产生了。

沃达丰确定了一个并行的需求，一个和通信一样大的市场是金融转账。他们打破了行业的心智模式，即只有一个核心功能——通信。为了要把这两个核心功能融合在一起，即对通信的需求和对金融转账的需求，沃达丰创造了 M-PESA。这个突破使得手机成为全天工作的出纳员，时刻待命。一部手机不仅可以保证人和人之间的通信，现在它还可以在任何时间完成人跟人之间的金融转账。

在大多数时间，当手机在手里时，钱包一直在口袋里。通信的需求和金融转账的需求同时存在着，从而产生了 M-PESA，它是一种移动钱包，人与人之间可以通过短信来互相转账。"呼叫加上金融转账"成为一个成功的组合。每个月 1 500 万次转账，M-PESA 满足了那些最需要金融转账的人们的需求，那些上百万没有银行账户的人（Krueger，2011）。

医疗旅游

历史上就有人们去发达地区接受好的医疗的习惯，尤其是对于那些疑难杂症。全球化的过程给发展中国家带来了更多的医疗进步，在一些地区几乎和发达国家有相同的医疗水平，比如南美洲的美容流程、泰国的变性手术以及印度的心脏、骨科和儿科护理就是一些例子。因为医疗费用和等待时间在西方国家一直飙升，随着婴儿潮一代的寿命增长，一个全新的行业产生了：医疗旅游。现在西方人（主要来自美国和英国）到发展中国家进行手术。医疗部分集成在旅行的计划中，包括旅游或者在温泉和度假胜地的休养。这种打包旅行的费用一般只有他们自己国家费用的 15％～20％或者更低。这些地区的酒店、医院和航空公司的费用打包起来可以给出很有吸引力的价格，医疗旅游已经成为一个全球化的产业，2012 年的市场规模在 200 亿～350 亿美元，同时在全球有大约 700 万病人。医疗旅游找到了自己的位置。

> 作为一位首席执行官，想想这个：
>
> 什么时候是你最后一次有意识地去重新发现市场需求？通过那些功能性的、共存时间和共存空间的视角来观察用户，可以潜在地引出对于市场需求的新发现。什么会是你们企业的诺和笔和 M-PESA 呢？

重新定义核心
Redefine the core

重新定义航空公司

在一段时间内，最好的企业都落入了增值的陷阱，充满热情地增加自身的价值，却忘了质疑和重新审视其核心是什么。增加的每一分价值单独看上去都不错，但是如果核心不改变，所有的增值就马上变成次要的了。

不知不觉地，也是不可避免地，产品和服务被过度工程化了。航空产业成为一个热情追求增值的例子。奖励里程、美食等成为永不停息的增值清单中的项目，它们希望以此来建立特许经营，并保证用户忠诚度。

而这个心智模式被低成本航空公司所打破，后者重新定义了核心竞争力。最核心的需求是从一个地方到另一个地方，准时又便宜。至于其他的，都是次要的，不是最核心的。舒适的座椅、准点到达、非常有竞争力的低价成为了低成本航空公司的成功模式。

重新定义板球

对核心的一个激进的重定义给传统的运动——板球——带来了移轨的形式上的变化。

英国板球协会的董事会对于这个运动越来越不受关注表示非常担心。越来越多的观察家和媒体的视线转向足球，越来越少人关注到板球。传统的板球比赛形式是在两个国家队之间的一个五天的测试比赛。早先的创新带来了"一天"的比赛形式，但是即便如此还是无法吸引大众的视线。

就像澳大利亚板球协会的领导者詹姆士·萨瑟兰所解释的：

> 我们召开了一个核心团队会议来讨论赢回大众关注的方案。很长一段时间都没什么新的点子，直到有人问了一个问题，来"挑战核心"！[3]

　　"想想纯粹主义者会痛恨的板球比赛形式！"（The Information Company，2005）

　　这触发了移轨的点子，T20 板球，一场三个小时的比赛。这个形式加快了板球的节奏，使得在平时工作日的晚上看一场比赛，变得更可能实现。

　　这个突破使得大众对板球的兴趣复苏了，不仅仅在英国，还有其他板球流行的国家。

　　移轨者通常会通过提问"命题的核心是什么"来颠覆市场，你的行业偏离核心有多远？我们如何对核心进行再创新来创造新的机会？

> 作为一位首席执行官，想想这个：
>
> 什么是驱动你们行业的核心目的？
>
> 退后一步来重新审视，并且重新定义核心。低成本航空公司的发起人会怎样重新定义你们行业的核心？问问你自己，就像板球协会的董事会所做的，"什么是我们行业的纯粹主义者所痛恨的？"

重构市场组成
Reframe the market spectrum

　　重新发现和重新定义市场需求能导致一个创新，使得市场增长。更进一步，重构这个市场组成可以发现盲点，确定一个第三空间来创造一个新的市场。

　　发展中国家所面临的两个基本挑战是，提高文化水平和矫正远视眼/近视眼。当市场组成被重构时，好的解决方案就显露出来。

VisionSpring：重构视力矫正

　　2001 年，乔丹·卡萨楼，一个学习验光的学生，自愿到墨西哥参加一个叫 VOSH 的项目，该项目为人们提供自愿验光服务。

一个年轻的母亲带着她几近失明的儿子来看他的视力是否可以恢复。当乔丹检查了那个男孩后，发现一些他没想到的东西。他在眼镜和眼药水的库房里翻了个遍，找了一副眼镜给男孩戴上。让每个人都惊奇的是，这个曾被告知将永久失明的男孩，几乎可以看到一切。

这个男孩得的是严重的远视眼。这是可以通过简单的阅读眼镜被矫正的眼病。但是因为像墨西哥这样的发展中国家严重缺乏眼部保健设备，因此孩子们只能继续这样"失明"。

老花眼通常发生在眼睛自然老化的过程中，其后果是看不清近距离的东西。这对于大多数患者来说意味着生产能力的损失。在文化程度较高的城市，它影响人们阅读，虽然在城市里，人们可以很容易地找到验光师来处理这个问题。但是在农村，老花眼影响到那些要做细致工作的人们，比如裁缝、编织工、手艺人，还有那些需要好的视力来谋生的人。另一个受到影响的重要人群是家庭主妇。她们需要做各种家务，这些工作都需要在近处用眼，如缝补、穿针引线等。

对这个市场需求的识别促成了 VisionSpring 的出现，它是一家社会性企业，突破了心智模式的边界，使得移轨创新发生。[4]

在眼部保健领域，大家一直认为，即使是最简单的疾病也需要去找医生咨询。但是要让医生能够覆盖到发展中国家那么大的人群是件非常困难的事情，而且需要很长时间。

VisionSpring 没有用传统的方式来解决问题，如尽量安排更多的医生来填补空缺，而是挑战了心智模式的界限，并重构了市场。第一个被攻破的心智模式边界是知识边界，即只有眼科医生可以识别眼睛的问题。逐渐又发现了更深层的问题：用一种方法处理所有眼睛的问题，而不区分老花眼和其他更严重的需要医疗干预的眼科疾病。老花眼可以被简单地通过阅读眼镜来修复，并不需要医疗干预。这是一种普遍的疾病，而且很容易被诊断出来。从这里产生了视觉企业的商业模式：给本地企业装备来诊断并解决老花眼的问题，通过不出名的"袋子里的商业"运作。Vision-

Spring 把需要医生干预的复杂的眼科问题和简单的眼睛疾病，如只需要配戴合适的眼镜的老花眼，区分开来。在解读这些需求组成的过程中，他们确定了一个全新的方法来处理这个情况。

VisionSpring 关注于简化视力测试和处方过程，使得本地的企业可以简单地执行而不需要广泛的学习和指导。这个"袋子里的商业"是一个特别简单的解决方案，使得企业可以开展视力测试，并在现场提供眼镜。

举例来说，眼部医疗企业如何确保在每个病人进行视力测试时，病人和视力检查表之间的距离是正确的？袋子里有一段事先量好的绳子，一头连在视力表上，一头连在病人应该坐的地方。很多病人不认识字，他们怎么读视力表上的字母表呢？因此它们被改成了简单的字母 E，有四个基本的方向。医生不想去测试人们的阅读能力，他们只是需要知道患者是否可以看清，同时通过这个人是否可以看见逐行变小的字母的方向来确定他的视力（visionspring. org，nd）。同筛选设备一起，这个袋子包含了一套 36 副眼镜。一家新的视觉企业在这个袋子上的前期投资是 10 美元。用户当场就可以支付相当低的价格（4 美元）来获得一副高质量的阅读眼镜。

通过重构市场组成，VisionSpring 发现了一个盲点，从而定义了一个新的空间，为那些需要帮助的人带来便利，同时又无须专门去看眼科医生。

同语言字幕：重构文化组成

同语言字幕是一个移轨想法，保证让整个星球上的人都能够学会阅读。这发生在布里吉·考萨瑞挑战了整个世界认定的识字需求的心智模式并试图解决这些问题之后。

世界上从来都不缺文化普及的解决方案，几十年来，各种有愿景和资金支持的组织一直在尝试提高文化普及率。事实上，联合国教科文组织宣布"识字是人们的权利，是个人赋权的工具，是社会和人类发展的手段。教育机会依靠文化。"

深深嵌入联合国教科文组织的文化方案里的是一种信仰，相信有一个长期的解决方案，即提高基础和继续教育体系。然而，这也和劳动力与基础设施密切相关，同时经常和社区的生活方式相违背，特别当涉及成人文化教育时。对教师资源、租用或者建造学习空间、提供如书本和抽认卡等学习工具进行投资，只是解决了一部分的问题。为什么一个发展中国家的成年人要放弃赚钱的时间、工作的时间去参加一个学习课程呢？事实上，很多文化教育项目的失败正是因为缺乏学习的动机（unesco. org）。

布里吉·考萨瑞认识到，当我们把这个世界看成只有识字者和文盲两类人时，事实上还存在着第三种人，即轻度识字者。这个认识来自一个印度的调查。就像布里吉分享的：

> 我们委托尼尔森社会研究机构来做一个独立的五个状态的研究，从两个方面来衡量文化程度。第一，采用大多数调查使用的方法，仅仅简单询问家庭的户主；第二，要求每个家庭成员读一段小学三年级的文字。尼尔森社会研究机构采集了相关数据，由同语言字幕团队进行分析。如果使用第一种方法，对于我们的样本，五个状态的 23 000 人（年龄包括 7 岁及以上），识字率达到 68%。然而，通过第二种读课文的方式，识字率最好也只有 55%。之所以称之为最好的情况，因为其只有 17% 是认识字的，而另外的 38% 是"轻度识字"的，即只知道基本的拼音知识，但是无法阅读整段文字。这些关键的发现重新定义了印度文化状态，17% 识字，38% 轻度识字，45% 文盲。因此，按照这个可以估算出，印度有 1.46 亿人识字，3.27 亿人轻度识字，3.87 亿人是文盲。

在这个发现中的轻度识字的 3.27 亿人，能够用简单的拼音和字母，但是不能流利阅读，在这些人中已埋下了移轨创新的种子。

与在文化基础设施建设上长期投资不同，布里吉突破了心智模式的边界，为一个流行的电视节目开发了同语言字幕，以此作为一个最快速的方法，使得 3.27 亿轻度识字的人成为识字的人。[5]

他为同语言字幕想到了最流行的宝莱坞音乐节目——Chitrahaar（或者在一些方言里称之为 Chitrageet）。当人们在电视里看到他们最喜欢的电影歌曲时，他们同时看到并本能地读了字幕中的文字。它该是一个多么有力却简单的方法啊！这无疑取得了巨大的成功！

自从同语言字幕促进了通过流行的宝莱坞音乐学习识字，学习者的动机产生了变化，从以前的应该学或者必须学，转变到想要学（planetread. org，2007）。比尔·克林顿说起同语言字幕时提到，它是"一件很小的事情，却对人们的生活有着惊人的影响力"（planetread. org，2009）。而因为这种解决方案超级简单且有超广泛的影响力，它成为一个低成本、高影响力的方案。布里吉非常有效地完成了重构市场组成，并发现了第三个空间："轻度识字"的人群，同时为他们解决了问题。同语言字幕还创造了人们对于识字这个事情物理上和情感上的亲近，这和学习者的动机密切相关，这样就不需要在物理上花费什么，因为通过电视，每个家庭都可以学习，而且他们都没有意识到自己是在学习，因为他们在跟着一起唱，所以那些关于教育的"花费"都不存在了。

> **重构市场组成**
>
> 作为一位首席执行官，想想这个：
>
> 你的市场/行业中那些正被用一种非 0 即 1 的方式（识字或者文盲）定义的市场需求有哪些？市场将多种需求整合成一种需求的例子（如所有的眼睛疾病都需要找眼科医生吗）在哪里？
>
> 与其寻找一个孔可以钻进这个市场，还不如重构这个市场的组成。这可以创造新的市场机会。

挑战神圣的流程
Breaking through the sacred sequences

企业建立流程，流程被制度化和标准化，它们都被最佳的实践加强了，而这些最佳的实践又继续变成参照的基准。过了一段时间，流程慢慢成为神圣不可侵犯的。这就像一个宗教仪式，永远都不可能被改变。而移轨创新者却能够看到这些神圣的流程的背后，只是一种做事的方法而已，而且不是唯一的一种。他们打破了关于神圣的流程这个潜在的心智模式的界限，创造了移轨创新。

生命吸管：净化你的饮用水

整个水净化和供水行业都在一条准则下运行，即你必须先净化，然后再供应给大家饮用。所以瓶装水在源头或者在工厂里就被净化好了，然后才装瓶，通过各种零售渠道到达用户手里。家用净化水要么是饮水机里已经净化好的水，要么是净化后装在容器里（罐子和瓶子）的水。生命吸管这个产品通过让这两件事同时完成而打破了这个顺序，在你喝水的同时净化它。生命吸管真正的移轨创新不是把系统小型化，它不同于发明一些技术让系统更小、更时尚和更快速，它不是在发展和增长的自然进展中的产物。它是一个传递的机制，通过吸管的形式，使得游戏规则发生了变化，变得更简单明了。通过把一个微型的净水装置放在吸管里，生命吸管打破了心智模式的边界，从"先净化再饮用"转变成"在你饮用的同时净化"（Vestergaard Frandsen, nd）。

e-Choupal：把市场信息带给农民

传统上，印度的商品销售和购买涉及三类人，但只有其中的两类人受益：交易方和大企业。通常贫困农民的利益被牺牲了。

e-Choupal突破了这一过程，它解开了单一的步骤"找出价格并销售"，使之成为三个步骤："了解价格，然后决定，最后再卖"。e-Choupal通过互联网为农民带来了全球商品市场的信息。之前农民只有到市场上才能得知商品的价格，而他们只能被迫接受这个价格。现在农民可以在家中得到全球和本地市场的价格信息，观察交易的趋势，然后挑选最合适的一天去市场，用他们想要的价格来交易。

决策的力量从交易方转移到了农民手中（Munshi，2009）。

> 作为一位首席执行官，想想这个：
>
> 什么是你的组织/行业/领域里神圣的秩序？这个秩序锁定了哪些步骤？当你挑战、重新组合、改变这些神圣的秩序后，什么是新冒出来的机会？

突破发展的界限
Breaking through the boundary of progression

有一个非常稳固的思维方式边界，是新的答案必须来自新的技术。新的解决方案只可能来自新科学技术的前沿研究。这个心智模式一直促进着从未停息过的发明创造、专利和发现新技术的趋势。事实上，研发中心有自己的专利数目标。不可否认的是，新知识带来新机会，然而移轨创新者也挑战了这个心智模式，他们倒回去，从传统的知识里开发出解决新问题的方法。一些非常有分量的移轨创新就是从新模式下的传统知识里收获的。

蒙古：解决了医疗保健问题

蒙古政府面对的挑战是为散落在内陆地区的成千上万的牧民提供医疗保健，而内陆地区幅员辽阔，有时候最近的医院可能在30 公里～40 公里以外。

通常的心智模式可能会是建议增加医生和医院的数量。但是相反，蒙古政府和日本基金会一起合作，提供了一个传统的日本医疗解决方案，在流程上打破了心智模式。他们把医疗保健箱放在每个家庭，鼓励并授权家庭针对一些基本的情况进行自我检查，同时从工具里找到合适的药给家庭成员使用。保健箱里放的是传统的蒙古药品，而不是西方的药品（Nippon Foundation，2012）。

蒙古政府突破了通常的发展心智模式，而是回到传统的医药解决方案上，将其移植到一个现代的形式中。这个方案大大地减少了去医院看病的人数。

易卡维雅拉雅：传统的 Gurukul 模式

　　易卡维雅拉雅（易卡＝单一的，维雅拉雅＝学校）也类似地求助于传统智慧创建了"一所学校"。

　　与其等待政府在遥远的部落地区设立学校，然后派老师过来，易卡维雅拉雅学习了传统的 Gurukul 模式（一个古老的教学模式）。他们简化了学校的模式，从社区选择老师，接受该项目的培训，根据当地的孩子适合的时间来上课（如果孩子们上午在地里干活，他们就下午上课）。他们利用最少的资源，如果没有教室或者屋子，就在大树下上课。易卡维雅拉雅利用了当地的社区资源，它是根据社区要求进行教学调整的一所学校。今天，这是印度最大的草根教育机构之一，覆盖大约 4 700 个村庄，133.5 万学生受教育。通过回到传统的 Gurukul 模式，专注于教与学的最小资源消耗，一个老师和一棵树，易卡维雅拉雅保证了教育没有因为缺少教学设施或者缺乏资金而停止（ekal. org, nd）。

　　所以，回到以前寻求解决方案不是退化或者过时。有时候，往前走的最好的方法是回到过去。

> 作为一位创新领袖，想想这个：
>
> 从传统智慧的视角重新审视你现有的提议。
>
> 如何利用传统智慧解开一个新的价值命题？

突破资源的限制：从匮乏到富足

Breaking through the boundary of resourcing: from scarcity to abundance

　　当"一些事是不可能或者做不成的"时，资源匮乏是被提及最多的理由之一。

移轨者则证实了资源匮乏通常并不是事实，而是思维盲点。挑战并打破"资源的心智模式"已经使得移轨创新发生在很多行业和领域。

家教导师的资源

TutroVista 创造了一个新的移轨商业模式，即与其吸引人才来他们这里，不如他们去人才所在的地方。他们建立了一个新的商业模式，把印度有学历的家庭主妇变成远端的家教辅导导师。并不是说在这之前印度没有远端导师的服务，但这些服务只是跟随传统的商业外包流程（BPO）模式，当本地的导师旅行到另一个地方时，通过互联网指导孩子们。几乎是在同时，问题一下变得很明显，作为一桩生意，这些服务的局限在于位置和可用导师的数量上。TutroVista 却可以通过它独特的软件，使得远程辅导变得跟位置无关、跟体系无关、跟时间无关。现在，任何人都可以通过安装在家中电脑上的软件，从任何地方，在任何时间进行辅导。这打开了一个以前被大大低估的巨大的导师资源池，即印度那些有好的教育背景的家庭主妇，她们又正好有时间，当她们的孩子上学、老公上班的时候，她们可以选择在自己的休息时间提供辅导。[6]

到 2009 年，当 TutroVista 赢得了印度的创新大奖时，它已经有了 2 000 位导师，覆盖了 98 个城市，为 48 个国家的 2 万名学生进行辅导（Michigan Ross School of Business，2012）。TutroVista 真正地产生了全球性的影响。这个"在家里辅导"的模式也大大降低了家教的费用。传统的家教模式基本费用在30～150美元一小时，而 TutroVista 一个月只收取 100 美元，却提供一个月内无时间限制的家教服务。

当 TutroVista 通过发现了"未被发现的导师"来服务于市场需求时，基法公司发现了一种方法，来为微小企业家提供财务资源。

财务的资源

很多微小企业家希望获得更多的小额贷款，因为那些大银行、信贷机构和投资人对大量的小企业都不感兴趣。基法公司用一个关键的发现打破了这个心智模式的边界，"一边是上百个微小企业家的小微贷款没有被满足；同时，另一边是上千个潜在的小额放贷者愿意通过小额贷款来支持那些充满激情的小企业家们。一个地区的微小企业所缺少的资本，其实可以从世界范围内获得。"

小额金融已经改变了发展中国家上百万人的生活。然而，小额金融只是给等待在一边的人带来生机：借款者。通过在自助组的工作，社区里的妇女可以借到钱，并创建一个微型企业。等待在另一边的放贷方其实没有改变，它仍然来自大的金融机构，如银行和小额信贷机构。

杰西卡·杰克里和马特·福兰纳瑞通过基法公司转变了借贷的模式。在访问肯尼亚的时候，他们发现一方面很多企业家缺少资金，另一方面，他们意识到很多个人（不是企业）想要通过提供资金支持来帮助发展中国家。但是没有一个桥梁可以连接他们，并把资金从个人投资者那里转到世界各地的企业家手中，直到基法公司出现。基法公司提供了一个在线平台，让人们能够为发展中国家的中小型企业提供软贷款。它打破了原有的思维方式边界，即只有无个性的、现金充裕的大企业才可以成为贷款方。仅仅通过提供 25 美元，个人就可以投资一个在世界另一头的企业家，同时可以期待回报。基法公司的平台提供企业家的个人故事。这些故事和他们的热情才是借贷方想要看到的。因此基法公司的平台提供的是个性化的寻求帮助的方法，而不是一个单纯的投资。基法公司在等式一边的放贷方进行了创新，开放了放贷的资格。它在 2013 年创造了一个接近 4.2 亿美元的借贷池（Kiva，2005a，2005b）。

把导师甚至资金资源化都是可以理解的，但是一个更进一步的突破是"把分子资源化"。

把分子资源化

大家都知道，大型医药公司一般不会针对只在发展中国家才有的疾病进行相关药品的研发投入。真正的原因是药品的研发投入过高，如果只针对发展中国家市场，利润率不足。他们能够进行新产品研发的投入只是针对发达国家的需求。

大公司不投资发展中国家需要的药品。当维多利亚·哈尔在比利时的大会上听到夏埃姆·森德医生谈到黑热病得不到治疗的悲惨情景时，她非常吃惊。夏埃姆·森德医生说："这个悲剧也许更像是谋杀，因为我们从 1960 年就知道有种药（帕拉莫米辛）对治疗黑热病有效果，我们本可以做一些事情，但是我们选择什么也不做。"

当维多利亚·哈尔发现了被医药公司搁置的分子资源可以用来研发并治疗那些被忽视的疾病时，她打破了这个资源的思维方式边界。那些分子资源虽然有价值，但却被医药公司束之高阁，因为它们无法产生盈利。基于这个发现，寰宇一家健康公司成立了，这是美国第一家非营利医药公司。[7]

寰宇一家健康公司在其网站上清晰地描述了这个突破：

> 我们挑战了一个假设，即药品的研发费用太昂贵，以至于无法为发展中国家急需的新药进行投入。通过与行业和研究机构合作，同时利用发达国家和发展中国家有关的科学研究和生产制造的能力，我们可以给那些最需要的人们提供安全、有效、支付得起的新药。

作为一位创新领袖，想想这个：

TutroVista、基法和寰宇一家健康公司揭示出，从某一个参考框架下看资源是稀缺的，但从另一个参考框架下看就会发现，资源是充裕的。这个挑战是通过提出问题来打破思维方式的边界。"充裕的资源在哪里？""我们如何撬动那些未被利用好的资源？"

你的哪些移轨挑战是因为资源缺乏而被搁置的？你又如何像 TutroVista 或寰宇一家健康公司那样将资源稀缺变成资源充裕？

突破"或者"的边界
Breaking through the boundary underlying an either/or

大多数领域和几乎所有的行业都有他们喜欢的"或者"。"或者"存在于行业智慧里,"你可以要数量或者要质量,但你不能都要。""你可以要求大规模生产或者定制化,但是你不能两个都要。"然而,移轨创新者会更深入地挖掘,因为对他们来说,一个根深蒂固的"或者"实际上就是一个潜在的心智模式的边界。发现并突破这个边界,就需要把结果从"或者"变成一个强大的"和"。

人类和野生动物的冲突

人类和野生动物的冲突一直以来是全世界自然保护主义者所面临的一个大问题。尼泊尔的森林覆盖率达 29%,包括野生动物、公园、保护区和公有林,也同样面临着这样的摩擦。每年都有野生动物逃出森林,侵害人们的财产,甚至伤害人们的性命(The Kathmandu Post,2013)。

这个人类和野生动物的冲突一直处于一个最根本的"或者"困境中。或者用围栏保护人类的财产(一个昂贵的解决办法,同时阻断了野生动物的行走路径),或者选择杀死那些逃出来的野生动物。

在巴迪亚区靠近希夫社区森林的当地人发现了一个"和",这是一个不致命的方法,可以使得犀牛远离牧场,同时防止庄稼被破坏,也因此防止了人类和野生动物的冲突。

2002 年,他们发现薄荷和甘菊是巨型草食动物(如犀牛)非常厌恶的植物,单是这些香草的味道就能把犀牛赶走。于是他们把这些香草植物种在他们牧场的边缘到树林之间的地带,形成一道天然的篱笆。这样牧民就不用再爬到树木的顶端来瞭望是否有野生动物靠近了。

这个"和"的光彩之处在于这些植物不仅仅是环保的解决方案,它们更是高附加值的经济作物。2003 年,通过尼泊尔的全球

野生动物协会的技术支持，希夫公有林用户组（CFUG）设立了
一个项目，来从丰收的薄荷和甘菊中蒸馏提取薄荷和甘菊精油。
现在他们有 12 个植物蒸馏处理系统来提取精油，这为他们带来了
巨大的收入。希夫公有林用户组里超过 60% 的家庭，原来的家庭
收入都在贫困线以下。现在，这个组每年平均收入为 13 500 美元
（Global Alliance of Community Forests，2011）。2012 年，995 个
牧民培育了超过 100 公顷这些有医用价值的芳香植物，提取了接
近 2 800 公斤的薄荷和甘菊精油，分别以每公斤 1 200 卢比和
2 300 卢比的价格销售（UNDP，2012）。

从人类和野生动物冲突到快速改变的互联网版权冲突

流行的看法是如果一个版权所有者想要让其内容在社交网络
上像病毒一样传播，那它的版权是无法受到保护的。版权所有者
要么保护内容而拥有版权，要么让内容获得大量的传播而放弃版
权。这是一个"或者"的选择，无法两者兼得。

这个冲突来到大家眼前是由于 2007 年维亚康姆公司起诉
YouTube 的母公司谷歌，索要 10 亿美元的赔偿，状告 YouTube
上的视频侵犯了其版权。传统上，版权所有者想要对他的内容拥
有全部的控制，不允许其他机构使用这些内容。谷歌和维亚康姆
花费了上百万美元在法庭上。因为 YouTube 每小时上传的视频都
会被扩散 72 小时，因此这种版权侵犯的机会只会不断增加（You-
Tube，2011）。

这是一个经典的"或者"案例，或者版权持有者获胜，或者
视频发布平台获胜。但是在这背后则是大量的法庭诉讼和双方花
费的很多时间和金钱。

在 2007 年的同一时间，谷歌打破了版权的"或者"心智模
式，发布了内容标志号，一个音频指纹识别技术，用来给搜索上
传的内容做标志，像每个人唯一的指纹一样，这是一个视频唯一
的标志。通过内容标志号，版权所有者可以跟踪他们的视频内容
是否被其他用户上传，并予以阻止。进一步，另外两个新选项也

应运而生。不是简单阻止侵权者，内容所有者可以选择跟踪其内容的使用，甚至通过这个赚钱（Delaney，2007）。

现在，一个"和"凸显出来。内容标志已经打破了版权持有者和像 YouTube 这样的内容平台之间诉讼的单一选项，即"要么赢，要么输"。它给版权所有者提供了很多的选择。很有趣的是，它不仅仅对持有很多版权的公司（如维亚康姆或者迪士尼）有帮助，同时帮助那些没有能力处理版权侵权问题的小公司改变了游戏的规则。

哈勒姆夏克，一个网络模因（meme），2013 年 2 月在网络上像病毒一样流传，它是一个关于内容标志如何被使用的经典案例。这首歌，是一首高能量的、有重复音轨的歌曲，由鲍尔制作，2012 年 3 月由疯狂体面唱片公司发布，影响力很小。然而，在2013 年 2 月初，像很多互联网的疯狂举动一般，它的传播突然很意外地剧增。这首歌播了一个 30 秒的视频，视频开始时，人群中只有一个人在跳舞，其他人都是静止的。然后大家都加入进去，一起跟着节奏摇摆。这是一个非常容易复制的模式，马上在网上病毒般流传开来，成为一个全球性现象，人们充满热情地上传了他们各自版本的哈勒姆夏克。到 2 月 10 日，每天 4 000 个基于哈勒姆夏克的视频被上传到 YouTube。INDmusic 是一个类似于YouTube 的网站公司，帮助独立音乐人并给音轨贴标签，通过CPM（每千人点击的费用）来赚钱。使用内容标志，INDmusic跟踪并声明了 4 000 个视频的版权，超过 3 000 万的点击。现在疯狂体面唱片公司有一个选择的机会，或者阻止视频的流传，或者把视频货币化，即以此来赚钱。他们选择了后者。

引用排行榜的文章："这就是为鲍尔和网络模因的其他受益人带来的经济收益，1 亿的视频浏览量，YouTube 可以按每千次浏览 2 美元来收费，这样总共就是 2 亿美元的收入。"

在这些钱被分给所有的合作伙伴们（如 INDmusic 和 YouTube）之后，疯狂体面唱片公司的哈勒姆夏克标签仍然可以获得83 500美元，而这仅仅只有一周的时间。这些都来自别人上传的视频！现在，

比起丧失知识产权，一个内容生产者能从网络传播中收获更多
（Billboard，2013；Holpuch，2013；Maher，2013）。

所以，思维方式从控制和限制变成分享和货币化。因此，与其阻止这些视频，对鲍尔更好的是，鼓励更多的用户上传视频，鲍尔最终则会有更多的收入。"我们从一开始，就支持大家用我们的东西，去做他们想做的事情，只要我们能够获利。"标签的经理贾斯伯·高金斯说，"这是一个很棒的传播音乐的方法。"

就像麦克·哈灵顿（一个音乐商业教授，也是未来音乐联盟的顾问委员会成员）所说的，"试图控制每件事的想法看起来是徒劳的，因为这就像打地鼠……它想要出去，它想要分享，所以你也许可以设法从中获利。"（Luckerson，2013）

> 作为一位首席执行官，想想这个：
>
> 什么是你行业最喜欢的"或者"？哪些"或者"的边界同"和"连接起来后，会打开一个新的移轨机会？

转变心智模式的约定
Transforming the mental model of engagement

打破心智模式边界并转变人们和社会约定的方式，把战争转化为和平、怀疑变为信任、斗争变为合作。

非暴力

用"非暴力"的方法赢得印度独立的斗争，在过去不仅仅被认为是不可能的，甚至是无法理解的。事实上，当圣雄甘地第一次和一群教授们分享了这个移轨的想法时，他们的反应是不屑一顾的，并且让他重读一下历史。"你不知道吗？"他们问，"没有一个国家可以不通过流血和战争就赢得独立。"圣雄甘地回复他们说，他不是在谈论跟随历史，他说的是创造历史。

甘地通过非暴力的哲学，打破了"以眼还眼"、相信只有

战争才能获得独立的心智模式。这个"用战争来纠正一个错误"的心智模式不可避免地造成了利益双方不计代价的战争。对伤亡者来说，那经常就意味着"解放"。对此，政治上正确的词汇是"附带损害"。

非暴力要求一个完全不同的心智模式，那些受刺激而激动的人们和舞台上反暴力的抗议。它要求更多的勇气和坚定的信仰，而不是那些被浪漫化的"上战场的勇气"。

圣雄甘地的非暴力主义最终击垮了那个最具影响力的帝国，并强迫它交出了皇冠上的宝石。

危地马拉：为合作而战

阿达姆·卡哈纳是建那荣公司的协调人，曾经作为调解人为政府工作。在他写的《解决艰难问题》一书里，他分享了他在危地马拉的一个感人经历。危地马拉是拉丁美洲的一个经历过伤痕累累的内乱和最惨烈的内战的国家。他通过一个建设性的对话，使得有着根深蒂固意见的双方打破了固有的心智模式，从而把战争转变为合作。

由联合国支持的危地马拉愿景小组成立了，来为危地马拉重新设想并推广一个新的国家愿景。这个项目的团队成员非常多元化，包括学院派、商人和社团领袖，甚至是前游击队队员和军方领袖，还有政府官员。

这个团队组成后，第一次开会时，分歧就非常明显。就像阿达姆所写的："危地马拉土著坐在一起，军方和人权组织的人坐在一起。"一开始几乎没有对话，讨论也非常浮浅，大多数人都是从他们根深蒂固的角度出发去争论。每个人都固守着自己现有的心智模式，争论很激烈。

第一个转变来自一个年轻人，他站起来质问团队的悲观主义情绪。他称他们是"悲观主义老家伙"。出于信用考虑，团队给了这种声音一些空间，接受了这个挑衅，并进行了回应。这把对话带入一个较为深入的层次，但是房间里仍然弥漫着深深的分歧。

阻碍约定的大坝终于在一个名为"真相时刻"的活动中被打破，从而打开了建设性对话的闸门。罗纳斯·欧奇塔，一位人权组织活动家，说了一个故事。他去玛雅村落目睹了一起大屠杀后的集体坟墓的挖掘工作，当覆盖着的泥土被清除后，他发现很多小的骨头。他问挖掘的团队，是否人们在被屠杀时折断了骨头？他们回答说，不是，这个坟墓里有很多怀孕的妇女，这些小骨头来自她们肚子里的婴儿。

欧奇塔的叙述使得房间里一片寂静。这个故事鲜活地提出了一个国家所经历的那些残酷的现实所带来的深刻的对人性的思考。它不再是一个统计数据，每个人都可以真切地感受到它。"正是这个故事把大家从人性的角度团结在一起。"

那个时刻改变了整个局面，气氛从僵持及各自宣扬各自的观点，到彼此共享了一个新的事实，他们都共同承诺，绝不让同样的事情再发生。这个对话打破了彼此之间深深的隔阂和不信任，建立了一个新的事实，让大家共享同一个目标。这个突破性的心智模式使会议从"说服和维护"变成了一次建设性的对话。

后来，危地马拉愿景小组发现，为了危地马拉人民，他们工作最大的价值不是输出多少，或者团队为了这个国家所设定的愿景，而是他们如何设法实现它。真正的突破是他们有建设性的对话方式超越了"说服和维护"的边界，使得人民团结在一起。

社区警察：从斗争到预警

传统的占主导地位的警察模式是"打击罪犯"。这个心智模式如此牢固地占据着主导地位，以至于"巡视"基本等同于"微侦探"。当警察被要求考虑一下降低犯罪的方法时，通常的回应是要求增加更多警力、更好的交通工具、更快的通信设备。所有这些想法都根植于"打击罪犯＝给我们更强的方法来侦察犯罪并抓住罪犯"的心智模式。这导致了"警察在看"技术和方法论的大发展，即关注与找到方法来密切监视并跟踪全体居民的每一个动作。

采用社区警察的方法是对原来根深蒂固，甚至在电影里被高度浪漫化的心智模式的一个挑战。特里帕蒂倡导社区警察的改变是因为他认识到心智模式的边界，即大部分人是守法的，事实上只有3％的人会罪犯，或者产生犯罪的念头。但是"打击罪犯"的心智模式使得我们对于大多数人也采取怀疑的态度，结果使得大多数人也疏远了警察。事实上，社区的人们通常对周边不寻常和可疑的事情有感知，但是大多数情况下他们不会通知警方，多数会保持沉默。他在蒂鲁吉拉伯利的挑战是，"我如何能够赢得大多数诚实的人的合作和信任，来预防犯罪并抓到罪犯？"

社区警察的巡视从被动转变为主动，还引入了和社区居民主动建立联系的方法。每个警员都会深入社区的家庭，来消除双方的不了解，主动建立联系，并建立信任的关系。社区的居民开始对他们管区的警察产生了亲切感。很快警察接到各种电话，包括解决争端、维持隆重的婚礼的秩序等各种类似的事情。"打击罪犯的心智模式"根本上是回应式的。它只有当一起犯罪被认定和报告后，才会落实到行动上。与此相反，社区警察认识到犯罪是结果而不是起因，因此更关注防止犯罪的发生。所以如果公共街道的照明不够，社区警察就会帮助加强照明。更好的照明使得社区更安全。

警察的心智模式发生变化，从"打击罪犯"到"预防犯罪"，这使得特里帕蒂得到了另一个移轨的想法：防止犯罪的过程。[8]

认识到城市贫民窟正在成为犯罪分子的温床，特里帕蒂分析了这个问题：

> 男人们通常是城市贫民家庭的唯一收入来源。但是男人们一直酗酒，结果他们收入中的大部分都花在了酒精上。这给家庭带来收入上的压力，使得妇女们去卖淫，儿童去当童工。这些儿童慢慢成为犯罪的源头。

为了打破并改变这个恶性循环，特里帕蒂创办了"警察男孩俱乐部"。这让城市贫民儿童成为俱乐部的成员，在那里，他们受到有效的教育和培训。参与跟警察相关联工作的自豪感帮助孩子们建立起一种长效的影响，使得他们不会再去犯罪。

"预防犯罪"和"建立社区合作"是社区警察的基石，一个突破转变了警察和人们之间的联系方式，这不仅确保民众服从规定，而且增强了民众的安全感。它把警察的角色从"法律的强制者"变为"社区的保护者"。在蒂鲁吉拉伯利，社区警察成为"安娜"，这是当地人对警察的尊称。犯罪率也降低了 40%，远远大于以前用传统的方法所带来的效果。这种做法甚至在特里帕蒂离职以后持续了很长时间（Munshi，2009）。

> 作为一位首席执行官，想想这个：
>
> 一些最大的冲突通过打破心智模式被解决了。真的，通过转变心智模式还使得一些最大的社会鸿沟两边的人们得到良好的沟通，他们互相了解，从而跨越了鸿沟。那什么是你和你的企业在行业里和生态链上所面对的最大冲突呢？什么才是最大的鸿沟？什么是你现在的"心智模式"？如果这个模式被挑战和改变，是否会带来移轨创新呢？

移轨挑战是一场转型的载体，它把旧的现实转变为新的现实。

这一章生动地说明了移轨挑战者们如何产生突破性的想法。他们从打破潜在于现有情况中的"为什么"、"做什么"和"如何做"的心智模式边界开始（见图4—3）。

突破"为什么"的心智模式边界：

挑战那些形成现实状况的指导哲学和关键构成因素，通过

● 转变获取方式：挑战物理的、经济的、智力的和情感的获取边界。

● 重新定义核心：挑战那些锁定行业的核心目标。

● 重构市场组成：挑战目前市场核心构成因素。

突破"做什么"的心智模式边界：

重新配置与定义当前情况的价值参数，通过

● 重新发现市场需求：从功能到情感上的，共存时间和共存空间的。

● 重新定义流程：利用传统智慧。

● 突破"或者"的边界。

突破"如何做"的心智模式边界：

挑战主导的输入输出模式，通过

● 挑战神圣的流程。

● 突破资源的限制。

● 转变心智模式的约定。

这些就是潜在于现实中的"为什么"、"做什么"和"如何做"的九个心智模式边界，当它们被突破，就能带来移轨改变。

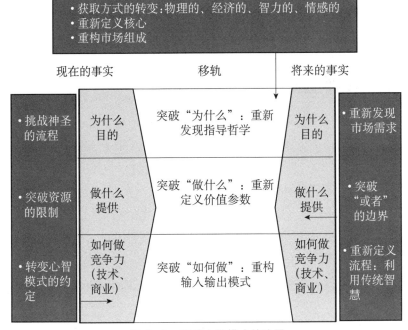

图4—3　突破心智模式的边界

但只有这些心智模式边界吗？没有其他的了？完全不是，这九个只是一个好的开始。它们并不是所有。移轨者需要更深地去挖掘，到发现和突破更多的心智模式边界的洪流中去。这些只是个跳板，让你开始寻找一个新的突破。

瞄准移轨的重点
Zeroing in on the orbit-shift keystones

突破心智模式边界的探索性流程终结于对移轨重点的识别。

> 移轨者收拾并合成他们的想法来标志移轨的重点：3～4个关键边界。当这些关键边界被突破，就会有最大的、潜在的移轨想法。

对于穆罕默德·尤努斯，"以私人资产作为抵押品"是移轨的重点，是需要被打破的关键心智模式边界，为了给金字塔最底端的人们创造机会得到信贷。通过这个关键点去探索市场，引出了移轨的想法，即以"社区资产作为抵押品"，为具有革命性的微金融模式播下了种子。

不同的移轨关键点引出了不寻常的移轨想法

VisionSpring和阿若文德眼科医院展示了追求同一个移轨挑战（消除不必要的眼盲）如何引出两个不同的移轨想法。这是因为VisionSpring和阿若文德选择去突破的关键心智模式非常不同，导致了两种不同的移轨重点的产生。

VisionSpring选择通过减少远视眼/近视眼来消除不必要的眼盲。他们突破的第一个心智模式边界就是"所有的视力问题都必须用同一种方法来治疗"。他们突破的第二个心智模式边界是"处理各种视力问题需要经过专业培训的专家"。VisionSpring打破了这两个边界，为眼睛护理创造了一个新的商业模式。那些来自农村的有初等文化水平的人可以联系受过培训来检查并治疗远视眼的视觉企业家，他们通过一个"治疗包"来为人们提供有效的治疗。

　　而阿若文德选择通过创造大多数人都能支付得起的白内障手术方法来消除不必要的眼盲。他们识别的关键心智模式的边界是这么多年来从未改变过、从未被挑战过的白内障手术的流程。凡卡塔斯瓦米医生用一个流程的创新突破了这个边界，带来有效性和低成本，结果是带来了 10 倍于其他地方的手术量。

　　挑战如何帮助形成一个现实的移轨想法与移轨者选择去突破的那些心智模式或者一系列的边界相关。就像阿若文德和 Vision-Spring 的情况，根据对不同边界的选择，得到的结果是很不同的。外科手术流程的心智模式边界成为阿若文德的移轨重点。而"重构市场组成"成为视觉春天的移轨重点，引出了一个在现场解决远视眼的商业模式。

　　通过突破心智模式边界（一个或者一系列），移轨者找到了移轨重点，去追随他们发现的移轨想法。没有？机会出现在任何行业或者生态系统中，移轨的可能性是无限的。为了使盲点的可能性最小化，移轨者识别了不止一个，而是 3～4 个最强大的心智模式边界，然后他们使得这些移轨重点变得更加清晰化。

　　当心智模式边界被挑战和突破时，移轨创新真正地开始收获各个里程碑：突破组织、行业、生态系统和心智模式的约定。

　　心智模式边界能够限制或者阻碍一个人、一个团队和一个组织。

注释

　　［1］时钟的例子来自 Mukul Sharma 在印度版《时代》杂志的专栏"思维运动"。

　　［2］Erehwon 对于通用电气 Mac400 的案例分析，基于和该团队的有洞察的对话。

　　［3］在 2005 年的第一届印度创新峰会上和 James Sutherland 的现场对话，峰会由 CII 召集，在班加罗尔举行。

　　［4］Erehwon 对 VisionSpring 的案例分析，基于和该团队有洞察的对话。

［5］Erehwon 对于同语言字幕的案例分析，基于和 Brij Kothari 进行的有洞察的对话。

［6］和 TutorVista 团队进行的有洞察的对话。

［7］和寰宇一家健康公司的创始人 Victoria Hale 进行的有洞察的对话。

［8］和 Tripathy 进行的有洞察的对话。

移轨洞察
Orbit-shifting insight

一个组织接受移轨挑战，烧毁了退路。现在它需要做的，是打破心智模式边界，并发现一个移轨想法。

但是需要做什么，才能真正地发现并打破一个组织或者行业的心智模式边界呢？特别是尝试突破的人们通常持有目前的心智模式的时候。

这里需要的是一个移轨洞察，它可以打破心智模式边界，连接新的点，并使移轨想法变得可见。

移轨洞察：超越技术路标
Orbit-shifting insight：beyond technology roadmaps

在两个不同的例子里，两大心智模式边界被突破，即日本的任天堂游戏公司的产品 Wii 和孟加拉的乡村银行，二者分别被不同的移轨洞察所触发。

游戏行业很长时间以来被以下以技术路标为主的心智模式锁定。就像任天堂设计团队的竹田玄洋所说：

> 任天堂刚刚推出 GameCube 游戏机后就开始开发 Wii。众所周知，我们推出一个系统，就会马上开始下一个系统的开发。毋庸置疑，我们不会从零开始设计新的组成部分和开发新的技术。我们宁愿基于现有的技术开发。在技术领域，

所谓的路标（所选技术/产品的概貌）被每个行业应用，用它们对诸如半导体技术的发展方向、硬盘的演进和无线技术等做一个大致的预测。工程师和开发者在进行硬件设计时通常会参考这些路标。再看一下最终完成的 Wii，我感觉有一些东西是和之前预测的主流技术路标完全不同的。

没有按照行业里曾经适用了数十年的规范在心智模式边界内部周旋，这个团队选择了暂停，并问了一个具有突破性的问题："技术路标为谁带来益处？"立刻，心智模式的边界凸显出来了：

> 如果跟随现有的路标，我们可以朝着"更快和更闪亮"的目标努力。换个说法，我们可以尝试提高那些令人惊叹的图形的显示速度。但是，我们无法阻止问自己这样一个问题："那个方向能真正为我们的客户带来影响吗？"在开发的过程中，当我们把这条道路的艰辛和开发成本同客户可能想要的任何新的体验对应起来的时候，我们渐渐意识到这条路径完全无效（Nintendo，2011）。

这个问题突破了心智模式边界，并引出了一个移轨洞察："把游戏从年轻人在他们自己房间里一个人玩的单一游戏，变成一个可以在客厅里和大家一起玩的家庭游戏"。Wii 没有去迎合年轻人的娱乐要求，而是整体转化为满足家庭交流需要的产品。

任天堂宣布了新的游戏机将被称为"Wii"。任天堂说，这个名字和其想要创造的一个没有边界的游戏世界的哲学理念相关，它吸引新的游戏玩家，并为每个人打造一个有趣的产品。任天堂的新闻报道这样解释，"Wii 听上去像 We（我们），说出了这款游戏机是为我们每个人打造的。全世界的人们都容易记住 Wii 这个名字，无论他们说什么语言也不会混淆。不需要简称，就是 Wii。"

虽然它的图形和视觉效果比起它的竞争对手们弱一些，但是通过吸引游戏参与者进行肢体上的动作而带来的人们在情感上的投入却比其他竞争对手强很多。通常，游戏机的新版本的影响会局限于游戏界里，但是当 Wii 投入市场时，引起了全球的轰动。Wii 上市后就销售一空，在有些国家完全买不到。它继续在市场上引发爆炸式的效果，成为在那个年代最热卖的游戏机。Wii 在市场上卖了 9 500 万台，远远超过了 X-Box6 600 万台的市场占有量（Bishop，2012）。

通过打破这个行业神圣不可侵犯的心智模式，即"技术路标决定了下一个游戏机"，Wii 找到了新的阵地。它还有另一个竞争的优势。通常，高质量的图形和高用电量的传统模式会带来高成本，很多年来，这个行业的商业模式是"硬件不赚钱，软件赚钱"。然而，Wii 比传统的游戏机的技术含量低，耗电量少，成本也低，因此利润率就相对提高了。

索尼错过了这个移轨洞察

当任天堂成功地认识到并使用了这个移轨洞察的时候，索尼却没有。就像《纽约时报》报道的，索尼前全球游戏总裁，菲尔·哈里森，谈到他曾试图向他在索尼的老板们阐述社交游戏的价值时遭遇的那些失败：

> 哈里森先生坦率地承认了自己的老板和日本索尼公司的智囊团完全错误地估计了娱乐行业的发展方向。当索尼关注于提高高科技单人游戏的体验而设计最新的游戏机 PS3 时，任天堂已经通过 Wii 在市场上占据了主导地位，给人们带来休闲的社交游戏的新体验。哈里森先生曾经试图强调休闲游戏（Buzz、EyeToy 和 SingStar）的价值，但是他说他并未得到索尼决策层的支持。

就像菲尔·哈里森所揭示的，"对我来说，这是一个非常有趣且令人沮丧的事情，因为我很久以来一直在积极地推动社交游戏……但是我的日本同事说，在日本没有这种社交游戏的需求，'人们不会在家里的同一个沙发上一起玩游戏。这永远不会发生。'然后就出现了 Wii（Schiesel，2008）。"

> 索尼的领导地位让它自己陷入了"自我投射"的陷阱之中。它从自己的角度、自身的心智模式来看这个市场。不知不觉地,自我投射阻碍了索尼认识并接受新的、有突破性的洞察。

移轨洞察:小额信贷的起源
Orbit-shifting insight:the origin of microfinance

打破了传统银行模式的微金融,是在穆罕默德·尤努斯有了一个移轨洞察后才开始的。穆罕默德·尤努斯花了很长时间同金字塔底层的人们待在一起,尽可能去了解他们的生活方式和需求。让他坚持下来的理由是这些人被完全排除在传统银行的心智模式之外,因为传统银行需要私人资产作为抵押才能放贷。这是一个恶性循环,因为金字塔底层的人没有私人资产来作为抵押,但是他们需要资金往前走,逐步脱离贫穷的圈子。他的决心和情感上的驱动力使他得到一个有关社交的洞察:"对于这些人,在社区丢面子比丢钱更让人难堪。"这逐渐引出了商业上具有突破性的洞察:运用社区的力量,而不是个人资产,来作为抵押。这就慢慢发展成小额信贷的商业模式,以社区资产作为抵押,贷款给妇女们。由此开始了乡村银行的革命。

银行错过了小额信贷的移轨洞察

小额信贷的洞察并不是来自银行的!是什么使得一个非常成功的银行得到一个"小额信贷"的洞察如此之难呢?这是我们经常抛给各行各业(包括银行业)和不同文化的经理们的一个让人反思的问题。

大多数人不可避免地将原因总结为"自我投射是一个真正的障碍,阻碍了那些已经很成功的组织去得到并回应一个完全不同的移轨洞察"。同样的障碍也阻碍了索尼认识到社交游戏这个重要的移轨洞察。"自我投射"使得我们从自己的角度看这个世界。第一世界的组织透过第一世界的镜片看着第三世界。当一个跨国组织进入发展中国家的市场，他们雇用当地的人，但是他们通常会要求被雇用的人适应他们发达国家的心智模式。在印度和巴基斯坦的地铁里，经理们就像他们在纽约的同事一样，不会了解农村市场的现实。透过第一世界的镜片来看第三世界阻碍了移轨洞察，组织只能继续陷在既有的心智模式之中。

作为一位首席执行官，想想这个：

当一个公司将现有的策略复制到一个新兴的市场却没有成功时，通常的反应是，"这个市场还未准备好"。事实上，"市场总是准备好的，是我们没有为这个市场做好准备"。这个市场并不需要一个穷人的花旗银行，人们需要的是乡村银行。

从哪里开始、从何时开始，你和你的组织成为这样说话的人："这个市场准备好了吗？"这是一个市场的反应还是你的心智模式的反应？它会阻碍一个类似"小额信贷"的移轨洞察吗？

自我投射
Self-projection

自我投射阻碍了下一个移轨洞察长达十年

自我投射，通过多年在行业中的经验慢慢建立起来，有着很强的黏性，使得商业组织被紧紧锁在它们的心智模式中很长时间，这是件危险的事情。奥迪康，一家生产助听器的丹麦公司，就是一个经典的案例。20 世纪 70 年代中期，奥迪康是排名世界前十的助听器生产公司。

就像奥迪康 1988—1990 年的首席执行官朗·考林在他的书（*The Second Cycle*，2006）里所描述的：

奥迪康曾经是助听器行业的大师，引领着助听器从口袋式到耳后式的转型，这在市场上，同时也在技术上，都是一个伟大的成功。20世纪70年代，耳后式助听器的心智模式的确是奥迪康的制胜法宝。

但是用户希望继续发展。他们希望助听器能够入耳，进入耳道中。然而，这个变化有两大难点，耳朵内部的空间比耳朵后面要小很多，而且耳道的形状也是因人而异的。这就要求原先大规模生产的耳后产品要向定制化产品转变。市场从大规模生产到大规模定制转型。

用户的需求发生了非常巨大的变化，他们要求"入耳式产品"，而市场也回应了他们。然而奥迪康作为一个成功的市场领导者，却错过了这个需求，固执地认为那只是一个暂时的潮流。他们继续研究，创造出技术上更领先的"耳后产品"，甚至在他们开始丧失市场份额时也没有停止这样做。在这个经典案例中，奥迪康的领导层自我投射了他们自己的信心，坚信市场应该并将会被塑造成他们希望的样子，坚信用户会做出回应。当事实出现在他们的眼前，他们一样无视。最终他们根据自我内心的投射制定了商业战略，而不是根据真正的市场需求。当销售团队带回来自市场的反馈时，公司领导层却坚持要求销售团队回去并销售更多同样的产品，而不是带回竞争对手赢得市场的案例。他们的自我投射使得他们对于市场的需求视而不见。自我投射可以如此强烈，以至于整个团队盲目地继续了不是一两年，而是长达十年。

就像考林说的：

奥迪康持续十年维护并提高着它落后的心智模式。当顶头风变得太强，奥迪康不得不改变时，他们进入入耳式助听器领域时已经变得无精打采而缺乏热情了。

甚至在定制化的入耳式产品已经占据了一半的全球市场份额时，奥迪康仍然固执地认为这个市场潮流是错误的，这个潮流成不了气候。

　　然而，奥迪康错了。

　　奥迪康最终的反应是开发一个大规模生产的、标准的入耳式产品，无须定制。这就像是一个耳后式产品被放入耳内。听上去还行，但是它看起来非常丑陋，而市场最终拒绝了这款产品，并转向定制化产品（Kolind，2006）。

　　甚至当奥迪康不太情愿地进入"入耳式产品"的市场时，依然用自我投射来主导它的行为。果然，市场完全拒绝了它的产品。公司的领导层直到损失了一半以上的市场时，才意识到这个巨大的变化。

　　自我投射几乎害死了奥迪康，而奥迪康通过这痛苦的十年认识到这一点。公司不得不低下高贵的头，进入痛苦的转型期。然而，奥迪康是幸运的，因为它最终确实打破了自我投射，同时创造了一条通往成功的道路。其他人就没那么幸运了。继续自我投射只会把商业带入死亡之路。

从官僚的市场见解里产生的自我投射

　　在获得新的移轨洞察后，组织还有很长的路要走。大多数成熟的组织会有非常成熟的处理移轨洞察的流程。为了保持客观并克服偏见，它们甚至把对市场的研究外包给研究机构。

　　然而在大多数组织里，这个流程成熟到一定程度就会官僚化（见图5—1）。一个资深市场经理通常会决定："我们需要更好地理解大多数富裕的阶层，那里会有新的机会。"他之后召集了一个市场研究代理去做一个全面的、有质量的调查研究。通常这些令人筋疲力尽的流程后面是大量的数据，如果你足够幸运，可能会有些有用的信息，但是几乎永远都不会有移轨洞察。在组织的所有工作中，从那些传统的市场研究里，我们从来没有碰到过一个移轨洞察。

　　然而，大部分经理继续从市场研究中寻找移轨洞察，这几乎成为一个商业的必然，甚至当他们在认识到它的缺陷后仍然如此。从某种程度上说，这已经成为毋庸置疑的、探索市场的唯一方法。

图 5—1　官僚的见解

一些经理坦白表示：

● 我们关注市场研究和调查，但是创新并未发生，因为调查通常倾向于已经存在的东西，而不是那些不存在的。

● 我们是那么害怕不确定性，因此我们会抓住一切保证能预测未来的救命稻草，然后完全相信它们。

这里就存在着摩擦。因为，如果将思考也外包给市场调研机构，而大多数调研机构只是收集过去发生过的信息，则事实上，大部分经理们的脑子都被"过去"的信息占满了。

一个经理说："大部分第三方的分析和输入倾向于让我们思考如何达到增量，而不是接受移轨挑战。它们对于现有商业可能有用，但对于移轨的想法则完全没有帮助。"

作为一位创新领袖，想想这个：

市场研究不可避免地关注于"追求答案"。但是相反，移轨的洞察却不是关于"追求答案"的，而是去追寻问题。

市场研究不能对从未提出过的问题给出答案，但我们的问题和假设通常都根植于现有的心智模式。

这毫不奇怪，市场研究经常只是现有轨道的一个延伸。

用一个维持现有轨道的工具是不能创造下一个新的轨道的。

重新检查你的上一个市场研究假设和问题：什么是潜藏于这些假设和问题里的占主导地位的心智模式？这本身就可以帮助我们摆脱盲点，发现新的问题和突破心智模式的边界。

从市场趋势里找答案

认识到市场研究的局限性，一些经理人积极地寻找"市场趋势和投射"。有一个人说过，"我们的市场部领导在看到来自至少五家不同的研究机构的市场趋势报告前不会移动一步。"全世界都在寻找一个能够预测未来的水晶球，市场研究强调的市场趋势似乎指出了一条光明大道，大大减少了大家对未来的焦虑。但是它们经常只是暂时地减少焦虑。

当印度最大的电信公司埃尔泰尔第一次探索在印度推出移动电话的可能性时，在新德里，他们一开始也求助于水晶球。但是他们很快改变了轨迹。就像埃尔泰尔的一位发言人所说的，"第一个对新德里移动电话的市场研究显示市场规模只有 15 000 个用户。人们问道：'我旅行时为什么会需要手机呢？我们在家有电话，在办公室也有电话。为什么我们还需要另一个呢？'如果我们相信了这个市场研究和他们抛出来的这个趋势，我们就永远不会成立巴蒂移动公司（即现在的埃尔泰尔）。"埃尔泰尔团队没有把这个市场趋势当作"确定的答案"，而是作为一个心智模式的边界。因为这个原因，它触发了一个新的问题："需要怎样做才能得到更大的市场？"这才导致了他们最后的成功。在 2011 年，新德里的移动电话市场规模是 227 万用户（Biswas，2011）。[1]

移轨者不会预测未来，而是去积极地创造未来。

> 作为一位首席执行官，想想这个：
>
> 移轨者创造趋势，咨询者把它们发布，跟随者采纳它们。你的创新日程是被发布的市场趋势所指导的吗？如果你的答案是"是的"，那么很有可能你是一个好的跟随者。如果你开始就像埃尔泰尔团队那样质疑那个市场趋势，会发生什么？一个新的移轨洞察可能就会产生了。

移轨洞察：不是外包，而是自己做

移轨者追求将会带来一个趋势的洞察。他们认识到依靠市场研究或者趋势报告不仅仅有局限性，因为这是一个"寻找答案"的过程，而且它还等于把思考外包了。这是无论如何不会带来突破的。去发现新的问题，才可以指向一个能够带来移轨洞察的问题，并自己直接去寻找答案。

移轨者相信不能指派别人去做或者外包给别人去做的就是市场调查。他们有意愿并专注于让自己沉浸在市场中，以此获得第一手信息。他们相信只有第一手的市场信息才能为发现新问题和新洞察带来力量。塔尼什珠宝公司的雅各布·库瑞说得最好："有一种完全不同的能量，不同的感受。当你亲耳听到一位妇女告诉你，你的商店店员冷漠和势利，和你在豪华的会议室里从幻灯片里得到同样的信息显示 33％ 的客户不喜欢你的店员，这两个感受是非常不同的，因此带来的行动也是非常不同的。亲耳听到的那个很直接地进到了你的心里。"[2] 第一手经验能够不可避免地、非常有力地引出新的问题。

第一手的客户接触是不够的

事实上，塔尼什的转变是从雅各布决心开始和他的客户进行深入的联系后开始的。当雅各布成为首席运营官时，塔尼什只是印度珠宝行业的"小鱼"。把无组织、无监管的珠宝行业公司化就是从塔尼什开始的。当时挣扎着首先建立这个新的模式，是因为它之前未能打破介于一位妇女和她的"家庭珠宝商"之间的"信任"。在印度，妇女买珠宝几乎有着仪式般的方式，她会去她母亲去的那家珠宝店，然后逐渐把它变成自己经常光顾的珠宝店。

另外，珠宝行业的公司也被一代代传承下去，从父亲手中传给儿子，所以珠宝商和他们的客户之间有着很悠久和深远的联系。像塔尼什这样的专业珠宝商如何打破这经历了几代人建立起来的信任关系呢？

几乎在同一个时间，塔尼什开发了一个机器，叫克拉表，它可以用来精确地测量珠宝的重量。塔尼什清楚地知道，那些所谓的家庭珠宝商，已经跟他们的客户建立了很强的信任关系，事实上却经常在黄金上缺斤短两，所以那些妇女们其实永远都无法十分肯定地知道她们购买的珠宝的重量。雅各布现在感到他有办法来打破这种信任关系，他可以邀请妇女们来测量她们的珠宝，如果缺斤少两，就说明她们的家庭珠宝商不可信。他觉得很有信心，认为这样可以打破妇女和她的传统珠宝商之间的关系，帮助她和塔尼什建立联系，而塔尼什可以提供有品质保障的珠宝。

然而，当他和妇女们交流这个想法时，她们很轻视他。一个妇女说道，"我为什么要知道我母亲给我的珠宝分量不足呢？我除了会感觉悲惨，还能怎样呢？"所以这意味着克拉表的想法注定是失败的。

大多数从客户那里"寻求答案"的人，都会在这里放弃了，因为很显然客户很明确地拒绝了这个想法。然而，像雅各布这样的移轨者认识到，一定还有一个更深的、未被预测到的需求等着被发掘。克拉表仅仅是解决问题的方法。他感觉到还有缺失的一环等着他去发现。他深思熟虑，仔细研究希望找到新的问题，它可能会指向一个别人都没有发现的洞察。

雅各布发现的问题打破了他的心智模式。"我关注的是如何让妇女感觉良好，所以她们才会信任我吗？还是我的关注让她感觉不值得，仅仅能够证明她是错的？"一个想法击中了他，女人们对于被证明错了不感兴趣，同样也对塔尼什证明她们的珠宝商欺骗了她们不感兴趣。他认识到克拉表围绕的一个心智模式是"证明家庭珠宝商不值得信任"。这完全是关注家庭珠宝商而不是客户，客户除了感到受骗以外什么都没有得到。雅各布这才看到了一种使用克拉表的方法，创造一个解决方案来关注那些女人。这个"新问题"引出了"新洞察"。

它引出了塔尼什现在传奇般的策略，邀请所有妇女带着她们的传统珠宝来塔尼什的商店用克拉表做纯度检测。然后如果她们愿意，可以换塔尼什店里同等重量的正宗珠宝。现在妇女们对于她们原来缺斤少两的珠宝有了解决方案。各种经济背景的妇女们成群结队地来到塔尼什珠宝店测量珠宝和换珠宝。人们吃惊地发现，有些珠宝重量只有 19 克拉，而印度的标准是 22 克拉，塔尼什珠宝店不问任何问题，而是换给她们 22 克拉的珠宝。

雅各布说："当妇女们发现她们的传家宝或者母亲送的结婚礼物其实并不像她们想象的得那么贵重，而最后这些都有了解决方案时，她们都热泪盈眶。"塔尼什成为了英雄，帮助她们挽回了损失，几代人的损失，而这些损失就是由所谓的值得信赖的家庭珠宝商造成的。从那天起，塔尼什成为很多印度妇女选择的珠宝商。她们和她们的家庭珠宝商的联系被打断了。

雅各布的经验强调了，跟客户的第一手对话甚至还不够。在他们第一轮的对话中，雅各布和他的团队仅仅是想验证客户对克拉表的想法。他们在寻找答案，也带回了负面的反馈。然后，他们从验证向发现转化（寻找新的问题）。他们没有简单地把负面反馈带回作为评判，而是开始深入挖掘并发现妇女们真正想要的东西，那些她们没有说出来，却是根深蒂固的需求，即不想知道家庭珠宝商是不可信的，而是希望很好地带回她们珍贵的珠宝，那些与她们有着深刻感情联系的珠宝。

验证的镜头：一个自我实现的预言

The validation lens: a self-fulfilling prophecy

大多数的公司认识到很有必要跟客户建立直接联系。很多公司甚至强制其员工去拜访客户。然而，当雅各布和他的团队想办法将验证转化为发现时，大部分公司里的大多数经理仍然停留在验证的模式上。

当我们从"验证"的镜头里看世界时，我们将要确认一个假设（来寻求答案）。但是移轨洞察不源于验证假设，而是源于发现假设。这就意味着你带着一个空杯子来探索新的问题。比如，就像有人告诉我们的，很多所谓的"消费者洞察"其实啥也不是，就是老板们自认为的假设，而团队的其他成员必须从客户那里验证老板们的假设。

举一个例子，有两个团队，一个有服务的背景，另一个有产品的背景，都被要求去探索消费者的健康世界。两个团队都超级激动并且超级自信，都觉得自己带回了重要的洞察。服务团队热衷于开展一个邻里的健康服务，而产品团队则热衷于生产健康食品补充剂。两个团队，同一批目标客户，怎么会出现两个完全不同的商业命题呢？而且很有趣的是，每个商业命题都是他们自己现有商业模式的延伸。

再深入挖掘一下，一些有趣的事实浮出水面。服务团队走出去问了消费者这样的问题："如果我们提供给你一个邻里服务，可以帮助你提升健康，让你感觉很棒，你会为此付费么？"消费者回答道："会的。"

产品团队问的问题是："如果我们提供给你一种味道很好、同时又能提供营养的健康饮食的补充剂，你会买么？"消费者同样说："会的。"

这是一个令人惊奇的例子，如何问才能得到想要的答案。团队注定了要去探索并琢磨出消费者的隐性需求。但他们走了一条验证的道路，带回了对他们想法的证实。他们事实上是把自己的想法投射到消费者身上。所以当有人说他们从消费者那里得到了最实际的回复时，很有可能他们把答案早就放在问题里了。

这就是为什么人们得不到洞察的核心所在。他们验证的是一个从自我投射里生长出来的假设。自我投射创造出边界，他们在这个边界里面问问题，找答案。这个自我投射的循环会继续，只能验证我们已经相信的东西和我们早已知道的东西，永远都是如此。

验证的镜头：导致市场分类
The validation lens: leads to market categorization

在一个希望更好理解并响应市场的招标中，公司把市场分成不同的组成部分和不同的类别。时间流逝，分类自我消亡。从这些分类中看市场的组织，总是丢掉了真正的、新兴的消费者需求。这些分类成为自我实现的预言。

这种情况在一个耐用消费品公司的团队同客户的对话中，也同样生动。有个团队曾经拜访过一个刚搬了新家的客户。她所有的产品都来自一个竞争对手的公司。这个团队立刻告诉她，这个竞争对手的产品不如他们的好，同时他们刚刚推出一款特别棒的高端洗衣机，她绝对值得拥有，因为这款洗衣机非常适合"在都市生活和工作的女人的需求"。她问了他们一个奇怪的问题，一个他们不太理解的问题，"你们有一个绝对低端的洗衣机吗？只有一个开启按钮和一个停止按钮。"团队愣住了，不得其解，然后说："当然有。但是这种低端的洗衣机一般销往印度的农村，那里的人们都刚开始用洗衣机。对于你，一个高端的用户，高端洗衣机是最适合你的。"她继续解释给这个团队听，作为一个工作的女性，她经常旅行，而这个洗衣机一般是她的女佣来使用。这个女佣看不懂英文的指示，因此无法操作一台高端的洗衣机。但是一个只有开始和停止按钮的低端洗衣机就适合她来操作了。直到这个时候，团队才明白了他们的问题，他们是在把洗衣机按照"高端机器给高端客户，低端机器给低端客户"来分类，而不是根据印度市场的"使用现实"来分类。

一个洞察打破了市场分类
An insight breaks through market categorization

在印度，一吨以下货物的运输市场被三轮车主导。大多数的

"玩家"对市场定义很头疼，因为"三轮车夫对三轮车价格非常敏感"。整个行业沉迷于提供低价产品。当塔塔汽车进入这个分类后，它的挑战不仅仅是参与竞争，更是要重新定义这个市场。

这个项目的经理吉瑞什·王与安得拉邦一个农民的一次谈话帮助打破了这个分类僵局。这个农民说："老实说，我很不好意思开三轮车，我从来没有把三轮车开到我老婆的父母家去。事实上，无论什么时候我去我老婆的父母家，我都把三轮车停在几个街区以外，然后走过去。如果我有一辆汽车，我一定会把车停在他们家门口。"对于这个客户，车辆不仅仅是小的、装货用的工具，更代表了他的社会地位，会影响到他的自尊。另一个人说："我的车辆没有门，但是如果它有门，我可以使劲摔门，那个声音可以告诉别人我到了。人们就会停下来并注意到我。"第三个人说："我希望我可以只用一只手开车，而将另一只手的手肘搁在门上，就像赛车手们做的那样。"[3]

当他们把谈话的各个点都连接起来后，得到的结果使得吉瑞什停下来思考。"为什么我们沉迷于三轮车这个市场分类？到目前为止，我们只是在提高效率和降低成本，因为我们认为客户想要一辆更便宜的三轮车。但是难道他们不希望有一辆四轮的车，同时兼具三轮车的功能吗？"

这个对分类的重定义导致了塔塔汽车的王牌团队开始开发"一个有着三轮车功能的四轮车"，它有所有三轮车的功能需求，例如，容量大、省油、超高速，这些都要被满足。一旦框架从三轮转变到四轮，这个团队开始探索驾驶的体验。他们发现很多待满足的需求，比如，"三轮车的手排挡经历太痛苦了"。他们认为驾驶的乐趣不能丢失，这一因素在三轮车这个分类中根本没有被考虑。他们的想法是创造一个产品，不仅仅是看着像四轮车，而且还能提供像开汽车一样的驾驶乐趣，没有很大的噪声和震动。

塔塔汽车的王牌团队颠覆了这个分类，那些曾经一直抱怨价格过高的客户现在愿意多花44％的费用购买四轮车，而不是那些曾经占据市场的一吨以下的三轮车。

作为一位首席执行官，想想这个：

什么是三轮车市场？客户买的不是一辆三轮车，他买的是一辆装货的车。一个专家的想法类似"这是一个对价格非常敏感的商品化的分类"，其实这只是自我投射。

在你的组织内部，什么地方会碰到类似的专家意见？他们可能是非常好的自我投射。当和用户建立联系时，你是把客户放入你创造的不同的分类呢，还是不停地塑造和重新塑造一个分类来反映不断变化着的新兴市场需求呢？

你的市场研究的问题是针对"进化分类观点"的，还是只是"加强它"？

当你设定的类别和客户需求相关时，你还会探索新的类别吗？

对于新问题的搜索，针对发现你的分类，如何同其他分类和用户世界的其他部分进行连接？通常这样做，能发现新的洞察。

克服验证的镜头而带来新洞察的火花
Overcoming the validation lens sparks a new insight

瑞士旅业集团的一个团队，一家领先的旅游运营企业，召集员工一起想办法来提高他们的假期旅游服务。他们开始研究假期旅游产品的边界，并很快认识到他们的心智模式边界是"计划，计，计划"。他们深深地相信，"好的假期是计划出来的"，更深一层，"最好的假期要有最好的计划，包括详细的行程、旅行安排、预算等"。要挑战这个心智模式的边界引出了一个移轨洞察，"一个不做计划的假期：没有计划就是最好的计划，它意味着一个很棒的假期"。

对于这个团队，克服他们内在的偏见"好的计划才有好的假期"是很困难的，甚至是在进行有关洞察的对话时亦是如此。在和一个消费者的对话中，该团队用通常的问题开始提问，"哪一次是你最棒的假期?"他得到了通常的回复，"我有过的最好的假期是在海边，在那里所有的事情都像上了发条一样，泻湖水上之旅、食物、水疗按摩。"然后他们想办法克服了他们的计划偏差，并问了一个新的问题:"哪一次是你最难忘的经历，也许都不能称为一个假期，但却给你留下深刻的印象?"这位消费者开始讲述一段美好的回忆，他们一家人开车前往一个镇子，碰巧停在半路休息一下。他脸上渐渐浮现出笑容，他分享了他们如何停在一个度假村休整，孩子们爱上了那里的布置，想要留长一点时间。他们发现一些特别的事情将在晚上发生，以至于决定在那里过夜。一连串的美好惊喜紧随而来，让那一段经历变成难忘的回忆。无论对谁来说，这都完全不是一个假期，因为假期的心智模式意味着"计划好的假期"。

当人们想要一个没有计划的假期时，一连串的新问题冒出来，让人们继续探索"那些说走就走的时刻"。这些有洞察的对话引出了一个突破性的想法，"装在一个盒子里的假期"，提供给那些想要一个说走就走的假期的任性的人们。这个突破性的市场命题成为"一个可以在商店里买到的假期，就像在商店买一个盒子一样"。这个"装在盒子里的假期"可以在零售店的货架上售卖。类似其他任何的冲动消费，"买一个装在盒子里的假期，只需打个电话，你就能在 24 小时内开始你的假期。"

移轨者认识到他们的偏见造成了自我投射。这个意识和对自我投射的敏感使得他们能够超越它，并提出新的问题，得到移轨洞察。

> 作为一位创新领袖，想想这个:
>
> 移轨者认识到追求答案的趋势来自自我投射/验证的思维定式。他们进入市场的目的是追求新的问题，"认识、挑战和审核"他们最根本的假设。

> 他们认识到"只是走出去问些问题并得到答案"太表面了，以至于无法得到真正的洞察。就像一些经理人承认的，"我们已经意识到，我们问客户他们要什么，然后再卖给他们时，这其实不是他们想要的！"
>
> 洞察是一种能力，它超越了客户想要什么，扩展到为什么他们过着这样的生活，为什么他们没有过那样的生活，最终找到问题的解决方案。这才是真正对客户有意义的。

自我投射来自对事物的表面而不是对事物内部的洞察
Self-projection arises from outsight rather than insight

自我投射也反映在我们如何得到客户的洞察上。通常，经理们倾向于从一个分析的角度走近客户和他们的世界，就像这个世界的外部必须被当成一个独立的部分来研究一样。问题会被列成清单，或者需要被探索的领域会被准备好，然后接受方就会用一种典型的访谈形式来准备答案。然而，这个流程的结果只会影响到外部，得到一个对客户的外部情况的研究分析，而不是真正的内在的洞察。

这里有两个完全对立的对话，都来自文化保守的地区：印度和中东。

两个人很偶然地在印度农村的中心地带发现这个方法的危险所在。他们希望理解妇女使用化妆品的习惯。他们跟一个村里的传统家庭主妇聊她买什么样的化妆品和她如何使用。她告诉他们，她每周会去当地的商店，以及她如何选择她喜欢的产品。就在他们准备结束谈话的时候，她的老公回来了。他看见他的老婆在跟两个陌生男人谈话，顿时目瞪口呆。他在看到的那一刻便使劲地关上了门，开始对这这两个男人大叫，然后回过头来用最肮脏的词汇斥责他的老婆，并威胁说要把她的脸打烂。这两个人带着恐惧溜出了他们家，但这个事情还是给他们带来了麻烦。他们担心

那个男人会继续威胁他老婆，因此第二天又回去解释为什么他们
要和他老婆谈话。那个男人已经平静了些，两个人就解释了他们
的目的，他们并无恶意，只是想了解她的购买行为，于是他们又
重复了她的回答。当男人听到她告诉他们的话时，爆发出讽刺的
笑声。"你们蠢吗？"男人问："她从不出这个屋子，是我去买所有
的东西，任何她想要的东西。"直到此刻，这两个人才明白那个女
人说的都是她的愿望而已，而不是事实。他们谈话时用过的问题
清单，也只是停留在表面。他们并没有深入挖掘来发现并理解那
个女人的真实世界，而那个世界和他们的世界有着多么大的不同。

一个市场团队出发去了解中东地区沙特阿拉伯的妇女和她们
的头发护理情况。他们的发现从根本上打破了他们对妇女和头发
护理的思维定式。无论他们说什么，他们都会听到，"我的美丽只
是为了我的老公……我的老公喜欢我的长发。我想要剪短，但是
他不喜欢……我的母亲不鼓励我剪短头发，她总是说个不停……
当一个媒人来询问一个女孩，她的头发总是一个重要的因素……"

当这个团队坐下来想从他们的谈话中找到一些线索和发现时，
这些对话重复出现。团队开始研究这意味着什么，其背后的暗示
和意图是什么。第一个结论是："在中东地区，家庭中的每个人都
能对女孩的头发说三道四。"但不仅仅这样。虽然想得出一个合理
的结论，但团队意识到这仍然很表面，还有潜在的更深入的洞察
需要去发现。他们感到他们还没有找到，虽然很靠近了，但还没
找到。就在他们仔细考虑，团队成员之间反复商量，从不同的角
度来分析时，移轨洞察出现了。在世界的大部分地区，女人都对
自己的头发有决定权，她可以决定剪短、染色、留长、拥有不同
的风格等。然而在沙特阿拉伯和中东地区，女人的头发不仅仅是
她自己的，而且是她的家庭的共享财产。这个发现令人震惊。她
自己没有决定权。她的母亲决定她头发的一切，直到她结婚；结
婚后，决定权落入她的婆婆和老公的手里；等到她的孩子长大了，
孩子们有优先决定权。这个移轨洞察是在跟世界其他地方比较后
产生的：头发作为个人的财产，自己有着决定权，和头发作为

"共享财产"以及"家庭决定权高于她自己的决定权"之间的比较。

> 作为一位创新领袖，想想这个：
>
> 这个团队所发现的是一个根深蒂固的洞察，根植于区域性的文化规范。这些都很难去触及，也不容易浮出水面，在妇女们的描述中也不能完全反映出来。这就是那个无法言传的她们的世界。它需要更深层次的对话，需要积极地去除表层，超越了她们所说的那些答案，让妇女们去探索她们大多脆弱的自己，还要和一个陌生人进行这样的对话。"我的老公不会喜欢的，媒人说我的头发太细，所以无法找到一个好老公……"
>
> 我们如何可以让妇女们（我们的客户）被深深地打动，并与我们建立联系？我们如何从只是问问题转变为建立深入联系并发现一个移轨洞察？同时我们如何在离开时不仅仅手里拿着对我们清单上所列问题的回答，而是得到对她们的世界的一个深入的理解？因为这里就是移轨洞察开始的地方。
>
> 仅仅观察或者表面的对话，是不会带来深入洞察的（见图5—2）。

图5—2 不是一个问答，而是一个有洞察的对话

从外部的观察到内部的洞察：重新定义"护理"
Outsight to insight：redefining 'care-giving'

　　一家欧洲的医药公司曾经在寻找方法提高晚期肾病患者的家庭护理能力。这很关键，一周给那个家庭提供 36 小时或者更多时间护理服务的护理人员，通常要比非护理人员产生抑郁和焦虑症状的概率更大。对于配偶，这个比例要高 6 倍；对于父母，会高 2 倍。创新团队没有进行传统的市场调查，而是启动了一个深入的洞察对话，同病人、护理员还有护理产业链上的不同参与者之间的对话。

　　在欧洲，人们在跟病人的谈话中，开始认识到病人有多么丧失自我，不管是在自我尊重，还是在自我护理上。例如，有一个建筑师曾说过："我是个很棒的建筑师，但现在我是一个肾病患者。我的生活完全不一样了。我从医院回家，不得不重新改造我的房子。我现在如果要出去，就必须坐轮椅。"这种无助的感觉和丧失自我价值的感觉是非常具有毁灭性的。在很多案例里，病人无法把他们的新状况和以前完全健康时的状况相提并论。然而，这个建筑师没有放弃，而是建立了一个网站来为新的肾病病人提供指导，帮助他们渡过各种困难的时刻，正视自己的病情。这个工作使她感到更有价值，因为新的病人在她的帮助下重新获得了自信。她感到她为社会做出了积极的贡献。就像她说的，"我生命中的一个新的阶段开始了，回头看时，现在比刚开始时好太多了。"

　　这是一个移轨的时刻，与建筑师的交流使得整个创新团队暂停了他们的工作。他们意识到，到目前为止，他们只是把病人当作一个无助的个体，完全依赖于他的护理师。但是，这个建筑师将"无助"转变为"积极改变"。他们问自己，"为什么我们一直都把病人看成需要照顾的无助的群体呢？"这个可以引出一个认识，那就是，"引导病人开始一个可能比以前更好的新生活是有可能的。"这可以成为护理的新目标，同时病人自己也可以是这个护理模式的递送者。这个移轨洞察打破了根深蒂固的心智模式：相信病人只是被动的价值消耗者。它揭示了病人其实也可以作为一个价值创造者而存在。这将减轻传统护理人员、配偶、家庭和护士的压力。

一个商业客户从外部观察到内部洞察的转变
Outsight to insight with a business client

IFF 有一个芳香产品部门，在 1995 年接受了一个挑战，要把他们的业绩提高 10 倍。这个移轨挑战很简单，"提高应标的成功率"。IFF 本质上是一个卖产品给企业的公司，所谓的 B2B，即提供香味剂给制造商生产洗发水、肥皂等产品。如果一家公司想要加入甚或改变一种香味时，它会把对香味的要求发给香味剂提供商，而众多提供商则会竞标以获得项目。增加应标的成功率对增长至关重要。

在那个时候，芳香产品部门输掉的标的多于得到的。然而，当他们收集年度客户反馈时，他们似乎又不需要担心什么，因为所有的客户都说他们对合作关系很满意。其中还有很多客户都是长期的合作客户。就像一些团队成员说的，如果没有良好的合作关系，这些长期客户不会存在。但是部门的领导者，嘉岩·皮莱，认识到他们必须做出根本的改变，来大大提高应标的成功率。因此他们必须开始深入的对话，来进一步了解他们的客户，而不只是看那些年度反馈表。这个团队，通过一对一的探索对话而不是"统一格式的访谈，使用通常的问题集，得到通常的答案"，开始着手寻找第一手洞察。就像他们说的：

> 当我们要求用 1 小时来做一个公开的反馈谈话时，我们的客户不知道我们要做什么。他们有些不耐烦，说："我们已经填了你们的年度反馈问卷了。"我们缩短了时间，甚至降到 20 分钟。但是一旦他们开始说话，就停不下来了。我们有时一口气用了 2 小时。和我们关系最长久的客户之一给了一些非常尖锐的反馈，我们也带回来了。我们问他："为什么你以

前从不给我们提这些意见?"沉默了一会儿,他说:"因为你们从未问过!"我们在那一次的洞察调查中,发现了比以前那么多年收集的反馈更多的有价值的信息。

从这些信息中显露出来的移轨洞察打破了他们的心智模式。他们认识到,他们一直安于"服从客户"的心智模式,只是简单地回复客户的提问。这是供应商很经典的心智模式。移轨洞察揭示了客户真正的决策"驱动器",即获胜的香味是消费者最喜爱的。这个洞察引出了一个移轨想法。拿来客户的要求,但是送回去时给出两份样品。第一份样品的目标是回答客户的提问和要求,第二份的目标是给出满足终端消费者需求的香味。为了准备这第二份的样品,IFF 的团队发起了一个流程,来得到第一手的市场洞察,再设计一款香味剂来满足终端消费者的需求。他们这第二份的样品中用到了关于消费者的第一手洞察。

当这个改变开始被执行时,导致了应标的成功率翻倍,使得在之后的六年里给销售带来了指数级的增长,远远大于原先制定的十倍增长目标。

这个有意识的转变,从一个传统的非常外部的客户反馈流程,到一个真正的有内部洞察的对话,导致了移轨洞察,从而带来了指数级的增长。

移轨洞察需要双方反省式的对话
Orbit-shifting insight needs a mutually reflective dialogue

一天,一家亚洲最具领导地位的电信公司决心要和年轻人进行面对面的对话,因为他们对年轻人群所提供的服务很弱。

其中一个对话是同一个十几岁的年轻小伙子进行的,他一开始信心十足,很放得开。他完全坦白了他的生活。他描绘了一个奇妙的画面,从他的父母睡觉以后开始。一旦卧室的门被锁上,在午夜 12 点到凌晨 2 点间,他就开始在网上冲浪,在他的朋友圈里用电脑和电话互相联络。领导团队被他连接朋友们的方式吸引住了。在对话快结束时，小伙子分享了一个秘密。他八个月以来一直在和一个女孩交往，基本是靠短信交流。他们一天至少要发8～9次短信，最后他们约好了见面。他最后眨了眨眼，结束了他的谈话，"也许我会很幸运。"

当他离开后，会议室里一片寂静。其中一个人轻蔑地说，"他太前卫了，不像大部分十几岁的青少年。"听他说完这句话，大家都吃午饭去了。午饭后，正当团队准备开始处理其他事情时，其中一个人打断大家说："今天早上我们漏了一点。"他这么一说，使得团队停下来重新回头审视他们和这个少年的对话。整个会议室谈话的调子变成了反省式。领导者们坦白地承认，他们的确漏了一点，因为他们都有意避免看到这个男孩真正代表的人群。"如果他就代表了我们的儿子？或者更糟糕的，那个女孩就代表了我们的女儿？"这个念头是如此可怕，大部分人都情愿否认而不去承认它。承认意味着面对这样的事实，即这个刚跟他们谈过话的十几岁男孩并不是个例外，他就代表了大部分的青少年，也包括团队成员自己的孩子们。他们的恐惧和他们以前看待青少年的方式使他们本能地拒绝承认这个事实，这冲击了他们。

这就是问题的关键。整个领导团队不经意地把那些最深层的恐惧投射到这个年轻人身上。这是阻碍了他们的那些东西的一个更深层次的表现，只有这样，他们才能挑战他们的自我投射。洞察不只是关于"对这个世界的洞察"，它更是"对我们的世界的洞察"。移轨经常来自对我们内心的自我投射的发现。首先认识，然后克服自我投射，这是一种能力，只有具备这种能力，才能引出移轨洞察。

移轨洞察不是发生在当一个团队仅仅与客户聊聊，或者跟客户谈谈话时，而是发生在团队成员在和客户群体进行对话并探索他们的信仰、假设和思维时。一个有洞察的对话是谈话双方的互相探索，是一个团队和它想去影响的市场之间的双向的深入了解，就像发生在这个领导团队身上的一样。

作为一位首席执行官，想想这个：

自我投射开始于我们看这个世界的角度被"我们认为这个世界应该是这样的"主导时，而不是"这个世界在告诉我们它的样子"时。当一个有说服力的经历打破了一个根深蒂固的心智模式时，移轨洞察发生了。对于那家电信公司的领导团队，和这个年轻人的对话打破了他们的心智模式。他们开始考虑新一代年轻人不一样的需求。

你正在进行什么样的洞察对话？你在进行类似这种前卫的对话吗？或者只是停留在验证你的心智模式上？

你发现自己是在点评你的客户，还是思考你的心智模式边界？

移轨者对市场洞察的确认，会在一个有助于识别和打破心智模式的对话之后发生。

超越平凡：移轨洞察的范围

Going beyond the usual：the orbit-shifting insight spectrum

用同样的洞察源、同样的问题，会快速地撞到"墙"，然后快速失效。想要发现移轨洞察，需要很多具有新的洞察源的洞察对话。

移轨者在六个水平上的领域打开了关于洞察源的广阔天地，揭示出一个完全新的机会，或者发现了一个新的方法来解决问题（见图5—3）。他们首先从普通的客户开始，同他们进行深入对话，而不是验证性的简单对话。

移轨者继续扩大范围来探索客户边缘，他们识别出前卫的客户，并跟他们建立联系来发现一些盲点，涉及他们在物理上的、经济上的和情感上的需求；更进一步，探索他们在社交上、智力上以及共同存在的需求。然后他们继续扩大洞察的范围，来同整个生态系统上的所有实体建立联系。

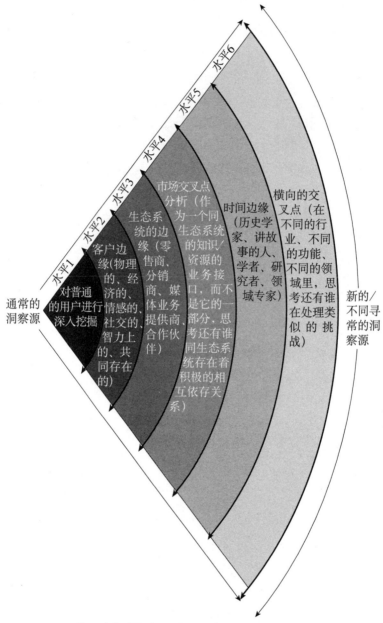

图 5—3　移轨洞察范围

客户边缘

移轨者认识到，发现新问题和发现移轨洞察的挑战，是不会发生在跟同样的、普通的客户的对话中的。他们需要同那些打破了他们的心智模式的客户进行深入谈话。他们需要同那些他们认为和普通客户不同的、位于定义边缘的客户建立联系并了解他们。

诺和诺德公司的索尼可·富利兰德被 *The Lancet* 杂志上的一篇文章触动了，那是关于一个得了糖尿病的年轻英国女孩的故事。她每天早上把一只一次性注射器装满一天用的胰岛素，但是她觉得很难掌握和控制每一次的用量。她委托一家英国公司开发了一种工具，可以每次准确地推送出两个单位的剂量。这篇文章使得富利兰德思考，是否可以用一个像笔一样的装置来准确地测量并控制给出病人所需胰岛素的剂量。这最终激发了诺和笔这个想法。大多数经理人看完这篇文章后都会觉得这是一篇有趣的文章，然后就把它放到一边，该干吗干吗去了。而富利兰德却从那个女孩身上看到了一个机会，她的需要连一半都没有被公司现有的研发覆盖到。公司的关注点在开发新药上，而不是开发新的装置，然而他却捕捉到了一个洞察，来超越诺和诺德公司现有的思维边界，这成为把这个想法变成一个成功产品（诺和笔）的催化剂（Rex，2003）。接触到一个前卫的客户并重视她的需求，才能引出移轨洞察。

一家公司制造了一辆电动汽车，想要得到一个移轨的市场策略来吸引大多数人。他们首先针对"前卫的"客户展开对话，并设置了一张移轨的"洞察问卷"。所谓前卫客户，就是那些投入很大或者几乎不投入的人群。他们甚至挑战了前卫的概念，得出四种框架下的客户，并自问什么才是一个前卫的客户的定义。前卫涉及：

- 移动性。高额投资：过度定义的客户，即比起功能需求，那些拥有很多移动性需求的客户（更多的人均汽车容量；高频率换车）。还有最少投资的客户。
- 接入性。高额投资：那些想要"拥有"一切的人。最少投资：那些愿意接受以其他低投资的方式来获得汽车的用户，例如，共享汽车或者汽车租赁。

● 对科技的态度。高额投资：技术爱好者。最少投资：技术恐惧者。

● 所有权的意识。高额投资：那些有着高度的"什么是对的，什么是错的"意识的客户。最少投资：那些除了他/她自己的物质追求，对其他都不感兴趣的客户。

> 作为一位首席执行官，想想这个：
>
> 和这四种类型的"前卫"客户进行洞察性的对话，而不只是观察同一种类型的"平均"的客户，很有可能会产生移轨洞察。
>
> 以一种发现的思维状态来探索这些边缘，很有可能会发现盲点并产生移轨洞察。
>
> 在你相关的市场里，可能会产生移轨洞察的三个或者四个客户边缘是什么？

图5—3的水平3和水平4：生态系统的边缘和市场交叉点分析

在洗衣行业，有一个团队着手改变行业规则，他们建立洞察性对话的对象并不局限于客户，而是洗衣行业生态系统上的所有"玩家"，包括零售商、媒体、城市供水局、洗衣店和传统洗衣者。

他们首先遇到的一种边缘客户是健康的、生活在水资源充足地区的人们；而他们遇到的另一种边缘客户是生活在水资源匮乏地区的人们，免疫力低下并经常患有皮肤病。他们之后开始同这两种情况（水资源充足和水资源匮乏）下的生态系统中的所有"玩家"建立联系。他们在两个完全不同的情境下，从不同生态系统的角度来探索洗衣行业，引出了新的市场洞察。

在和水资源匮乏地区供水局负责人的一次有洞察性的对话中，他们发现一个问题。这个负责人非常痛苦地说："我们投资了很多钱和精力来为城市提供饮用水,但事实上只有 5％的饮用水被用来饮用,其余 95％的饮用水被用来洗澡、洗衣和清理房屋。"

这个洞察引发他们重新设计了洗衣业的流程,尽可能少地使用饮用水。

> 作为一位首席执行官,想想这个:
>
> 什么时候是你的团队最后一次超越客户,和整个生态系统的组成部分进行对话?
>
> 什么是从生态系统的洞察对话中冒出来的最后一个大的机会?
>
> 什么是因为你没有和生态系统建立联系,而可能错失的机会?

为了在护理领域寻找一些洞察,这个制药团队开始探索护理行业生态系统的各个方面。在进行了一些具有洞察性的对话后,整个生态系统被汇总在一幅总图表里,贴在墙上。整个团队开始审视和识别那些平衡的和不平衡的区域。一个成员看了看,说:"在这幅图表里,有些事情不对。整个生态系统没有围绕着病人建立,而是围绕着医生而建立的。为什么病人不是这个生态系统的核心呢?"

全场一片寂静,然后得出的结论是,整个生态系统都是围绕着为医生提供便利建立的,而不是病人。护理行业的每一个活动都是要使得医生更方便,有时甚至需要病人和护理员为此付出代价。这个洞察使得团队思考一个如何以病人和护理员为中心的解决方案。它的发生是因为这个团队研究了整个生态系统和"玩家"互相之间的联系,而不只是关注生态系统的核心"玩家"。

> 作为一位首席执行官,想想这个:
>
> 这个团队发现的是一个移轨洞察,可以用来重定义护理业生态系统的中心。你能做什么来发现并重定义你的生态系统的中心呢?

市场交叉点

对于生态系统的调查不止是跟生态系统内部的"玩家"建立联系，它还包括跟那些和生态系统有关联但又不是整个生态系统的一部分的"玩家"建立联系。举个例子，对于一个探索健康护理的团队，婚姻咨询师是一个和生态系统有关联的部分，它和健康护理直接相关，但并不是健康护理生态系统的一部分。

一个母婴护理连锁零售店开始了一项调查，以期获得一些对生态系统的洞察，并探索一个有关年轻母亲/怀孕妇女生活的生态系统。他们遇到了差异非常大的可能带来洞察的源头，例如，健身俱乐部、分娩导乐、护理学校、儿科医生、皮肤科医生、接待中心（命名仪式）、怀孕妇女的工作环境，等等。

一些团队成员来到一个健身俱乐部，那里新妈妈们在做产后的恢复锻炼，他们发现一个有趣的现象。健身俱乐部的经理说："一个新的细分需求正在健身领域上升，即给怀孕妇女或者刚生完孩子的妈妈特别的课程。他们有一个 15 人左右的班，通常她们在课堂上都会交流很多照顾宝宝的心得。"这个零售团队惊喜地发现，一大堆妈妈们在这里聚集上课，锻炼身体，这些妇女们也在积极地寻求更好的母婴护理。一个零售业的新的商业机会产生了，即和健身俱乐部合作。其中一个团队成员日后回忆说：

> 这不是说我们不知道妇女们希望加入俱乐部后体重立即就减下来，我们早就知道。但是我们从来没有把这些有用的点连接起来。通过跟健身俱乐部的老板谈话，我们发现了一个"全新的空间"，这个健身的区域是新妈妈们聊天的新的空间。如果我们可以找到一个合理的方法来吸引这些母亲，那么对于我们和健身俱乐部来说将是一个双赢的合作。

此外，在和皮肤科医生的互动中，他们发现了一个全新的需求。这个团队吃惊地发现"美"的概念远比他们想象的要开始得早。在孩子只有两岁，甚至只有六个月的时候，妈妈就带着他们来到医院咨询和美容相关的事宜。（这个难看的痣可以被除去吗？它以后会给孩子带来什么影响吗？会得白化病吗？等等。）这打开了一个新的需求领域，即给孩子做美容。一个儿科医生也提出了类似的观点，她说：

> 在这个充满竞争的环境里，父母希望他们的孩子在妈妈的子官里就能得到 MBA 学位。还真有一些磁带，就是给怀孕的妇女听的，说是听了可以提高孩子的智力水平。父母还会不停地问，什么样的营养或者食物可以提高孩子的 IQ。现在的父母真是操心啊。如果可能实现这些梦想，他们愿意做任何事情。

这个同样也揭示了对孩子智力提高的需求。只有通过接触他们客户的生态系统，团队才有可能得到超越 360 度的视角，真正发现新的机会。

作为一位创新领袖，想想这个：

作为生态系统洞察调查问卷的结论，这个零售团队发现了那些如果只是和客户谈话永远不会被发现的新的机会和洞察。其中有一些有趣的机会，类似"和健身俱乐部合作"，其他的则令人困扰。很多团队成员发现这个早期美容和智力开发需求和他们认为的如何培养一个健康孩子的观点是冲突的。于是他们进行了热烈的讨论，"这是有益的吗？我们作为父母都不喜欢这样（自我投射）？我们应该这样做吗？这是我们愿意做的选择吗？作为一家企业，这是我们想做的吗？"

这个团队也许永远无法理解，去满足个别客户早期的对孩子们的"美容需求"和"智力竞争"所带来的市场容量和范围。他们与儿科医生和皮肤科医生一起开会，医生们看到上百例类似的需求，只不过来自不同的交叉点。他们将这些展示给团队，说明父母渴望孩子更漂亮、更聪明的重要性。这使得该团队震惊了。它打破了他们根深蒂固的信仰，给了他们一个新的、完全不同的发现。这个不舒适的感觉象征着团队的心智模式被打破了。你在寻求机会时是否也搅乱了你的信仰，带来情感上和智力上的不舒适和左右为难？如果不是，很有可能你还没有打破你的心智模式。你如何能够在寻找洞察时更前卫，从而创造出不舒适来打破心智模式？每一处不适，每一个困境，每一个悖论，都是一个潜在的机会。

水平 5

时间边缘

和边缘客户或者那些在生态系统边缘的"玩家"建立联系是一个非常有力的激发移轨洞察的方法。但是这些可能是不够的。那仅仅是移轨者开始的地方，他们不会就此停止。

移轨者会超越现有的生态系统，去寻找新的能带来洞察的源，那些能带来洞察的源可以带领他们超越他们的心智模式边界。他们认识到"客户和生态系统的边缘"只是一个边缘。他们问："那么现有轨道的其他潜在的边缘在哪里呢？"

时间是一个非常强有力的边缘。移轨者认识到他们正在建立联系的生态系统仍然根植于现有的生态系统中。如果心智模式被嵌入现有的场景中，很难想象会有一个新的场景来超越现有场景。而移轨者会从"过去"和"将来"两个角度去探索移轨挑战。

一个来自中南半岛的团队着手探索健康和保健的空间。最高管理层感觉到这个领域可能会是一个很大的市场，可以让他们发现一个突破性的机会。这个团队开始了一项调查，针对健康和保健市场的组成展开。

他们接触了消费者和行业专家，但是无法实现任何真正的突破。他们发现，"只有当疾病来袭时，消费者们才会想为保持健康做些什么。"更多的对话都将他们引导到同一个古老的结论上，"人们想要健康，但人们不想在健康上投资；唯一能够吸引他们投资健康的时刻，是当他们受到惊吓可能会失去健康时。"但是这个所谓的洞察只能带给他们更多的同样的机会。

在和一个传统中医医生的对话中，突破出现了。跟他谈话时，他们意识到现代医学已经丢失了传统智慧。在连接那些散落在传统和现代之间的点时，团队发现他们一直以来是从两个极端出发在探索健康市场。他们的想法被冻结在一个心智模式之中，即只看见健康在一端，而疾病在另一端。他们继续被局限在 WHO（世界卫生组织）定义的普通健康里，即"健康就是没有疾病"。

这个洞察对话在健康定义里打开了第三个空间，"亚健康"。他们惊奇地发现，在任何时候，大概都有60％的人群处于亚健康状态。即在健康和疾病中间的一个状态，所有的物理和化学指标测试出来都是正常的，但是人们却"感觉"不好。

这个是移轨洞察，突破了他们的心智模式边界，并重新配置了健康谱。"认识并克服亚健康"指向一个巨大的商业机会——"重新定义健康"。它还是一个针对紧急问题的解决方案，因为人们面对健康问题时，总是很被动，而不是积极主动的。它定义了一个空间，在那里大多数人愿意去行动，事实上想要去行动，但是无法去行动，而这已经超出了现代医学的范畴。这个发现如同打开了一道闸门，针对给予消费者能力去"识别并克服亚健康"，带来的商业机会如滚滚洪水奔涌而出。

与一位传统医学的权威人士的一次有关洞察的对话，打破了有关健康市场的心智模式边界。从传统里找答案，这个团队为将来发现了商业机会。

微软的一个团队进入想象的未来，从一个科幻故事里发现移轨洞察。微软的一个团队在20世纪90年代末设计了一个电子阅读器。这是受1979年的小说《银河系漫游指南》启发，该书包括了世界上的所有东西。这个灵感引出了一个触摸屏的电子阅读器，如果微软当时接受了这个发明，那么它就会成为世界上第一个拥有电子阅读器的公司（Eichenwald，2012）。

探索"时间边缘"，通过"过去的经验"和"想象的未来"这两个"镜头"来看现在，能够看到移轨洞察。

一个电视频道接受了一个移轨挑战，来构思全新的电视节目形式。为了触发新的洞察，这个团队和边缘客户建立联系，然后探索时间边缘。

通过"过去的经验"这个镜头接近挑战，他们发现了有洞察的问题："什么是那些延续了很长时间的娱乐形式？各种革命（政治的、经济的、技术的）来了又走，但是什么使得这些娱乐形式能够经历了这些革命而留存下来呢？"他们同很多各行各业的专家（比如，作家、讲故事的人、心理学家和历史学家）探讨这个具有洞察的问题。由此引出了一些有价值的洞察，关于"什么使得这些持久的形式如此得以长久传承？"

新兴的未来参与和娱乐形式构成了另一个洞察源。这里，团队和那些设计了新型参与平台的社交媒体专家、IT 和通信专家进行了洞察性的对话。这又引出了一些洞察，关于"什么使得引人入胜的事如此引人入胜？"另一个洞察需求是去探索一些领域，使参与的流程发展为大众活动。

连接跨越了这些洞察对话的点，引出了强有力的洞察，从而打破了电视节目的形式。

图 5—3 的水平 6：横向的交叉点

有时候，甚至是与那些真正和客户以及生态系统上"玩家"之间具有洞察性的对话也不会产生突破。这通常发生在一个团队在一个行业里沉浸太久之后，他们的心智模式已经被牢牢锁定了。这时需要的是一次横向的洞察触发。

为了打破心智模式的边界，他们故意横向地、跨行业地建立联系。他们探索着和其他市场、其他领域的交叉点，想办法同这些交叉点上的洞察源建立具有洞察性的对话。

那个洗衣团队以在洗衣行业成为游戏规则改变者为目标，超越了它的生态系统，而获得了"横向的洞察发现"。洗衣团队发现的一个关键的挑战领域，是找到一个方法来使得用水量最小化。他们决定和一个横向的洞察源取得联系，他们的耗水量控制得极为严格。洗衣团队约见了设计闭环系统的空间研究机构的代表。这个对话使得他们的探索到达耗水极少的边缘。更深入地，他们探索时间的边缘，同研究人类社会和水资源之间关系的人类学家建立联系，在这里获得了一个洞察，即关于社区的"水的等级"。

最终他们走得更深入，和领域之外的专家建立了联系。洗衣业最基本的心智模式即将被打破。那些需要被去除的不仅仅是身体层面不需要的，更是生物层面不需要的，即微生物。为了了解如何去除微生物，他们约见了一个皮肤病专家。皮肤病专家用一个问题震撼了他们："为什么你们只是在谈论如何去除微生物？那些微生物并不都是不好的。"然后他分享了一个关于甲壳动物的故事，这些动物的皮肤表面的微生物保护着它们，并从环境中吸收养分，然后传递给甲壳动物。这个移轨洞察激发了这样的想法："为什么我们放入洗衣解决方案的每样东西都必须是为了衣服，为了使衣服变得干净、柔软和芳香呢？如果我们放一些成分进入洗衣剂，最终使我们的身体得到益处，而不仅仅是为了洗衣，会怎样呢？"

这个移轨洞察，跨领域连接了散落的点，很可能会带来一个具有转型意义的影响。这些横向的对话打破了心智模式，并引导出移轨的建议，最终由组织的领导层做出决定。

作为一位首席执行官，想想这个：

在成熟市场和发展受阻的领域里，要发现改变游戏规则的机会，需要一个激进的刺激。激进的洞察源才能给"过去的经验和未来的想象"的时间边缘带来生机，那种需要连接跨行业和领域的横向交叉点的洞察源。

一个团队探索在皮肤和头发护理领域的新机会，突破从与一个医疗设备（药品递送）专家之间具有洞察性的对话中产生。另一个有价值的洞察来自《美者生存》的作者南希·埃特考夫。

> 对于最成熟和饱和的市场，请审视你的洞察源。你是否在开展有洞察的对话，和那些能够揭示时间边缘（过去和将来）的专家，还有那些跨行业和跨领域的横向的专家进行对话？

用横向的洞察来解决未被解决的问题
Lateral insighting to solve unsolved problems

横向的洞察不仅仅可以被用来发现新的机会，更可以被用来解决那些原先无法解决的问题。

在建造青藏铁路时，中国的工程师接受了自然的挑战，这些挑战没有一个是在工程上有现成的解决方案的。横向的洞察成为他们寻找在不稳定、充满变化的冻土层上建造一条稳定的铁路线的突破性解决方案的来源。就像我们在第 3 章所讨论的，他们采用了当地人常用的方法，即用管道作为地基，使他们的房子和冻土隔开。他们注意到当地居民在空的管道上建造他们的房屋，管道作为隔离，使得空气可以进入其中。

在那些更脆弱的地区，工程师们把内部充满了液氨的管道插入土里作为热交换器，这是一个来自空调/制冷行业的点子，同样的原理被用来控制温度。液体制冷剂用液态的形式去除了制冷机的热量，同时在这个过程中汽化后被送到冷却散热片。被"加热"的气体冷却后又变回液态。这个循环不停自我重复，每次都带走了制冷机的热量（Discovery Channel，2006）。

> 作为一位创新领袖，想想这个：
>
> 当大部分人面对一个几乎不可能的挑战，而没有解决方案时，会放弃，并说："这在我们行业里从来没人做到过。这是无法完成的。"中国的工程师认识到，他们面对的问题在铁路这个行业里也许是找不到答案的，但是也许某些人在某些

地方曾经解决过类似的问题。比如，确保房屋在地基上是稳定的（就像铁轨必须是稳定的一样），或者制冷机的解决方案（类似保证地面不会融化的需求）。

在每一个案例里他们的目的都是不同的，但是他们解决的问题在原理上都是一样的。因此，那些在冻土情况下完全不了解或者解决不了的，其实在非冻土的情况下被解决了。横向的洞察帮助他们找到了答案。

什么是你解决不了的挑战？横向交叉点的洞察如何帮助你找到这些长期得不到解决的问题的答案？

泰坦工厂的团队利用横向的洞察在生产流程上获得移轨，这是设计出来的移轨，并不是意外收获。

一个团队接受了"提升钩纹工具的寿命，由制造 5 000 块手表到制造 7 500 块手表"这个挑战，为整个公司的目标做出了贡献，即在公司架构不变的基础上增加手表产量。

手表后盖必须完全贴合表壳。表后盖的钩子是帮助后盖贴合进入表壳的。这些钩子是利用钩纹工具创造出来的。

钩纹工具的设计在这 15 年内从未受到过挑战。这个突破的洞察来自一个行业以外的横向的洞察源。圆珠笔芯的生产流程激起了团队的兴趣。一个视频显示了圆珠笔芯的圆球被抛光的同时，在多个凹槽以毫米级的精度进行雕刻。它给了团队一个提醒，可以用多个花纹同时压在钩纹工具上，这样可以提高单个工具压花的数量，从 8 个提高到 40 个。这就使得工具寿命从制造 5 000 块手表提升到制造 30 万块手表。（远远大于最初的目标！）

移轨洞察谱：横跨六个水平面的移轨

The orbit-shifting insight spectrum in action: orbit-shifting across the six horizons

一个雄心勃勃的团队接受了一个移轨挑战，要开发安全解决方案，把两个"格式"非常不同的安全生态系整合在一起。他们开始着手一个移轨洞察调查，来寻找新的洞察。他们的第一步是和生态系统内部的"玩家"进行具有洞察性的对话。他们和生态系统中所有三个分类的组成部分建立联系，作为洞察源：安全提供者（产品、服务、公司）、安全消费者和安全"破坏者"（团队也约见了黑客和罪犯；他们还见了很熟悉这些群体的人，如警察、情报机构人员，等等）。

然后他们和边缘客户建立联系，那些安全等级最高（在安全上进行高额投资）的人。这导致他们和名人的保镖、学校和机场的安保人员，以及那些负责敏感的国家财产和领土安全的机构（如政府大楼）建立联系。在这些对话的基础上，他们更进一步，同院士和意见领袖建立联系。

更进一步，他们和横向的洞察源建立联系。那些完全不同领域的专家虽然也负责安全，但是从完全不同的角度出发。他们见了一位昆虫学家，他讲了蚂蚁和蜜蜂如何建造它们的安全体系；他们还见了一个医生，他给出了关于人体的安全系统的洞察。

跟一个学校校长的谈话连上了新的点，并创造了一个移轨洞察，挑战了所有已知的概念，即在传统意义上系统安全意味着什么。想象一下一大群软件工程师在幼儿园里寻找灵感！他们去见了幼儿园园长，讨论如何保护孩子们。这个园长分享了一个有趣的故事：一天，一个父亲来接孩子，这个孩子跟他出来。仅仅一会儿工夫，学校发现孩子父母分居了，因此这个孩子被定义为"被绑架"了。作为第一反应，学校精心设计了一个方法，用来登记所有接孩子的人。然而，当他们把这个流程投入使用后，使他们很震惊的是，最安全的办法是观察孩子的肢体语言，询问他，并观察他跟着家长离开时是否有任何不舒服或不高兴的迹象。如果孩子不愿意，那就不能把孩子给那个家长。这个洞察为学校解决了一个笨拙的问题。

孩子们被教会"自我保护"：他们知道他们愿意跟谁走，而不愿意跟谁走。很多机构认为孩子是无助的，其实他们有自我保护的方法。这一洞察也使得这个安全团队十分震惊。他们意识到，跟学校的情况很类似，他们也把所有设备看成是完全被动的。这个发现帮助他们确定关于行业安全的心智模式边界就像个堡垒，机器、设备和软件都是完全被动的，需要被保护防止受到外部的攻击：物理安全解决方案保护硬件的安全，逻辑安全解决方案保护软件的安全。最本质的是，硬件和软件都被看成是完全被动的。这个团队选择了这个有力的洞察，即"自我保护"，对自己提出要求："如果关键的资产有一个内嵌的自我保护功能呢？"

安于现状的人从很有限的范围里获得洞察，而移轨者不断地将他们的洞察谱拓展到六个水平领域，即客户边缘、时间边缘、生态系统的边缘、市场交叉点和横向交叉点，以此来连接散落的点。这为移轨洞察提供了燃料。

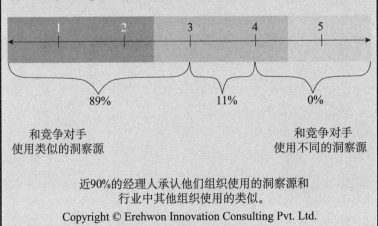

图5—4　洞察源相似情况评估

你的洞察源和你行业里的其他玩家的洞察源是否雷同？用通常的方法来和通常的源建立联系，只能带来"差不多一样"的结果。

什么阻止了你去超越平庸，探索其他的水平？什么阻止了你去发现盲点，发现新的市场机会，解决那些无法被解决的问题？你如何能够通过打开所有六个水平的洞察谱来优化你的组织的移轨洞察能力？

注释

[1] 和埃尔泰尔移动业务部的前总裁 Atual Bindal 进行的有洞察的对话。

[2] 来自于 Erehwon 对塔尼什的案例分析，基于和泰坦集团旗下的塔尼什珠宝公司 2000—2003 年的前首席运营官 Jacob Kurian 进行的有洞察的对话。

[3] 和塔塔汽车的副总裁、小型汽车项目的负责人 Girish Wagh 进行的有洞察的对话。

PART 3

Combating dilution in execution

第三部分　在执行中打击稀释

攻克怀疑的墙以激发和说服利益相关者
Overcoming walls of doubt: excite and enrol stakeholders

　　我们需要雇用特立独行的人；只有这些有着反叛精神的人，才能带来创造性的想法，并将其进行到底。

　　特立独行的人的行为举止像独行侠，他们为企业家工作，构思激进的想法，并使其获得成功。然而在大型组织中，如果特立独行的人成为独行侠，即便他们仍然能够真正地构思出一些全新的想法，也不可能把这些想法变成现实。

　　从 20 世纪 50 年代的洛克希德·马丁开始，很多组织采用了"臭鼬的方法"。他们建立一个小团队，从大的组织中独立出来，给它自主权，用"环形篱笆"把它围起来，给出创新的空间。"臭鼬"能成功地给出很多宏伟的想法，但是很少能够转化为成功的创新，尤其是在大型组织当中（Lockheed Martin，1943）。

怀疑的墙
Walls of doubt

　　组织里一个充满激情的团队往往能打破心智模式边界，同时成功地生成移轨的想法！这个过程是一个伟大的发现之旅，团队成员准备好跟大家分享，并展示给组织内部的其他人员。后者现在还需要其他的专业知识，他们还没有被带入这个旅程中，一起把这个想法变成一个实际的解决办法。这个团队相信其他人也会同样兴奋，并且会主动上前积极地做出贡献，将伟大的想法变成一个市场的成功案例。

现在，创新者碰到了第一个严峻的现实。这个伟大的想法对他们来说是令人兴奋的、难以拒绝的，却面临着大家的质疑。当这个想法遇到了怀疑的保守派和冷漠的同事时，便开始崩溃。

20 世纪 90 年代后期，微软的一个团队很有先见之明地开发出"电子书"的原型，一个电子阅读器，可以让用户下载数字版本的图书、杂志、报纸等内容。到 1998 年，这个移轨想法的原型产品诞生了。

就像科特·艾晨瓦德在刊载于《名利场》上的文章中所写的，在异常的兴奋中，这个技术团队把原型机给了比尔·盖茨。但是他很快就把原型机退回来了。"这个电子书不适合微软，"他说。

这个工作组被解散了，小组成员重新又被分配回原先的小组去关注微软最赚钱的办公软件，从梦想新的点子，到现在他们被迫回到以商业为中心的寻常日子中。他们实际上从转移的轨道上又被拉回原先的轨道上。微软丧失了一个领先十年的机会。一个创新团队连同一个移轨的想法，被"怀疑的保守派"质疑，根本没有还手之力。

保守派追求确定性
Faced with gatekeepers seeking certainty

大多数的保守者（保守派）——就像比尔·盖茨这个案例中一样——追求的是确定性。一个移轨想法要跳出盒子，但是保守派在他们追求确定性的过程中，通过参照过去成功的模式，试图把新的想法放进现有的盒子里。如果无法跟他们看世界的角度吻合，那么他们的结论就是，"这不会成功：结论是不能做！""他不喜欢这个用户界面，因为它看上去不像 Windows 系统。"一个团队成员说（Eichenwald，2012）。

一些保守派愿意探索，甚至会考虑一个移轨的想法，但是在他们给出绿灯之前，他们要确保成功。就像在一家汽车公司的一个创新团队讲述的经历，"每次我们带着一个新的申请或是杀手级的点子去找他们，他们都要问我们这个点子的市场表现会如何，他们希望把新的点子映射到现有的销售轨迹上去，作为一个对未来的预测。但是如果我们知道未来的销售表现，这就不是一个新的点子了。你又如何能够用现有的东西来设计未来呢?"

为了攻克这堵怀疑的墙，让大家对移轨的想法感觉安全，这些保守派感觉需要把它与一个成功的模式（他们过去经历过的成功模式）相联系。如果这个点子是个新点子，且无法联系以前的任何模式，他们就会在启动前要求有一个有力的商业计划。这是人之常情，那些利益相关人的投资，包括硬性的和软性的，都是非常高的。所以需要一个"防弹箱"来克服对新生事物的内在的怀疑。就像一个首席执行官说的，"在缺失的其他任何一个度量中，投资回报率都是最关键的度量。"要在那些完全新的领域去追求一个防弹箱般保险的商业计划，使得很多创新的行为中止了。一些失败的创新者谈论他们的经历时说:

● 我们一直要求把人力和资源投入到创新中，但是我们从未得到。这就是个先有鸡还是先有蛋的问题。他们说给他们看标书，他们就会投资，但是没有人力，我们无法做到。

● 冒险要基于适当的"信念"和很多"理由"。例如，在一个项目里，花上 3~4 个月在无休止的研究中寻找"理由"，包括市场调查、潜力分析、供应商分析、原材料供应商细节等。在下一轮做决定之前，还需要 4~5 个月的研究。

超越保守派：挑战独立的战场
Beyond gatekeepers: confronting the silo battlefield

微软团队的移轨创新可能在保守派的第一堵"怀疑的墙"面前就停止了，但是即便是创新得到关键股东的支持，能否成功仍然不能保证，因为系统内部有太多的怀疑存在。

为了把一个新的想法变成可操作的方案，创新团队必须带动那些还没被带动起来的个人、团队和部门。在这个阶段，创新团队几乎总是很震惊地发现，这个令他们兴奋不已的机会对于其他人来说更像是一件令人头疼的事，最好的情况也只是又加了一个新任务。这个创新团队必须又要战斗在另一个顽固的战场。执行移轨想法触及了现有的舒适区，而这产生了阻力。

跟微软的团队不同，负责创造世界上最薄的防水手表的泰坦团队不只被赋予前进的使命，更拥有一个积极的领袖，他们的董事总经理。但是他们遇到了下一堵"怀疑的墙"——他们的同事。

在泰坦生产"边缘"这款手表时，部门之间有非常激烈的斗争。一个团队成员这样说：

> 我们过去一直会有大的争执和斗争。当有人说："我想要增加50微米的间隙。"装配部门会说："我们不能装配。"生产部门会说："我们不能生产。"每一次都有人会说他们无法达成目标，要求我们放宽标准。我们不得不去说服他们，不断地提醒他们这是"边缘"手表，而不是其他任何一款手表。

为了实现突破，大部分部门需要走出他们的舒适区，解决新的、从未碰到过的问题。坚持停留在舒适区会使得每个部门走在阻力最小的路上。但遗憾的是，很多部门认为，"是的，我们需要一个突破，但仅仅在我们不需要做出贡献时。"结果是一个移轨的想法在通过不同的部门时，几乎在每个过程都被稀释了。

泰坦的研发和设计团队最终攻克了一系列技术壁垒，他们终于生产出世界上最薄的防水手表！这个手表的开发是个工程界了不起的壮举，它几乎挑战了手表制作过程中的每一个程序。他们完成了泰坦的董事总经理薛西斯·德赛交给他们的挑战。

但是最后一堵"怀疑的墙"来了——市场。边缘手表生产出来后，被搁置在公司接近两年，因为市场部门拒绝触碰它。他们的市场调查显示，流行的趋势是厚实的手表，超薄手表已经过时了。从市场的角度看边缘手表，他们告诉研发部门，市场的潮流倾向于厚

实的手表，所以市场部门希望研发部门设计一款厚实而不是超薄的
手表。边缘损失的两年时间是因为它不符合市场部门的分析——
"什么才能在市场上获胜"（Munshi，2009）。[1]

适合成为默认设置
Fit-in becomes the default setting

　　部门之间争论的核心是关于"功能默认设置"的。大多数的
功能专家在面对一个新的、跳出盒子的移轨想法时，会想到"他
们知道什么，他们能做的和不能做的是什么"，而不是"什么是真
正需要的"。

　　这就像一个隐喻，想象一下，一个功能领域的专家就像是
"一个非常有经验的处理三角形的经理"。那么多年来他处理了各
种各样的三角形，并通过这些年深入拓展了的专业知识。无论你
给他大一些的、小一些的各种不同的三角形，他都知道如何去做。
但是现在创新团队带给他的是一个圆形。面对这个圆形，他的第
一反应是什么呢？他第一反应不可避免地是将圆形尽可能放入三
角形，而不是改变自己来考虑如何处理一个圆形。这个三角形就
是他的默认设置。

　　在那些专注于某个功能的专家的心智模式里，在舒适区以外
的任何事情都是做不了的。在目前的知识范围以外的移轨创新的
所有部分，要么被定义为不实际的，要么需要很长的时间来完成，
这也许要很多年。他们从现有能力的视角来接近一个新的挑战。
这个"能力导向的方法"导致他们立即开始争论，并要求创新者
调整创新来适应他们现有的能力。这个调整将不可避免地意味着
在一些创新点上的妥协。创新者面对着"要么调整到适应我们现
有能力的方案，要么等待很长时间"的选择时，无疑不得不妥协。

　　一个移轨的想法经常在每一个层次上都需要有突破，但是也
经常被迫采取最低的共同标准，因为各功能的专家缺乏内部的动
力来克服障碍，解决那些从未解决过的问题。大多数功能专家通
常会尝试用他们现有的能力框架来处理未知，而不是拓展他们的

能力来解决那些从未碰到过的问题。

对套用综合征最重要的是，反对意见或者各种限制一般不会是出于恶意而被提出来。人们的反对并不是出于恶意，只是他们被当前的规则所诱惑。他们倾向于被现状所蒙蔽，并相信它。比如说，泰坦的市场部门对那款超薄手表本身并没有恶意。他们通过审视潮流，真的相信"厚实的手表是潮流，超薄的手表过时了"。如果基于他们对潮流的判断，那么他们的结论和战略是对的。但只有当心智模式僵化时，这个结论和战略才是对的。如果心智模式是"重新思考现有的模式"，那么这就是个错的结论和战略。边缘手表要求的是重新思考，而不是套用。

妥协，妥协

当我们询问不同组织里的人，"在一个创新项目团队中什么最重要，是对功能的忠诚还是对目的的忠诚？"高达 86％ 的人说，"对于功能的忠诚。"每个人都会从自己的需求出发看待创新，他有自己的方法，而且假设其他人都不会来稀释它。当每个人只做需要做的最少的事，而不是尽己所能的时候，一个悲剧出现了。

和这些最坚固的垂直功能体斗争，会使最有耐力的创新领袖也感到疲倦。经过反复的斗争，创新领袖来到了最初的那个妥协点：他接受一个 10％ 的妥协，并说："没关系，至少还有 90％ 的想法将会发生。"但这仅仅是一个开始。一系列的妥协接踵而来。最终到达市场上的产品只有原来想法的 30％～40％。而当这个想法失败时，大部分人会说，"这个想法根本不行。"他们根本不会认识到，他们带到市场上的这个东西已经偏离初衷很远了，只是最初想法的一个苍白的影子。

从怀疑到自信的旅程：不同层次的参与

The journey from doubt to confidence: levels of engagement

什么可以令利益相关者或者股东兴奋，并且吸引他们加入呢？什么可以提升利益相关者或者股东的参与度，让他们从消极走向积极呢？什么可以令利益相关者或者股东转变态度，从"怀疑"转变为"自信和有信心"呢？

当关键利益相关者对移轨想法的参与从对抗和消极转变为在整个过程中持续提供帮助时，从怀疑到有信心的这个旅程就完成了（见图6—1）。

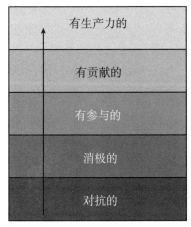

图6—1 不同层次的参与

怀疑最明显的表现就是发表怀疑言论；通常利益相关者最初的观点是直接评估和批判。一些利益相关者开始对移轨的想法搅局，他们扮演着魔鬼的角色，问道："这为什么不能做？"这些利益相关者的怀疑，通过一种负面和挑衅的方式被表达出来。这是对抗性的。虽然很难处理，但是这些对抗性的回应至少是可见的，所以移轨者知道怀疑在哪里和为什么这些怀疑会出现。

更令人畏惧的，是一个消极的利益相关者所表现出来的对移轨想法的漠不关心。消极的利益相关者的怀疑表现在他们的沉默里，正是因为漠不关心，使得他们在做关键决定的时刻也保持沉默。当这种消极以表面同意但私下不同意的形态表现出来时，就更糟糕了。利益相关者在正式会议上已经通过了这个想法，但是却在茶水间里散播不满意的言论。创新者从不真正地知道他们在对抗什么。怀疑和怀疑的源头都是不可见的,因为怀疑永远不会公开、直接地浮到水面上来。当这个想法开始被执行时,一个消极的利益相关者忽略它,并不作为,对抗便形成了。

相比之下,参与其中的利益相关者的怀疑,事实上会用一种"按照需求来做事"的态度表达出来。他会忠实地按照要求认认真真走过场,不会多做一分,也不会少做一分。这个心智模式的边界使得他们忠实地做他们现在能做的,但拒绝超越它。参与其中的利益相关者的怀疑来自过去的先例,我们能够非常明显地看见他们不愿意走出舒适区。

移轨创新需要有贡献的利益相关者,可以公开地表达他们的怀疑,然后和团队合作来克服它。他们的怀疑成为积极的贡献。他们会说:"我有一个顾虑,让我们看看如何来解决。"有贡献的利益相关者有着清晰的意图,即支持并公开提出问题,这样问题可以得到解决,移轨创新不会被耽误。

然而,移轨者真正需要的是有生产力的利益相关者,他们不仅仅帮助解决无法解决的问题,更会积极地发现机会,并掌握机会来把创新最大化。

创新领袖们需要怎样做,才能积极地说服他们的利益相关者(老板们和同事们)、团队、合伙人和第一线的执行团队呢?需要怎样做,才能把他们从对抗的和消极的变为有生产力的呢?需要怎样做,才能让他们走出舒适区,变得积极而有产出呢?

招募利益相关者:和利益相关者共同建设
Enrolling stakeholders: co-building with stakeholders

在联合利华,马西莫·朴塞提领导了一个洗衣团队,来酝酿一个移轨的想法,现在他面临的挑战是说服他的"保守者"。他说:"当面对一个新的和不熟悉的想法时,大多数利益相关者开始表现出怀疑而不是自信。"自信来自熟悉,来自过去的经验。当面对一个不熟悉的想法,保守者通常会想:"在不知道结果的情况下,我怎么能给出反馈呢?"这种怀疑在保守者的脑海里会导致彻底的拒绝,或是一些莫名其妙的反馈。

"我们通过给大家更宽阔的视野和提供更多新的内容帮助他们提升专业技能，由此招募新的利益相关者，"马西莫说。[2]在一个说服保守者的例子中，在一个要做出决议的董事会之前，马西莫一个一个地拜访、认识、说服所有的保守者。"当我遇到首席财务官时，我从商业模式的角度跟他分享了移轨的想法。首席财务官感兴趣了，事实上他开始和我一起来丰富这个想法，还说道：'你是市场部第一个从一开始生成想法时就邀请我参与其中的人。'"

把利益相关者从"评估"转变到"共同建设"是创新领袖的能力之一。在这个阶段，移轨者必须从认为这个移轨的想法是"我的梦想"变成和大家一起来建设这个大家"共同的梦想"。这个转变从情感上和智力上来说都很难，因为在这个时候，创新领袖已经爱上了这个想法；而当新的利益相关者加入进来后，很有可能会使这个想法变化，而形成一个跟原来的想法不同的东西。而且，创新领袖自然地想要被接受，甚至被仰慕。他们绝对想把这个想法定义为"他们的想法"。

但是创新领袖也认识到，要让利益相关者走得更远，超越他们的能力解决问题，他们需要有特别的动力。只有当利益相关者也认为这个想法是他们自己的想法时，这才会发生。与其说服并推动利益相关者接受这个想法并执行，移轨者更希望让移轨创新变成大家的梦想，由大家共同完成。

共同演进，共同拥有

思法库马和最高管理层共同讨论，产生了移轨的 e-Choupal 想法，直到它达到一个层次非常高的共同合作模式。

2000 年 3 月，ITC 公司的所有商务部门必须把他们的商业计划汇报给公司董事会，并得到董事会的认可和批准。每个部门的商业计划通常都有 100 页，董事长的执行助理会将其浓缩为 4 页，然后在会前给董事会成员先看一下。这个 4 页的文件会在董事会召开的那天被删减成 1 页。会议期间，每个部门的负责人会就他们的商业计划给董事会做一个 30 分钟的汇报。思法库马的部门国际事业部，也是如此。

思法库马很担心如果董事会成员只是读那些被删减后的 4 页报告，他们可能永远也无法体会到他的移轨创新的好处。这个流程对于那些跟以前差不多的商业计划书来说是没有问题的，但是对于一个激进的、跳出盒子的想法来说就不同了。他担心在最后的总结里面，那些使得这个计划书与众不同的细微差异得不到体现。他还觉得那些董事并不一定能够认识到这个商业计划的独特性及其所带来的潜在机会。他们还可能对他的移轨想法做出负面的消极回应。所以，与其遵照这个流程，思法库马选择用一种不寻常的方式，在会前跟董事们做一对一的汇报，使用没有删减的完整版本来介绍 e-Choupal 的想法。在董事会之前的派对上，思法库马最终找到了董事会主席 Y. C. 迪维什瓦，并询问他是否完整地看过了国际事业部的商业计划。Y. C. 迪维什瓦坦率地承认他没有看过。思法库马坚持让他在会议前看一下这个计划的文字部分。用思法库马的话来说：

> 我把他堵住，一再要求他读一下我们的计划，他最终同意了。这个派对在午夜结束，在凌晨 2 点时，Y. C. 迪维什瓦打电话给 IT 部门的负责人，要求他也看一下这个计划书，他当时已经深深地被这份计划书所吸引了。"这里有一个梦幻般的机会，你知道吗？"Y. C. 迪维什瓦与 IT 部门的负责人说。第二天，他们更改了汇报的顺序，把国际事业部的汇报提到了第一个，并一整天都在讨论这个计划。

ITC 公司决定最大程度地支持 e-Choupal 计划。董事会的激情和野心甚至更大：他们希望 e-Choupal 的第一个版本在三个月内提供服务。他们已经变成有生产力的参与者了。思法库马接受了这个目标，并附带了一个条件，就是在 e-Choupal 第一次正式推出时，Y. C. 迪维什瓦要亲自主持典礼。

思法库马现在需要做的就是让他的团队实现这个承诺。他说："我们不知道我们应该怎样做，但是 Y. C. 迪维什瓦将会亲自推出这个业务的事实给了我们想象的翅膀，我们最终做到了！"三个月后，思法库马联系 Y. C. 迪维什瓦来参加 e-Choupal 的发布典礼，那是在印度中部中央邦的一个小村庄里。就在开车去这个偏远小村庄的路上，思法库马有 10 小时的时间跟董事长讨论 e-Choupal 的潜力和 ITC 如何能够拥有端到端的业务，而不是跟其他公司合作。

但是 Y. C. 迪维什瓦慎重的回应是，ITC 将只做 e-Choupla 背后的大脑，他们需要和一个大型的 IT 公司合作把业务做大。

在到达目的地后，2 000 个农民兴高采烈地聚集在一起，参加 e-Choupal 的开幕仪式，这个发布会展示出的潜力如此之大，起到了任何幻灯片、任何在会议室的讨论所起不到的作用，Y. C. 迪维什瓦的激情被点燃了。他自愿宣布，ITC 公司将为大家提供端到端的业务。就像思法库马说的，"在回来的路上，Y. C. 迪维什瓦给了我所有的理由，阐述为什么 e-Choupal 是 ITC 的未来，为什么我们要独立完成这个项目，而不是和其他公司合作。"（Munshi，2009）

不要企图感知，要让利益相关者了解你的目的

传统的经理人知道如何在等级制度中存活。比起业绩，他们更关注如何伺候好他们的老板。与之相反，移轨者却不会简单地服从。他们和他们的老板、同事平等地做事和思考。移轨者不会臣服于管理，而是说服他们的老板支持他们。

当传统的经理人完善他们的技巧来讨好老板的时候，移轨者尽力使得他们的老板抓住事情的本质，对于如何达成目标，他们毫不犹豫地分享他们的观点。他们把目标放在他们的谈话对象的地位之前。

移轨者（如马西莫和思法库马）的做法是相同的。就像马西莫说的，"我参加的所有董事会会议都是为了进行平等的对话，而不是单纯地给老板进行演示。不是说他们喜欢听的话来取悦他们，而是给他们信心，告诉他们这个想法是值得努力的。"

思法库马向每个董事会成员展示了这种平等的心态。本来用邮件把他的计划发给董事会成员并礼貌地要求每个人都认真读一

下，是个更简单的方法，可能也是更符合流程的方法。如果之后他抱怨说"董事会没有尽责"，也没有人会说是他的错。尽管他见了董事会的每一位成员，他们仍然没有读他的计划书。他已经把小心谨慎抛到脑后，甚至"哄骗"并对董事会主席说，"您不完整地读我的计划，我明天就不讲了。"是什么让他这么做呢？是强大的、对 e-Choupal 项目所达成目标的信心给了思法库马勇气，去向整个董事会平等地说出他的想法。

作为一位创新领袖，想想这个：

面对等级制度，移轨者不会被那些高高在上的领导者吓倒。他们要说服的是这个人，而不是这个位子。他们不管你怎么想，他们更关注用他们的目标来说服利益相关者。思法库马和马西莫建立了强大的机制，让曾经最顽固的保守者和最有可能对他们的想法保持中立的人最终成为这个想法最大的拥护者。

你的舒适区在哪里阻挡你去说服最顽固的利益相关者？你的说服方法和战略是什么样的？你是否落入了管理制度的陷阱而忘了目标？

思法库马和马西莫把他们的保守者变成了最激进的移轨想法的支持者，微软的技术团队却没有做到这一点。他们想出了一个改变游戏规则的想法，但是他们无法让比尔·盖茨支持这个想法，因此只能给他们留下一个永久的遗憾。事后指着一个利益相关者说："他不让我做这件事。"这总是容易的。那些利益相关者也没有水晶球来让他们看见一个确定的未来。他们的决策大多取决于创新团队为他们描绘的未来有多美。

到底有多少失败，是因为创新者没能说服利益相关者接受他们的移轨想法而造成的呢？

与其用数据尽力说服利益相关者，不如把他们同新的事实连接起来

Rather than trying to convince stakeholders with data，connect them with the new reality

当思法库马在 e-Choupal 的发布典礼上经历了这个对他来说全新的、丰满的事实后，他成功地让 Y. C. 迪维什瓦这样的利益相关者最终克服了怀疑。在 Y. C. 迪维什瓦相信 e-Choupal 的想法后，他开始怀疑 ITC 公司是否能够自己执行。

然而，这第一手的经验增加了他的信心，于是他决定提高自己连同整个公司对 e-Choupal 的期望。他被说服了，与其和 IT 公司合作，还不如他们自己来做。

这不是一个"防弹"的安全案例，这是用一个强有力的体验来说服利益相关者接受一个有巨大潜力的新的事实的案例。

新的事实逐渐展开

Queen 和他的制片人使用了一个非常不同的方法来连接他们唱片公司的管理层和《波希米亚狂想曲》带来的新现实，这首歌的长度不符合广播电台播放限制的 3 分半钟。通过让 DJ 在电台播放《波希米亚狂想曲》的片段，同时粉丝们又在公共场合吵着要听这首歌，他们给了唱片公司管理层第一手印象，人们有多么喜爱这首歌！这让唱片公司的管理层被深深打动，从之前的怀疑迅速转变为对他们充满信心，这无疑好过用大量理由、逻辑分析和各种协议来说服唱片公司的管理者（Cunningham，1995）。

通过有产出的对话跨越鸿沟

Y. C. 迪维什瓦之前其实已经对 e-Choupal 的想法有好感。通过第一手的经历，他更是看到了这个想法的真正力量。这让他从内心深处更进一步跟 e-Choupal 建立了联系，更加了解了这个想法，于是他无条件地支持这个想法。他已经变成了一个促进者，而不只是

个支持者。（他已经从有贡献的相关者变成有生产力的参与者。）

在《波希米亚狂想曲》这个案例里，唱片公司管理层并不是反对 Queen，他们只是不相信这首新歌会受欢迎。第一手的经验给了他们信心，并让他们从被动的相关者转变为有贡献的参与者。

在这两个案例里，对新的事实的第一手经历足以转变利益相关者的态度。但是当开始时利益相关者的态度是深深的不信任时，仅仅一次第一手经历是不够的。他们需要用有价值的对话来发现利益相关者内心深处的动机，并打造一个新的事实。

你怎样才能让不同派系的代表，带着从长期内部战争中产生的深深的不信任，坐在同一张桌子旁，共同描绘一个国家的未来呢？

阿达姆·卡哈纳帮助安排的召开于危地马拉的这个对话在相互怀疑的对手间架起了桥梁，通过有价值的对话把他们连接在一起。这个对话打破了根深蒂固的怀疑，把与会者从想要说服对方变成接纳一个共同的目标。并不是说在此之前国家内部或者国家之间没有尝试达成共识。然而，那么多次的尝试都以失败告终，因为彼此建立的联系太表面，而每个派系又都坚持己见，不肯松口。危地马拉发生的事情的不同点在于，阿达姆创造了一个空间来容纳脆弱、鼓励开放，甚至包容最可怕的事件，形成集体的目标。当他们听到故事里人们发现尚未出生的孩子的尸骨时，正是在大家共同的沉默当中，他们迎来了那个"真相时刻"。从此，大家才真正成为一个团队，为危地马拉的未来达成一个共同的目标（Canadian Community for Dialogue and Deliberation，2002）。

作为一位创新领袖，想想这个：

没有成堆的数据，只是用一个有力的经历，来见证新的事实；在 e-Choupal 和《波希米亚狂想曲》的案例里，这些是和利益相关者加强联系的关键。

在你的利益相关者当中，谁需要一次新事实的体验？谁又需要一场有价值的对话来实现突破，从而见到新的事实？

通过建立信心的举措先发制人打消疑虑
Pre-empt doubt with confidence-building initiatives

阿尔拉食品公司的迈克尔·斯蒂文斯和卡尔斯顿·哈伦德·思罗特使用了一个非常不同但是一样有效的战略，来吸引利益相关者接受他们的移轨想法——将乳制品带上太空。

在得到了美国宇航局的同意和签字后，迈克尔回来告诉他的老板，公司的管理者之一，他们就要开始行动了。"你可以同意或者不同意，我们反正要开始行动了，我们要把乳制品带上太空。顺便说一句，美国宇航局也已经同意了。"就像迈克尔和卡尔斯顿展示的，同阿尔拉现有的正在进行的研发项目相比，这个项目不需要特别多的人力和金钱。于是他们得到了老板的同意。

迈克尔和卡尔斯顿明确理解并重点关注利益相关者（阿尔拉的管理层）的担忧，这根植于商业的活力、项目的确定性和多年建立起来的信誉等。与其对他们的顾虑和他们提出的问题进行被动反馈，迈克尔和卡尔斯顿决定主动关注利益相关者更深层次的动机，并先发制人地消除他们的担忧。商业的活力是一个顾虑？这个项目投资不大，还不足以造成管理层的痛苦。这个可预见的怀疑被第一个去掉。第二个可预见的怀疑是美国宇航局的合作意愿。在接触利益相关者之前就确保美国宇航局加入这个项目，省掉了那些原本不可避免的、来来回回的、漫长的讨论，回答类似"如果美国宇航局不同意怎么办"的问题。这也帮助利益相关者建立了信心，"这些家伙的确干了不少事儿，如果他们说服了美国宇航局，那他们一定有个不错的点子。"所以利益相关者就给了拉克莫斯项目绿灯。[3]

米克的博世研发团队设定了他们的移轨挑战，"改进老的 PF泵使得柴油发动机能够达到现代 CR 系统的排放标准"。但事实上，如果想要在这个项目上得到绿灯，印度团队必须说服德国的母公司。与其花力气说服母公司，他们选择积极地去寻求德国客户的支持。多伊茨集团是为沃尔沃和雷诺生产柴油发动机的公司。

多伊茨刚刚从沃尔沃接到一个订单，为中型卡车提供柴油发动机。根据多伊茨的希曼博士的想法，他们不想进行更大范围、更昂贵的设计上的改进，来适应现有的、需要用新的 CR 系统的发动机。博世团队想办法让多伊茨加盟，一起来研究满足排放要求的"改进后的 PF 泵"，如果能成功，他们就不需要 CR 系统了。多伊茨很高兴能通过找到一个解决方案来节省投资，他们甚至同意分担部分研发费用。[4]通过让客户加入进来，一起设计产品，为这个移轨创新的执行铺平了道路（Munish，2009）。

博世印度团队得到了绿灯。博世母公司的人怎么可能拒绝这样一个移轨项目，一个研发费用由客户来分担的项目？

把利益相关者从没有条件的"不行"转变到有条件的"同意"
Taking stakeholders from an unconditional No to a conditional Yes

当决策者可能拒绝他们的部分想法或者整个想法时，创新者经常会对决策者提出反对意见。安于现状的人通常会劝说利益相关者几次，但最终在面对一个"不"时就退缩、放弃了。他在脑子里尝试了很多次，但被拒绝了。与此相反，移轨者认识到"不行"不是无条件的，在那个貌似绝对而且不可撤销的"不行"后面，通常是一个真正的担忧或者一系列假设，正是这些才导致利益相关者做出结论："不行！"面对"不行"，移轨者并没有退缩。相反，他继续向前，进一步建立联系，发现潜在的担忧，同时使得利益相关者认识到，正是这些担忧导致了"不行"。换句话说，这是一个有条件的"不行"。然而，移轨者重新架构了这个"不行"，使之成为一个有条件的"同意"。解决了这些顾虑，就为把"不行"变成"同意"开辟了道路。在所有这些工作做完以后，利益相关者通常会感觉自己更被理解，他对这个移轨想法的共鸣也会增加。

说服监管者

　　维多利亚·哈尔展示了一个移轨者的能力：她说服一个最困难的利益相关者，一个监管者，即美国国税局（IRS），给予寰宇一家健康公司非营利机构的资格。大多数人在跟监管部门的人员打交道时会很小心，对他们极为尊重，生怕让他们不高兴。

　　寰宇一家健康公司在同美国国税局打交道时遇到的第一个困难是怀疑，官员们怀疑这是一家以营利为目的的制药公司想要避税的一个花招。在非营利资格被批准之前，哈尔博士和她的法律团队的申请被驳回了三次。哈尔博士没有服从监管者而接受他们的驳回，她采用了一种简单而直接的方法，"你没有必要去说服一个不愿意被说服的人；你需要找到那些能被说服的人。找到那些愿意理解你的人。通过反思那些不相信你或者不同意你观点的人的问题/怀疑/不信任，来完善你的想法。"维多利亚费尽心思去理解监管者的怀疑源自何方，然后她把这些怀疑转化为信任，使用的方法则是非常新颖的。

　　她真正地从他们的角度来看问题，"你想想，美国国税局的人就像其他人一样：很难一下子接受一家制药公司可以不以营利为目的，他们的确会警惕。"她在和美国国税局接触时就记住了这一点。[5]

　　她明确了自己的谈话对象后，直接拿起电话就拨了过去。没有什么提前发送的邮件或者正式的介绍性文件。她只是打了个电话，告诉对方寰宇一家健康公司的情况和目的。电话那头的人很有礼貌，安静地听她说完，但是之后就拒绝了维多利亚，说他们不能给一家制药公司非营利的资质。维多利亚同意并要求和这个人的上司再谈 20 分钟。几天以后，她同另一个不同级别的人又谈了一次，但仍然得到一个礼貌的回复，"不行，很抱歉。"她再次要求和更高级别的人谈话。她那些强大的证书背景帮助她在美国国税局一层一层往上找。当她进行了一些有价值的谈话后，她感到他们真的理解了她想要的，但他们又很坚定地拒绝了她："我们认识到这是一个很特别的情况，但是我们还是不能给你非营利的资格。"事实上，正是在她第三次跟美国国税局的官员谈话时，她最终明白了美国国税局始终认为寰宇一家健康公司只是为其母公司避税的工具。

这并没有立刻击垮哈尔博士，也许是因为她没想到会是这样，但是在一次次听到拒绝的答复后，她明白了。一旦了解了真正的担忧，她便反问他们："我需要做什么来证明给你们看，我们真的是一家非营利的公司呢？"回答出乎意料的简单，国税局的人回答道："给我们看看一些先例，给我们看看一家非营利公司是如何成功地与一家营利的公司结合的。"现在她有了一条出路：她需要做的就是找到一个先例。她已经将国税局的态度从一个简单的无条件的"不行"，转变为一个有条件的"同意"。维多利亚·哈尔说："我花了五天来找到一个先例。在一次晚餐时，我突然想到：NPR 和公共电视。它们看起来极像营利性的广播公司和电视公司，但是它们给不同的听众提供的节目却是它们以营利为目的的同行不愿意做的，因为它们无法从中获利。"两周后，寰宇一家健康公司收到了美国国税局的同意。然后他们开始去面对他们的第一个挑战：黑热病。

维多利亚·哈尔展示了在面对像监管者这么高高在上的、有着强烈的反对意见的利益相关者时，移轨者坚持的力量。

当她听到一个没有条件的"不行"时，她没有退缩，她更深入地去发现潜在的顾虑。一旦这个顾虑被确认了，她立即把谈话变成解决方案的模式，通过询问做什么可以让他们相信寰宇一家健康公司是非营利的。现在监管机构已经有了一个潜在的解决方案，从有参与的变成有生产力的。同样的监管者，之前说"不行"，后来则跟她一起完善解决方案。这个没有条件的"不行"变成了一个有条件的"同意"。

作为一位创新领袖，想想这个：

移轨者不是去影响，而是直接说服利益相关者。影响的心智模式仍然是说服，占主导地位的方式是用"我的观点"来打动利益相关者。而移轨者在思想上是很包容的。他们通过建立联系，尽量理解利益相关者真正的顾虑。真正的说服发生在当利益相关者真正的担忧被理解并被解决时。这个内在的包容性是两者之间差异的根本。

你组织里被困在没有条件的"不行"里的新想法在哪儿？你有没有退缩？你是怎样重新跟你的利益相关者建立联系，来转换这个没有条件的"不行"，使其变成一个有条件的"同意"的？

招募一个团队
Enrolling the team

不是分配任务，而是与团队共同完成任务

传统主义者相信命令的力量。他们使用权威驱动他们的团队追求一个新的移轨方向，这个方向通常是领导者自己看好的方向。事实上，很多笃信等级制度的领导人相信，伟大的管理艺术在于使得团队相信他们所认为的想法其实是领导者的。然而，移轨者意识到，就像孩子们都能看穿父母的想法，团队也一样能看穿领导者的伪装。对于移轨者来说，这不是要去赢得一场游戏，而是要真心投入。

当莱西奥·卡多佐接手联合利华印度尼西亚分公司的卫生部门时，他很清楚地知道，他必须扭转局面。因此他在接受这个工作的时候，跟亚洲区总裁承诺，他将会在三年内让这个部门的业绩翻三倍。

当他见到卫生部门的同事时，他发现他身处一个士气低落的团队，团队成员既不相信市场，也不相信他们有能力改变现状。他感到首先要让管理团队、然后是整个部门围绕着这个大的挑战聚集起来，他相信这个挑战可以激励他们并点燃他们的斗志。2005 年 5 月，他在美丽的巴厘岛策划了一个封闭的会议，前一天半是和管理团队开会，后一天半是同整个部门一起开会，寻找突破口。[6]

管理团队在巴厘岛的一个会议室里团团围坐，开始讨论阻碍他们获得胜利的重力是什么，到底是市场的原因，还是联合利华本身。就像莱西奥说的，"那是漫长的一天，从一大清早到深夜。团队反省了什么重力让他们陷入被动。那是痛苦但令人感到思想获得解放的一天。"一旦这些重力被识别出来，团队便开始寻找其背后的原因。这时莱西奥想到一个好办法来启发团队，就是用这个三年业绩翻三倍的挑战激励大家。他跟管理团队说了一遍，又说了一遍，前后说了很多遍。他的话似乎一直在空气中飘浮着。但是团队好像什么也没听见，或者就算听到了，也一点都不激动。他们的注意力在其他地方，不在这里。这时他很敏感地停住了。"我感觉到他们认为他们在被拖着走，并不很情愿。但是他们的承诺对扭转局面又是那么重要。我告诉自己，'不要太强迫他们。后退一步，让他们自己想想，让他们自己释放自己的潜能。放开他们，他们会成长的。'"

莱西奥开创了一个空间，让团队成员自己来全方位地探索他们的动机和需求，允许他们放开讨论什么最能鼓舞他们。很明显，关键的不是数字，而是"赢"。就像一些团队成员说的，"打动我的不是新的数字，而是新的态度。""给我授权，我将很高兴去战斗。""各种战斗，为市场份额和内部的利润而战斗，为信誉而战斗，为了市场成交量而战斗。"会场被越来越感性的氛围所笼罩，"我想要为团队战斗，为我自己战斗。"他们反复谈论的这个深层次的需求，在会议室回响，他们在寻找的那个真正强大的点慢慢浮出水面。移轨的精神也因此诞生了，"街头斗士，离开他们的舒适区，去一条街一条街地赢回市场"，为了信誉，为了利润，为了成交量。

管理团队准备好成为街头斗士，赢回市场。这个管理团队由12人组成，他们之前都有过转型的经历。他们现在需要把同样的精神注入部门的其他人身上。这一次，通过更广泛的对话，管理团队跟部门同事一起建立了这个街头斗士的形象。但这并不是一下子就完成的。在第二天结束的时候，大家在晚餐桌上仍然争执得很厉害。热烈的讨论在第二天的早餐时继续。街头斗士难道意味着要不计成本地去赢吗？道德呢？要多久我们才能改变我们的心智模式？我们会一起拥有这个想法并接受它吗？街头斗士怎么面对失败呢？公司的其他人会怎么看街头斗士？

没有用温和的语言和争论去缓和这些疑虑，管理团队只是静静地听着。因为他们前一天有过类似的经历，他们谈论着他们自己的恐惧和怀疑。每一个人都有机会表达他们对街头斗士的看法，包括他们的担忧。这些表述，连同人们和街头斗士这个想法建立联系的过程，累积着，开始慢慢蓄势，并建立起信任，他们能够看到，街头斗士不是一个巧舌如簧的声明。人们开始有共鸣，在会议室里创造出一种下定决心的感觉。人们开始想自己能做什么。他们释放了自己，积极地参加讨论，让自己沉浸在其中，从各个角度研究计划。街头斗士的概念从一开始只是被管理团队接受，到最后整个卫生部门都接受了它。整个团队的120个人都承诺要成为街头斗士。就像莱西奥所说的，"街头斗士的挑战征服了整个团队的心，成为我们的目标。它释放了极大的能量，以及一个想赢的灵魂。我们感觉到了力量，我们坚信它！"

在追求成为街头斗士的过程中，团队只用了九个月的时间，就完成业绩翻三倍的目标，完全改变了的，是个人和团队处理"平常的业务"的方法。街头斗士的心智模式在每种情况下都起到了作用。一个被动的部门变得有产出了。自主精神让团队的成员为了团队的目标，坚持解决各种困难的问题，把问题转化为机会，去为其他部门寻求解决方案……所有这些都变成新的、具有持续性的卫生部门的方法。

举几个例子来说明街头斗士的精神。有一个采购经理在最后一刻要求某个品牌推迟发布，因为需要和供应商谈一个更好的价格。不是品牌经理或者市场部经理，而是采购经理提出这个要求。这显然超越了他的职权范围！还有一个例子，有个品牌经理想要扭转一个"马上要发布"的产品的配方被泄露的被动局面。新配方的研发需要的时间通常是三个月，但是他和一个调香师紧密合作，没日没夜地干了五天，最后完成了。结果是比之前的产品更成功。而研发团队在一种洗衣粉产品上不知疲倦地努力着，却面临着很多问题。如果在以前，他们早就放弃了，但是这次在街头斗士心态的鼓舞下，他们继续坚持，直到找到解决方案。

因为整个团队都带着街头斗士的精神坚持奋斗，他们渐渐开始影响了周围的部门和团队加入进来，跟他们合作，变成有生产力的参与者。就像负责织物清洗的市场部经理雅琴所描述的，"他们在公司里和其他人进行心灵层面的分享。供应链、生产、区域销售等部门都反复陈述着我们的品牌、相关的战略和定位。我们跟销售部门做演讲，来解释我们的观点；每次当我们在市场上增加一个点后，我们都一起庆祝。并非公司里蓝眼睛的男孩没有像以前那样阻止我们（在街头斗士之前）。我们更多地谈论着我们的品牌。它意味着我们不放弃自己，也不放弃别人。随着时间的推移，我们意识到销售部门的家伙们其实喜欢我们去推动他们。"

> 作为一位首席执行官，想想这个：
>
> 莱西奥其实可以用他作为卫生部门负责人的地位，简单地命令大家"三年业绩翻三倍"。他没有这么做。相反，他花了三天跟大家一起建立了一个愿景，使团队产生了共鸣。没有拘泥于他最初想要的那个数字或者成功的衡量标准，而是用一个更深入的驱动因素来重新点燃大家的自信。所以这不仅仅是他们想要达到的或想要做的，而是一个更深层次的共鸣，是他们需要成为的样子。
>
> 移轨者认识到一个残酷的事实，"你可以命令一个人来执行一件事，但是你无法用命令带来归属感"，尤其是那种在移轨旅程的各种颠簸中始终需要的归属感。
>
> 跟转型相关的归属感仅仅当你激发了团队最深层次的驱动力后才会发生，就像莱西奥做的那样。而相反，大多数的领导者把表面的协议当成发自内心的归属感。协议不是归属感。你在哪里开始尝试转型？你在尝试一个表面的协议，还是发现了一个深层次的驱动力，能够将你的团队带入移轨创新？

卡尔斯顿没有依赖命令，相反，他建立起团队的归属感。就像他说的，"你需要给人们一个愿景和理由：我们去哪里？我们为什么要去那里？我们去到那里会有什么机会？第一步是'创造历史志向'，在那里人们可以看到他们自己是一个伟大的、不朽的事业的一部分。然而，其实当人们看到他们的想法变成现实时才会受到鼓舞。在拉克莫斯项目中，我们给了他们那种机会。他们在公司其他地方得不到这种机会。所以他们贡献了很多他们的想法。他们的激情已经被点燃。他们看到了机会，而我们帮助他们实现了他们的想法。"

这些驱使人们一天天地给自己动力坚持下去，而不是愁眉苦脸地面对各种阻挡、障碍。拉克莫斯比个人重要很多，比公司也重要很多。如果他们使之发生，个人层面和国家层面的骄傲就是对他们的奖赏，这超过了世界上所有的金钱可以带给他们的东西。这个动机已经足够了。

作为一位首席执行官，想想这个：

莱西奥和卡尔斯顿使得他们的团队变得有产出，他们不只是接受，而是建立了一个移轨的想法。没有什么比最好的心态下的完整而团结的归属感更能使得一个新的移轨想法变成现实了。

相反，一段来自《名利场》上的文章给我们展示了一个不一样的例子：

> 微软在他们最困难的十年里建立了一种文化，使得微软的超级明星们尽他们所能地避免和其他开发者们一起工作。这种行为缘于一种内在的恐惧和担忧，担心合作并帮助别人获得成功可能会影响到他们自己的排名。微软曾经采纳了一套名为"员工排序"的管理系统，这意味着每个部门都要被迫定义一定比例的表现最好的员工，然后依次是好的、一般的、平均线以下的和差的。这样微软建立起一种"自我保护"的文化，使得个人生存的重要性超过了项目的目标。

什么是你的组织的人员和绩效考评的心智模式？它是设计来为维持轨道服务的，还是为打破轨道服务的？它是像街头斗士的精神一样带来有产出的行为和结果，还是导致了竞争并鼓励了自我保护？

把团队的思维从"不可能"转变为"怎样才能变为可能"

招募团队不是在挑战开始时的一次性工作。移轨的旅程将不断面临很多的不可能。面对着一个不可能,甚至以前成功过的团队也会产生一种"不可能完成"的思维状态。他们会开始被动地反应,甚至表现出敌对态度。能量开始减弱。

阿尔拉食品公司的卡尔斯顿·哈伦德·思罗特则不断将他的团队的思维状态,从不可能转变到开始新的可能性。

很多难以置信和不可能的事必须被打破,方法就是通过他们正在做的项目本身——太空食品。当卡尔斯顿要求他的团队做一些激进的事情时,从不同角度的反馈都是:"这是不可能的!"与其陷入一场可能与不可能的争论(这个争论也将不可避免地导致是或否),卡尔斯顿更愿意把对话带入一个有价值的空间。他用一个变化框架的问题来引出这个有价值的对话,"让我们看看将来的 10 年。技术是否会演进而使得它变为可能?"回答通常是"是的"。团队成员会立即说出一些可能出现的技术。他如此费心,就是为了在大家的脑子里打开一扇能看到光明的窗户。一旦这个窗户被打开,他将会用下一个问题来使目标实现的时间缩短,"我们希望这在两年里实现,你们怎么才能在这个期限内完成它?"到这个时候,人们已经很愿意去探索如何实现了。这样,转变就完成了。

为什么要在未来 10 年完成的任务必须在很短的时间内被立刻完成呢?因为人们需要空间来释放他们的思维。同时,对于紧急的事情,还存在一个情感的因素。当事情变得紧急,人们的思考模式将变得更自由。一旦这个框架从不可能变为可能,并且目标实现时间也缩短时,关注点也变为"怎样使其变为可能"。典型的第一反应通常是恐惧。因为人们被要求走出他们的舒适区。一旦恐惧被减轻,同样,人们会想出很多点子来使目标的实现变为可能。到这个时候,能量被正向地转化了。他们现在都积极地、有效率地解决问题。

招募合作伙伴：使得合作伙伴变得有生产力，而不仅仅是有参与的供应商

Enrolling partners：leverage partners generatively rather than reducing them to participative-supplier relationships

执行一个移轨想法通常需要组织外的专业技能，从而使得移轨创新发生，这就经常需要在公司外部寻求合作伙伴，而不只是在公司内部不同部门间形成合作。

要增加开放创新的接受度，使得组织愿意为跨行业和领域的新技能和想法提供资源。但是大多数组织用传统的外包思维方式来做这件事情。真正地平衡开放创新需要有生产力的合作伙伴，合作的双方都要愿意涉足未知，接受一个从未做过的、跳出盒子的挑战，然后一起来创造解决方案。

大多数传统的组织会沿用老的客户和供应商的心智模式对待开放创新的合作伙伴。这最多只能有效形成参与式的合作关系，客户作为给出指令的一方，而供应商（很舒适地）作为指令的接收方，双方都不愿意踏出他们的舒适区一步，成熟的服务等级协议（SLA）也让这个关系僵化。

组织追求控制，正是这个重力真正地阻碍了合作的效率。当一个组织用一种控制的思维方式来和一个创新合作伙伴建立联系时，他们对这个合作伙伴的要求就是给出一个马上能用的解决方案。

但在移轨挑战中，一个马上能用的解决方案基本是不存在的。所以合作伙伴很可能会提交一个进行中的解决方案，里面包含那些还没有被解决的问题。当一个追求控制的组织得到一个还在进行中的解决方案时，它会变得没有耐心。

在这个由控制驱动的文化所创造的生态系统里，开放创新的合作伙伴同样感到无所适从，因为他们无法在一个结果不确定的挑战里工作。他们同样对供应商的心智模式感觉舒适，期待详细的简报和确切的预期，同时不会出现不能被回答的问题。

国际合作伙伴安于最低共同标准

全球信息科技行业在 20 世纪 90 年代开始开放，快速地打破了所有的传统工作方法。它孵化了开放的创新机会，开展在世界范围内的跨行业、跨文化甚至跨时代的合作。

利用全球信息平台提供的便利，一些组织开始与不同国家、不同文化的地区建立合作伙伴关系。但是如果还是用老的以控制为导向的心智模式来驱动这个新的平台，将会导致大多数跨地区的合作伙伴关系降低到参与的层面。

万瑞的一个研究项目研究的是一些组织的跨地区的合作关系，这些组织包括霍尼韦尔、Novell、摩托罗拉、惠普、北电、硅汽车系统和外泊若等。这个研究项目突出显示了这些组织的合作如何降低到参与的层面，甚至是被动的层面。

这些公司的经验显示，每个偏远的分公司被创立时的目的都是为了创造价值，但是相反，它却带来了怀疑。和提高生产规模的目标相反的是，当团队由一个地区发展到多个地区时，随之而来的彼此之间的不信任。在新的工作场景下，不信任的指数翻了两番。人们通常会怀疑对方的动机，而不是相信在另一个地方的同事是最棒的团队。即便是地域上接近的团队领导者也存在问题，他们相互指责，而不是共同努力，觉得另一个地方的团队偷走了他们的工作机会。怀疑急剧增长，导致了对抗的关系。

在委托人一方，遍布日本各地（在美国和欧洲同样如此）的国际大公司的分公司经理人，在跟他人合作时都会遇到问题：知识转移的困难（我如何把 15 年的经验用 1 小时表达出来并写下来）、层级的设立（我们想要他们成为合作伙伴，但是我们持续更新的需求被看作控制行为）、把任务和人员进行跨地域分配（偏离轨道的情况可能需要数周的时间才能被发现，同时我们也失去了宝贵的时间来恢复）。在合作伙伴一方，印度和新加坡的经理人和团队则有他们自己的问题。"我们本该是合作伙伴的，但是我们被当作供应商；另一方心怀恐惧，当出现问题时，我们总是第一个受埋怨。"[7]

同合作伙伴建立有生产力的良性关系时,最大的障碍是组织不能放弃控制并建立平等的联系,就像真正的合作伙伴一样,而不是仅仅像对待制造商一样控制它们。

大多数组织认为,同外部伙伴合作来创造真正有突破性的创新是一件很困难的事情,双方需要有平等的角色来创造未来。令人沮丧的事实是,一系列的突破都等不到"天亮"的时候,只是因为使其发生的外部合作的质量和合作的程度不符合标准。

移轨商业模式要建立在有生产力的合作上

巴蒂集团的埃尔泰尔电信公司是屈指可数的组织之一,它成功地超越了控制导向,并建立起一个基于有生产力的合作关系的移轨商业模式。巴蒂集团的移轨商业模式的想法是把资本支出(CAPEX)转化为运营支出(OPEX)。执行这个想法不仅仅需要供应商,还需要有生产力的合作伙伴(类似诺基亚和西门子)来提供网络设备。更重要的,它需要一个有生产力的合作伙伴IBM,来管理网络(这是电信业务提供商的核心)。

使得这些合作发生本身就是一个挑战。当埃尔泰尔首先和一些潜在的IT合作伙伴谈到如何管理网络时,他们也很犹豫,因为之前并无先例。所以这个想法一直被放在一个不重要的位置上,直到其中一个合作伙伴——IBM——准备好了。就像阿尼尔·内尔(埃尔泰尔的董事会成员)所说的,"战略上,IBM从一家卖设备的公司变成一家卖服务的公司。对他们来说,这很关键。我们的想法和愿景同他们不谋而合。"[8]

这不是一件一蹴而就的事,而是一个长达六个月的努力过程,包括各方的首席执行官一直在进行谈话,同时推进事情往前发展。IBM根本不在意埃尔泰尔很小而IBM很大。对大家真正重要的是,他们将一起创造历史。这个目的驱使他们创造了新的合作伙伴关系。"有了更高的目标,超越了自己,有时候也超越了组织,房间里的每个人都相信,自己在做一件史无前例的事。而且不仅如此,你做的是对这个国家的人们有益的事情。"阿尼尔说。

然而，当该团队带着方案去他们的董事会时，董事会成员表示怀疑。一个董事会成员分享了在澳大利亚的一次类似经历，它以失败告终。埃尔泰尔没有退缩并接受这个失败的现实，而是同澳大利亚的这个组织联系，得到第一手的信息，来弄清楚当时为什么失败。就像阿尼尔说的："我们一个有经验的董事会成员说这样做行不通，所以我们跟澳大利亚的那个首席执行官讨论为什么行不通。他们越说如何行不通，我们越觉得这件事可行！"巴蒂集团发现，当澳大利亚的公司将这个合作关系落到纸面上时，在精神层面仍然认为这是个以控制为导向的合作关系。如果事情做对了，奖励和荣誉都是电信公司的；如果事情出了问题，则都是 IBM 的错。

> 事实上，他们总是想要控制；他们不愿意付出，结果是 IBM 总感觉不舒服。他们会把所有的问题扔给 IBM，"你管这个，我们不会再管。"但事实上他们又控制着所有的事情。IBM 的人说："你们看看，我们承担了所有资本的支出，我们投入了所有的人力，我们给了你们一个服务等级的协议，你们还想要什么？"

好好地分析了澳大利亚的这个案例后，埃尔泰尔和 IBM 找到了合作的真正精髓。[9]这个很复杂，而且很花时间，但是埃尔泰尔和 IBM 都给出了承诺。

> 当你开始真正有感觉地合作时，会知道这个目标是对的。因为当你处理人和人之间的合作关系，并从信任开始时，事情就变得简单了。但当你把它转移到一个复杂的更大的组织里，分布到不同地理位置上时，它就变得非常复杂。当更多的人带着不同的能量参与到对话当中时，那些前期构思的人，和那些后续负责执行的人，用一种非常开放的心态尝试把信任带进来，这就更关键了。举个例子，我记得曾经和我们这边负责执行的人有过很多次谈话，每一次，我们都习惯于基于我们面对的问题进行交涉。"你知道，他们会说，这个人说

了这个，那个人做了那个，他们不想放手，等等。"我会说其实两方面都存在问题。比如，IBM 方面也有他们的顾虑。所以两边都有问题，我们需要跟我们的人说清楚，合作伙伴也要跟他们的人说清楚。除非在每个层面我们都把事情说清楚了，不然我们永远不可能建立起合作关系。

除此之外，他们和员工一起升级了服务等级协议。所以，自下而上，执行团队也加入到创造合作伙伴的关系之中。领导者需要意识到有控制的行为。就像阿尼尔说的：

> 是的，你必须把人引进来。当他们提出服务等级协议时，这个就很有意思了。今天，如果他们提供服务等级 X，到了 IBM 那里，他们就会说需要服务等级 2X。这关系到如何处理这些命令的转换并实现它。但是我们认识到，我们需要 3X，而不是 2X。但是这需要一个循序渐进的过程，因此我们需要一起做，而不是单纯地要求 IBM 做到。

不是命令，而是一同创造服务等级协议，这是对埃尔泰尔-IBM 共同创造的有生产力的合作关系的一个描述。

埃尔泰尔- IBM 团队对合作关系和对更高的目标的连续承诺，使得第一个由电信公司以外的合作伙伴拥有的客户支持架构变成现实。"这花了我们三年的时间，然后突然就运转正常了。我们没有在哪个点停住，一切都很正常。它也没有捷径。耐心是关键，自信是关键。"

这不是一个一次性的努力，埃尔泰尔积极地坚持着。几年以后，埃尔泰尔雇用了第三方咨询公司，希望从合作伙伴那里获得一个开放的反馈，以此来加强对合作伙伴的管理。

埃尔泰尔- IBM 这个有生产力的合作伙伴关系是在核心处最可见的。他们不是从一个预先设置好的商业模式出发，在开始时一切都没有确定。在认识到他们正在未知中探索后，他们选择在过程中一同来改进它。就像前埃尔泰尔公司的负责人阿图尔·宾德所说的，"这个联合演进的商业模式基于两条原则。输出取代了输人，变成第一条核心原则。不是关注现在，关注未来变成了第二条核心原则。"他们分享的指导哲学是"更多为更多"，更多的商业增长，为了他们更多的共同回报。这个中心思想引导他们经过三四年的合作，才最终得到一个成熟的商业模式。

用有生产力的合作关系来共同创造新的产品

迈克尔·达·科斯塔的食物博士公司接受了一个移轨挑战，"制作一种正餐之间的健康零食"。为了执行这个移轨想法，迈克尔铸就了一个有生产力的合作伙伴关系网络。

食物博士一直关注如何在公众的思维空间里建立一个有影响力的品牌，一个权威品牌。由于食物博士公司出版了一系列有关营养和健康的书，它被认为是这个领域的专家。就像咨询师维基特·沙克瓦特所说的：

> 食物博士公司没有把自己摊薄，他们专注于通过他们的书来建立品牌。普通大众把食物博士公司的书看作健康食物领域的一个权威。他们还能从出书中得到收入，而其他的公司却不得不花费大量的钱来做公关。

为了继续发展并把新的产品——健康的零食带到市场，食物博士公司和那些生产小众健康产品并和超市有良好关系的生产厂家合作，追求创建一个强有力的品牌来扩展他们的生意。合作中，食物博士公司带来了品牌和市场技能，生产厂家则带来了技术和同超市的良好关系。[10]

但是食物博士公司没有和他们的合作伙伴建立通常的"像生产厂家的"关系。他们创建了一个流程，来同制造商建立一种有生产力的合作关系，共同创造新的产品并推向市场。培养有生产力的合作关系是食物博士公司建立的区别于普通合作模式的主要地方。作为食物博士公司的合作伙伴之一，赫姆丁格公司的菲尔·维特菲尔德谈到了关于他们和食物博士公司的合作同其他普通的合作伙伴之间的区别：

我们用我们最大的许可方的一个百年品牌创造了一个新的产品。他们带领着我们，要求我们生产并销售产品，同时支付特许权使用费。他们几乎不了解这个领域，对这个领域的事也不感兴趣，特别是当他们管理着这么多的品牌时。大多数公司都是这样做的，我们都处于被动的局面。如果这些许可方想要坐下来享受这些好处，我们也必须尊重他们，因为他们建立了品牌。这是通常的游戏规则。[11]

相反，赫姆丁格公司同食物博士公司的关系并不是被动的，而是一个真正的有生产力的关系。就像菲尔所说的，"食物博士公司非常不同。迈克尔三年前过来找我，说他想更创新，想要更多参与。他以开放的态度对待被许可方，在他们的流程中增加了新的价值。"

这个有生产力的约定非常有效，就像菲尔·维特菲尔德解释的，他们如何一起工作，把荞麦制作成一种成功的健康零食。

合作关系是这样发展并演化的。迈克尔总是在四处寻找新的概念和点子，最近我们开始研发一些新的产品，这一切都是基于真正的合作。他碰巧看到一些原始的材料，从概念上说是好的。问题是这些原料尝起来像纸。以它原始的形式，是无法被食用的，除非把它磨成粉。迈克尔发现一家公司用一种特别的方法把荞麦膨化，然后就真的可以食用了。它尝起来没什么味道，很平淡。这样它就从无法食用变成具有平淡中庸味道的食品。我们现在已经开始并且完成了很好的产品开发，虽然从技术上来说很难，因为现在要添加口味，但是你必须保持正确的一致性。调配混合物也很困难。一切都不容易。

所以迈克尔从概念上想到把谷物混合，来组成一个基本的产品。我们把这个基本的产品变成开胃并且健康的食品。我们共同努力，确定包装的尺寸、零售、商业化。他现在把它带入一个我们原来不做的分类，我们接手过来他就退出了，所以我们合作得很好。

在这个合作关系里，引人注目的是合作伙伴双方都在积极地创造新的价值。"迈克尔从不说：'这是我们需要做的。'他两条路一起走，既快速地分享计划，又接受我们的决定。作为品牌的持有者，他非常强大，但他不会滥用这个力量。工作能够顺畅是因为他关注品牌，而我们关注新产品研发。"

食物博士公司和赫姆丁格公司的合作超越了行业内"范围建立"的增长，给消费者提供了他们真正想要的"健康美味的零食"。他们还将继续合作创新，给市场带来更新、更多口味的产品。

菲尔补充道："当我们与食物博士公司合作时，我们在寻找不同的口味，建立口味档案。迈克尔在来到食物博士公司之前经营着一家餐馆，还是一个美食家，他能鉴别不同的味道。所以我们开发了很多口味档案，使得食品品尝起来更美味、更好。结果是我们能够有机会尝试做更复杂的产品，同时融合有营养的成分，对身体有好处。"

> 作为一位首席执行官，想想这个：
>
> 埃尔泰尔公司和食物博士公司是两个生动的例子，说明了有生产力的合作伙伴关系带来的非常需要的互补，在执行的过程中能够把移轨的想法最大化。
>
> 相反，很多组织把移轨的想法放在次要地位，并说"这要花时间"或"我们没有技能"之类的话。另一些组织则要面对移轨想法因无效合作而夭折的情况。
>
> 你的组织把移轨想法放到次要地位，就是因为合作伙伴身上的障碍吗？
>
> 或者你的组织面对着一个移轨构想，却被困在一个没有生产力的合作关系里怎么办？
>
> 你怎么才能够使得有生产力的合作伙伴关系不只是重新启动，而是把移轨的想法最大化？

招募前线：给前线执行团队注入激情
Enrolling the frontline：infusing passion in the frontline implementation team

当开始一个新的里程时，大多数传统的组织采取的都是"边炒作边开始"的模式。前线的销售和服务团队会聚集在一起，开一个盛大的启动仪式，就像电影的开机发布会一样。第一层级的炒作就这样来了，每个人都会鼓掌并开始期待。

很多组织在之后会痛苦地发现，我们其实搞错了"炒作和表面的拼命喝彩"的真实性。当那些在发布会上热烈鼓掌的人在现实的"销售和服务"中碰到障碍和问题时，喝彩开始变成怀疑。"这个在我们这儿不行。"从开始的窃窃私语，慢慢变成公开的质疑。

当炒作带来很多的质疑时，就不会产生激情鼓励人们实现移轨的想法。把一个新的移轨想法带给客户意味着，在开始的日子里，内部的错误和失败很有可能会增加。来看一下仍然在继续学习和重试阶段这些最初的失败，它们会消耗处于前线的人们很多的激情。面对这些最初的失败，大部分人失去了继续下去的能量，变得被动。而移轨者却能够超越表面的炒作和热闹的发布会，把移轨的执行当作一个政治活动，那些在前线实现这个想法的人们，有着和构思这个想法的人们同样的热情。他们不会满足于一个"表面上拼命喝彩"的发布会，他们会专注于建立真实性。

前线的执行者，那些远离移轨想法被构思出来的喜悦的人们，那些可能没有参与或者很少参与它的概念设计或者开发的人们，那些必须要全身心地拥有这个移轨构想并且脚踏实地、毫不含糊、完完整整地实现它的人们，他们需要做什么，才能变得有生产力呢？

参考这个新的想法，执行者的生产力指数在哪里？如果他们只是参与或者采取被动的态度，那么很可能执行不到位，移轨想法被稀释。移轨者成功地培养了有生产力的执行团队和个人：这些个人能够创造一个接地气的活动，来释放移轨想法的全部潜力。

从多疑的消费者到自封的大使

法比奥·罗斯在很长一段时间里面对着巴西政府官僚在他的

025规范的单相电力项目执行上带来的障碍。甚至当这个项目只用了以前5%的成本就可以给普通大众提供负担得起的电力服务的时候，它仍被束之高阁。他认识到，如果他的太阳能解决方案（称为"阳光普照"）想要获得成功，他必须赢得多疑的消费者的支持。社区的民众在被剥夺权利后变得多疑，尤其是当来自政府的空洞承诺，苍白地说着"光明和电力"时。就像《全球展望》里的一篇文章所说的，为了那些使用太阳能的集体，信任和自信必须被建立起来。在恩克鲁济利亚达，他开始和当地一个有名望的农场主建立联盟，他让这个农场主承担了制定发展战略和管理当地媒体的工作。然后他和市长建立了联系。就像罗斯在他的文章里所说的，"理解城市和社区如何工作和应该去影响谁是非常重要的。"他还把社会心理学家带入社区，作为社区的动力，并选择一个本地的电工商店老板作为安装设备的商业合作伙伴。罗斯意识到，无论他的解决方案有多么完美、多么优雅，如果不能落地，一样会失败。他花了很多时间建立一个有生产力的执行团队，不仅仅关注影响的对象，更关注人们的心理活动，即如何激励工作组和社区。所有这一切努力使他拥有了一支充满激情的执行团队，人们自发地努力使太阳能家庭系统在恩克鲁济利亚达获得成功，甚至超越了工作的要求。这个有生产力的精神要超过罗斯的要求数倍。

文章还写道：

> 最初当罗斯开始推广他的太阳能家庭系统给恩克鲁济利亚达的村民时，接受率低于10%。到处都是障碍。人们非常怀疑他的方案，因为人们得到过很多类似的保证，最后都没有成功。人们被告知要等待电网的改造。还有很多人不相信电力真的能够来自阳光。
>
> 所以罗德里戈·德罗斯（一个农民，罗斯的发展部门经理）和伊内兹·阿泽维多（社会心理学家）在恩克鲁济利亚达待了一年，和当地人聊天，并鼓励人们尝试。"我们必须换一种方式思考，"德罗斯告诉村民，"你们的生活会变得简单，"他再次向他们保证，"太阳能非但不危险，反而很安全。

并不需要每天都有太阳。它在冬天也能工作。"

"我会在晚上去探望村民，"德罗斯回忆道，"对他说，看看你的墙，由于烧煤油已经完全变黑了。你在呼吸着烟雾，你的孩子也是。"

"我们需要建立信任和自信，"伊内兹·阿泽维多解释道。"建立信任需要时间。这和你如何跟大家说话有关。你必须问很多问题。理解人们为什么接受改变和为什么不接受改变，这非常重要。如果你理解了，你就会用一种他们能够接受的方式来传递你的想法。"

"最重要的，你必须观察并在当地人里寻找能够担任舆论领袖的人，"她补充道，"你绝对需要寻找这些人，不只是和首先开口谈话的那些人交流。真正干事儿的人并不一定是很有魅力或者很会说话的人。但是他们会倾听，而且能理解，同时他们有信誉。他们真正知道他们的需求，他们做出决策也很快。识别出正确的人来开始你的工作是最根本的，这是和社区成功合作的关键。"

欧提拉·玛丽亚·罗莎·多斯桑托斯就是这样一个领袖，一个住在离电网三公里以外红土路尽头的一座砖房子里的初中老师。如果要把她的房子连接到电网通电，她要花费 3 000 美元，这比她的年收入还要多。2002 年 2 月一个周六的早会上，在罗斯展示了他的产品和价格以后，多斯桑托斯走上前来对他说："我想要这样的产品。你能明天就帮我安装吗？"……她说她的房子比以前明亮和干净了。在通电以后，她决定重新粉刷一些墙面。以后，房子闻着不再有一股煤油味儿了。第二年夏天，多斯桑托斯想要拥有凉快的晚上，于是不在房子里烧油灯了。

但是通电后带来的最大好处体现在她儿子身上。"我的儿子告诉我他不想继续住在黑暗里，"多斯桑托斯在最近一次来巴西时告诉我。"他想要离开家。"她面带微笑地补充着，"现在他愿意留下来。"我偷偷溜进她儿子的房间，发现一个整洁的书架和一个 CD 播放机，还有他收集的一些音乐碟片。

"我不相信我的生活可以在远离电网的情况下，还能获得电力服务。"她又补充道。多斯桑托斯从此自封为太阳能大使，用她低调却有说服力的方式向很多当地人推广电灯的好处。

在恩克鲁济利亚达，使得太阳能解决方案被大家接受，花了一年的时间。并不是罗斯站在第一线去推广，而是德罗斯和阿泽维多，然后是受到鼓舞的当地居民，就像多斯桑托斯。他们看见了好处，成为自封的大使，在社区里影响了一波又一波的人（Bornstein，2003）。

> 作为一位创新领袖，想想这个：
>
> 德罗斯晚上在社区里进行家访；伊内兹花费时间来建立信誉；多斯桑托斯成为自封的大使。
>
> 罗斯所做的事就是建立一个充满激情的执行者团队，他们拥有罗斯关于太阳能家用系统的移轨想法，并积极推广，他们拥有跟罗斯一样的热情，也许更多。
>
> 你的执行团队如何对待你的移轨想法？是跟德罗斯和伊内兹一样充满激情和生产力？还是很冷漠和被动？你需要做什么才能在你的前线团队中建立激情和归属感，让他们不仅仅拥有这个想法，而且在本地的社区打造这个想法，就像多斯桑托斯所做的那样？

建立一支有生产力的执行团队：垂奇警察

在垂奇进行社区警察改革时，特里帕蒂面临着一个选择：或者自己构思出整个模型，然后找到合适的人来执行；或者首先精心挑选一些人，然后跟他们一起来构思解决方案。他选择了第二种。从模型的演进到决策，每一步都是同他的执行团队一起完成的，结果大家对这个社区警察模型有着高度的认同感。

特里帕蒂采取的第一步是选择合适的人。他从 2 600 人里一个一个地挑选了 260 个警察。这些是从警察内部的犯罪调查科（CID）的档案里挑选的，只选择那些没有贪污腐败记录，没有不良嗜好，有礼貌且有记录显示办事效率高的人。每个人他都见过几次，最后找到 260 个警察，这些人看上去很开放，也愿意改变。这些工作都在一周内结束。筛选工作有两个目的：第一是选出最好的警察，第二是决定他们每个人适合什么样的环境。那些受过比较好的教育、说话相对温和的警察比较适合在社会经济发展程度相对高的地方工作，而那些相对"强硬"的则比较适合类似贫民窟的环境。人员和环境的匹配适应是整个选择流程一个重要的环节。一般根据警察来自什么地方来选择他们适合什么样的环境。

一旦特里帕蒂有了最佳的人选，他便通过提出关注形成犯罪的非人格因素，来创造归属感。他让他们说说自己的童年，问起他们童年时期的朋友，并问他们现在在做什么。有不少人一事无成。所以他问："你来自这样一个地方。为什么那里没有更多像你这样的人？你得到了什么机会或者偶遇，而他们没有得到？"

这个引起了更大的关注，对那些反社会和犯罪的行为，环境是一个主要的滋生犯罪的因素。这让人们意识到，人不是生来就是罪犯。他们的成长没有犯罪倾向。很多人犯罪是因为这是最容易的一条路。他们的成长机会被严重剥夺，他们看到法律并不公正，于是选择了犯罪，作为一种最容易谋生的方法。如果把那些犯罪环境去掉，大多数犯罪较轻的罪犯会选择正直做人。如果我们可以改善环境，我们就可以减少反社会的行为。这就是社区警察诞生的原因，目的就是改善环境。围绕着这个真正的目的和社区警察的好处，他连接了很多散落的点，通过深入的、有反馈的对话，帮助警察们提高了对这个新想法的理解和认识。

下一个挑战就是建立归属感。在特里帕蒂招募到合适的人，并决定谁应该去哪儿以后，他就开始工作了。每件事都是和警察们一起合作完成的。他建议四个人组成一个小组，至少两年不换地方，同时问警察们如何才能成功。警察们提出的任何建议都会被立即执行。就像他说的：

> 如果我是从训导开始社区警察的工作，那就不会具有穿透力，除了在智力层面。他们开始时不知道这个原则，只是去执行了。他们边做边学，得到结果后，回来再寻求更多的

信息。当他们要求更多的信息时，我把社区警察的条例翻译成泰米尔语给他们。他们读了以后回来说："这很相似，但是我们的更独特，因为是我们开发了它，而不是我们的老板。"

这是创造了巨大的归属感的因素之一。

另一个带来归属感的因素是他确保在决策阶段引入警察们的参与。就像他说的，"我问他们，'告诉我，我们面对着什么样的问题？我们又该如何解决？'"警察们一开始并不能十分清楚地意识到不同，所以他需要带给他们关于人们能够得到益处的政策和机制方面的更多信息。从那些信息里，想法开始冒出来了。因为想法是从他们自身产生的，因此他们有很强的拥有感。特里帕蒂说："下命令很容易。但是如果那样，我就一直是所有问题的拥有者。当换了一个人，他会根据他的命令改变很多事情。只有当执行层面的人们主动接受问题并解决它们时，制度才会慢慢建立起来。"

当执行层面的人们接受问题时，当执行层面的人们开始拥有主动精神时，当执行层面的人们不再消极等待，而是带着跟创新者同样的热情主动把创新变成事实时，制度就产生了。特里帕蒂展示了这是一个精心准备的、仔细考虑的过程，从选择合适的人员到让社区警察的激情与日俱增。从 50 个人到 260 个人，围绕着犯罪、它的影响和为什么犯罪会发生进行深入的对话，给他们完全的独立和尊重，让他们在社区做自己的工作，让他们在小组警官的行为榜样中成长，把他们的想法落实到行动，特里帕蒂慢慢地而稳固地创造了一个引爆点，在那里，他的移轨想法超越了他个人，成为一个制度化的生活方式。垂奇被改变了，社区警察融入了当地人的生活中，当他离开后，他们仍然继续以同样的热情工作着。移轨创新超越了开始这一切的移轨者本身而存在着（Munshi，2009）。

移轨者的成功在于让移轨创新超越想出突破性点子的浪漫。让大家接受创新同样重要。让利益相关者一直陪伴左右、招募保守者、跨领域的专家和执行者也同样重要。开启利益相关者的约定，关键不在于利益相关者的观点，而在于移轨者自己。这需要移轨者自己带领所有的利益相关者一同踏上旅程，把他们从对抗的变为有生产力的（见图6—2）。当然，比起得到这个想法，更困难但真正令人满意的，是让利益相关者在未来的旅程里变得和移轨者一样有激情。那意味着，你永远不是孤独的。

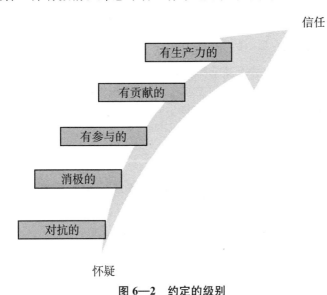

图6—2　约定的级别

攻克怀疑的墙：令利益相关者兴奋

这里有一些关键的指导原则，帮助移轨者让利益相关者感到兴奋，并把他们招募到移轨创新中：让他们从怀疑变成对整个移轨过程充满信心。

招募保守者

● 不要管理感知，招募利益相关者来分享共同的目标和潜在的移轨创新。

● 行动一致；与人而不是他的位置建立联系。

● 与其用数据说服利益相关者，不如通过第一手的经历把他们和新的事实联系在一起。

● 通过预告回答可以预料到的问题，积极主动地降低决策的困难。

- 逐渐地将利益相关者的态度从一个无条件"不行"变成有条件的"同意"。

招募执行团队

- 共同演进，共同拥有。与其命令，还不如共同创造，共享梦想。
- 灌输激情。超越数字和任务，创造一个有情感的联系。
- 招募行动。对于新的事实，首先看重可能性，然后是可行性。

招募同类的人和合作伙伴

- 跨越鸿沟。将"或者"变为"和"。
- 与专家建立有生产力的合作关系（而不是把他们当作供应商）。

注释

[1] 来自 Erehwon 对"边缘"手表的案例分析。

[2] 和联合利华的全球品牌发展总监 Massimo Pozzetti 进行的有洞察的对话。

[3] 和阿尔拉食品公司负责研究和创新的副总裁 Carsten Hallund Slot 进行的有洞察的对话。

[4] 和 Jorg Thiemann 博士进行的有洞察的对话。

[5] 和寰宇一家健康的创始人 Victoria Hale 进行的有洞察的对话。

[6] Erehwon 的案例分析基于和联合利华印度尼西亚分公司的前市场副总裁 Laercio Cardoso 进行的有洞察的对话。

[7] 和埃尔泰尔的前总裁 Anil Nayar 进行的有洞察的对话。

[8] 和埃尔泰尔移动业务部的前总裁 Atual Bindal 进行的有洞察的对话。

[9] 和食物博士公司的董事总经理 Michael da Costa 进行的有洞察的对话。

[10] 和 Humdinger 食品的董事总经理 Phil Whitfield 进行的有洞察的对话。

[11] 来自 Erehwon 的全球合作研究成果。该研究报告在 2000 年新加坡召开的 HRD 亚洲峰会上进行了展示。

在迷雾里导航：克服令人畏惧的障碍

Navigating the fog: Overcome daunting obstacles

所有的移轨故事，事后看都是英雄主义的，甚至是充满浪漫主义色彩的。当移轨者面对看似不可克服的障碍时，他们隐藏了恐惧、痛苦和自我怀疑。当移轨者面对着黑夜，无数次想到放弃，重回原来旧轨道的舒适区时，他们隐藏了很多很多的不如意。

移轨者开始打击稀释，他们招募了利益相关者，来防止移轨想法遭到妥协。但是当参与者不够时，移轨想法仍将面对很多执行上的障碍。

执行移轨创新就好比在充满迷雾的隧道里行进，移轨者会面对很多新的不可预见的问题。面对迷雾，移轨者不会放弃或者屈服。在迷雾中导航的能力是区分移轨者和安于现状者的标准。

隔壁的隔壁的门

The next and the next door

在让生命吸管这个想法实现的过程中，法斯特嘎弗兰德森的团队一直遭遇迷雾，执行的障碍看起来没有尽头。在一年半的时间里，团队坚持研究，完成了 120 个原型，对不同种类的化学物质、吸附量的变化和预过滤等问题进行研究。有一段时间，越来越多原型的失败令人沮丧，但该组织仍然坚定不移地研究。就像法斯特嘎弗兰德森的首席发展官纳夫尼特·盖格所说的，"问题一直是'我们应该如何做'，而不是我们是否想要去做。"[1]

最终在 2005 年，生命吸管的六个原型被选中并展示给世界卫生组织，这六个原型都被世界卫生组织给了绿灯，继续研究。

非常兴奋的托本解释道：

> 我们用一个产品做到了两件事：得到饮用水并解决碘缺乏的问题。全球大概有 2 亿儿童面对碘缺乏的问题。在水中添加额外的稀释过的碘，意味着不仅仅可以根除水里的有害微生物，而且可以解决碘缺乏的问题。

但是庆祝的时间很短。产品进入美国市场受阻，那里的客户告诉他们水中稀释过的碘仍然太多了，必须大大降低。这背后的原因是发生在 1930 年的一件事情，一个男人因为食用超量的碘而丧命。所以，对于法斯特嘎弗兰德森的团队来说，又必须从头开始。他们感觉自己又陷入另一个充满迷雾的隧道。

对于大多数的组织，这本可能是压倒他们的最后一根稻草，在他们碰壁时，最好应该回过头来，而不是徒劳地继续往前走。但是，法斯特嘎弗兰德森的团队却拒绝回头，他们一直坚持，直到在美国完成一个可开发的原型。

托本生动地描述了这个状态：

> 我一直觉得我会成功。我对最终的目标非常清楚。意想想不到的事经常发生，你感觉当你打开一扇门就能发现一个答案时，当你打开那扇门，你发现还有另外 10～12 扇门。但是你仍然一直感觉，在下一扇门里你就会找到解决方案。这个感觉离你是那么的近，你无法现在就停止。

移轨者不会让这些门阻止他们前进的脚步，他们要在迷雾中找到自己的路。他们一直在打开新的门，直到他们在隧道的尽头发现亮光。

作为一位首席执行官，想想这个：

是否具有在迷雾中继续向前探索的能力，是移轨者和安于现状者的区别。安于现状者通常忽视了迷雾或者最好的情况，尝试几次后就放弃了。大多数的组织领导人面对着同样的困境，"什么时候我们眼应该放弃？什么时候我们应该止损说够了，因为我们知道这个创新不会成功？"

移轨者不会被迷雾吓倒，他们不会对障碍屈服，因为他们承诺了转型的目标。正是这个承诺给了他们勇气，让他们继续打开下面 10～12 扇门，就像托本一样。他们不从止损的角度考虑，也没有追求完美。与其止损后转做其他事情，他们更希望找到创新的方法来克服障碍，直到他们得到一个解决方案创造出对目标来说是前进的、主要的影响，即便跟最初的移轨挑战有些不符也问题不大。

你的组织在哪里面对迷雾？什么时候你发现自己处在一个充满迷雾的隧道里，移轨的旅程只走了一段，就被一个未被解决的问题阻碍住？当你面对着令人畏惧的障碍，你是否放弃了或者妥协了？你是否意识到你的止损实际上阻止了你在市场上本可以获得的一个转型机会？

移轨者有三种主要的方法穿越迷雾：

（1）通过解决那些从未遇见过的问题。

（2）通过用一个新的视角来攻击那些已知的、一直存在的问题。

（3）通过不让新的想法进入最后一英里的迷雾。

穿越迷雾：解决从未遇见过的问题

Navigating the fog: turn around the never faced before
problems

在执行的迷雾中航行不仅仅是固执的坚持。解决那些执行中碰到的障碍有时也需要创新，就跟想出一个移轨的点子一样。

把问题变成机会：哥伦比亚号的灾难

卡尔斯顿招募了他的利益相关者，并通过"太空食品"这个愿景来激励他的团队。这个项目正在全力向前。然而，他们被一个他们完全无法控制的灾难性事件打击了，这个事件让他们完全偏离了原先规划好的轨道。哥伦比亚号太空飞船在2003年重新进入太空时爆炸了。这使得太空飞船的项目暂停，而重新开始时间未知。

可以肯定的是，他们突然被隧道里的迷雾吞没了。卡尔斯顿的全部任务计划曾经都是建立在同美国宇航局的合作上的，一个即将到来的整合时间点就是下一次太空飞船的发射时间。通常一年里有5～8次的发射，而现在连下一次的发射时间都不清楚。所有的事情都变得不可预测。就像卡尔斯顿所说的，"我们眼看着它变成了一次辉煌的灾难！"大多数安于现状的人都会向他们的上级寻求建议，或者等待美国宇航局来告诉他们下一步应该怎么做。但是卡尔斯顿却激励自己和团队在现有情况下去发现积极的一面，然后和他们的优势充分结合。他先和他的团队成员进行一对一的谈话，然后将整个团队聚在一起探究，"我们如何掌控这个局面？"他们重新架构，并把问题转换为一个机会，"过去，美国宇航局曾用18个月来恢复并重新开始发射计划。不是几个月，而是一年半。我们被赋予的是一个机会，一个间隔时间。我们可以完善我们的产品，为下一次的发射做足准备。"他们现在有一年半的时间窗口。他们的关注点转移到如何运用好这个时间窗口，来解决产品的一些重大问题，并以此作为自己的优势。这时，问题已被转换为一个机会。

令人惊异的事情是他们并没有就此停止，一旦他们的关注点发生转移，他们便把它转换成为一个更好的机会。美国宇航局曾经对于把益生菌送入太空有着一大堆的问题和顾虑。如果细菌污染了空间站怎么办？他们应该如何携带并安置它？现在，拉克莫斯的团队认真地寻找，并且找到了另一条路径来把测试样本送入太空。一艘俄罗斯的太空船正要从哈萨克斯坦出发，第一个拉克莫斯酸奶样本就这样和他们一起进入了太空。就像卡尔斯顿所说的：

> 酸奶是俄罗斯的传统食品之一，所以他们对于接受带酸奶上太空没有太多问题。于是这就变成了一个在真实的太空环境里被证实的样本。约翰逊太空中心被说服了，同意把优质的细菌送入太空。我们用了一个好方法，绕过了美国宇航局。我们把一个不幸的状况变成了一次机会。[2]

这也变成了一次非常好的机会，来同美国宇航局建立深入的信任关系。太空和太空旅行的精神是一种如亲兄弟般的友情。团队成员变得非常亲密，如同家人，共同分享了很多很多。太空飞船的损失是一个破坏性的时刻。卡尔斯顿说：

> 我们在危机中建立了更坚固的关系。早些时候，美国宇航局会要求我们提供很多文档。就算准备这些文档，也要花三个月的时间。但是在这之后，也是因为我们在俄罗斯飞船上证实了我们的产品具备飞行所要求的能力，展示了我们的成功，信任的等级提升了，我们得到了他们的信任。他们不再说"不可能"，或者要求成堆的文档。

卡尔斯顿没有屈服，他没有妥协。他和他的团队穿过了迷雾，事实上他们把一个灾难性的威胁变成一个最大化的机会。当下一次发射在 18 个月以后（2005 年 7 月）到来时，拉克莫斯的太空食品已经准备就绪。

> 作为一位创新领袖，想想这个：
>
> 移轨者不会被最厚重的迷雾吓倒，哪怕是不可逾越的如

同哥伦比亚号灾难这样的执行中的障碍。他们总能发现正能量，来把问题变成一个机会。这种把最不可预测的、最困难的障碍变成机会的能力不仅仅解决了问题：它是一个最大的贡献者，重振了团队的士气。移轨者把隧道中的迷雾变成团队积极的着力点，把绝望变成希望。

如果卡尔斯顿能够把哥伦比亚号灾难变成一个机会，又有什么能阻碍你呢？你面临的迷雾在哪里？什么是你执行移轨想法时面临的最令人畏惧的障碍？你如何能够把你的团队领出迷雾，把大家对障碍的认识从一个"理念最小化的威胁"变成一个"理念最大化的机会"？

实现承诺，完成不可能的任务：青藏铁路

当中国接受挑战，要建造世界上海拔最高、最困难的铁路线时，不仅仅只是冻土这个极端困难的自然条件需要极端的工程上的解决方案，工程师们还面临着令人畏惧的、在执行那些创新的工程解决方案时的人类极限。

青藏高原的气候条件是如此的恶劣，一次短暂的旅行就会让人生病。海拔 4 300 米的空气里的含氧量只有海平面空气含氧量的一半。温度会降到零下 40 摄氏度。在这种条件下的大体力劳动很容易导致"高原病"，轻度的症状是头痛、恶心、呕吐、血压降低，严重的可以导致死亡。这是主要的执行上的困难。

过去，在恶劣的条件下执行大规模的工程项目曾经导致工人死亡。20 世纪 30 年代，在美国内华达州建造胡佛大坝就致使 112 个工人死亡，建造巴拿马运河也牺牲了 3 万人的生命。青藏铁路项目共有 22.7 万名工人参与。但是中国人选择面对挑战，他们要穿越迷雾而不是屈服。他们决心将人类的牺牲降到最低。

有了这样的决心，创新的解决方案层出不穷，以此来保护工

人的生命。中国的医疗系统派出了 2 000 名医生来监控高原病，不放过最微小的症状。这些病症越早发现，就越容易治愈。他们在隧道里设置氧气管道，要求四小时必须换班，以此来使得工人们有时间休息和恢复。因为高原上医院很少，距离也远，因此中国人把医院带到工人们身边。移动医院被建立在工地旁边，方便工人就诊。一个被称为"氧气房"的解决方案是，设置一个能够容纳 6 个人坐在里面、完全隔离、全密闭、富含氧气的房间，可以改善工人高原缺氧的状况。共有 1.4 万名工人曾在这些移动医院里就诊。

中国的医疗体系还考虑到一些传染疾病（如 SARS 和鼠疫）对工人健康的危害，因而采取了特别的护理来监控工人的卫生健康状况。

中国人声明，在完成青藏铁路建造的六年里，他们做到了三个"零"：零死亡、零 SARS 和零鼠疫（Discovery Channel，2006）。

发现突破性的工程解决方案来创造世界最高海拔的铁路线已经可以让大多数的创新者感到满足了，但是中国人更进一步，通过创新来确保在整个工程中不损失一个生命。

他们本可以在执行中简单地避免这个迷雾，耸耸肩说："在这样超级巨大的项目中总会有一些伤亡。我们很满意我们确保了伤亡的人数没有超过世界的标准，没有超过以前类似项目的伤亡人数。"然而，他们却选择了不妥协。他们当中的移轨者选择去穿越迷雾，而不是避免进入迷雾。

穿越那些新的、从未遇到过的、像卡尔斯顿和中国人所面对的困难和障碍的迷雾，是执行上的主要挑战。

穿越迷雾：从一个新的角度来解决那些已知的、持久的困难

Navigating the fog: attack known and persistent problems with a new lens

一个有着完全不同顺序的移轨挑战，发生在劳把印度城市苏拉特从 20 世纪 90 年代早期的鼠疫横行的城市转变成印度第二干

净的城市时，而他做到这些只用了 20 个月。当地疟疾病例从 1994 年的22 000例下降到 1997 年的 496 例，付给医生的费用下降了 66％。更重要的是，这个变化在劳调离苏拉特后，还保持了十多年。

在执行移轨时，劳必须穿越的迷雾不是新的问题，它与中国人和卡尔斯顿面对的问题不同。真正的移轨挑战是他必须通过惯性缠身的官僚来打破"瘫痪无力"的局面，并掌管转型。他先给他的官员们赋予权力和职责，然后更重要的是，让他们从一个新的角度来解决那些旷日持久的问题，以此来打破陈旧的心智模式。

举一个实际的例子，劳遇到的一个问题是，在早晨清扫后一会儿街道就变脏了。大部分居民把家里的垃圾直接倒在街道上。组织的第一个反应是"惩罚那些在家门口扔垃圾的人"。但是城市合作者（市议员，选出来的城市代表）通知劳和他的团队不能这样做。这违背了法律。劳激励他的团队不要放弃，而是重新思考这个问题。这引出了一个解决方案，而且在他们的权力范围之内，"我们不能惩罚，但是我们可以收管理费。"于是他们开始向那些每天清扫后仍在房门前扔垃圾的家庭征收管理费。很快，大部分人不再往家门前扔垃圾了，甚至还会清理别人扔下的垃圾。

当他重新面对那个持续出现的问题，即那些隐蔽的来自外部的压力，如政客、有影响力的商人和媒体时，另一个令人惊讶的解决方案也冒出来了。重新架构这个问题引出了一个简单但新颖的解决方案：让所有的员工都使用步话机来进行通信，这使得所有正式的通话都是公开的。他也只能通过步话机才能被联系到。不仅仅公开所有的正式通话，而且所有的通话现在都是正式被录音的。无论何时，任何人想要给他压力，他就会马上调高他的步话机的音量，这样他周围的人，包括媒体，都能听见。对于公开对话的恐惧大大减少了在团队身上施加压力的人数。

这两个故事描述了穿越迷雾的精神：不要安于现状，而是突破无助，并从新的角度向那些老旧且顽固的困难发起进攻。他们转变了组织的管理、财务和实施公共健康工程的能力。被清理的垃圾从 40% 上升到 98%，讲卫生的人数从 63% 增加到 97%，净收入也惊人地增长了 54%（Munshi，2009）。

> 作为一位首席执行官，想想这个：
>
> 执行移轨想法经常需要组织重新架构，就像劳所做的，但是如果一个新的架构混合着旧的心智模式，通常也不起作用。一个新的工作可以被设计出来，但是当用旧的心智模式"无奈"地执行时，不会有什么改变。劳必须让他的员工用不一样的方式来解决问题。他使得他们"负责"，"重构持久的问题并从一个新的角度攻克它们"。
>
> 很多组织的移轨倡议在执行的迷雾中迷失了、妥协了、稀释了。这些移轨倡议里的执行迷雾通常不是由那些从没遇到过的问题引起的，最艰难的部分通常是由那些可以被预测的、反复发生的问题引起的。面对这些持久的执行上的困难，官员们躲藏在"无奈"中，他们不再面对并试图穿越迷雾，他们只是简单地避免遇见它。结果是，大部分行动丧失了原动力，每件事情都在达到最低的共同标准后停止了。
>
> 就像很多其他的组织，你的组织在哪里尝试用一个过于简单的组织重构活动去执行移轨创新？改变架构来使得职责变得清晰不足以让组织在执行中穿越迷雾。从旧的角度来接近那些持久的困难，大多数经理人通常会止步于迷雾前。这不可避免地稀释了移轨想法。
>
> 你在哪里需要像劳一样补充架构上的变化，并鼓舞你的经理们通过改变心智模式来穿越执行上的迷雾，并从一个新的角度攻克那些持久存在的困难？

最后一英里的迷雾
The fog in the last mile

最具威胁性的迷雾经常在执行移轨创新的最后一英里出现。

事实上，当一个新的想法进入一个旧的轨道时，最大的稀释力量通常在最后一英里才浮现出来。

对于大多数组织，一个成熟的、被证实过的、有着良好组织和良好纪律的、几乎刻板的"推向市场的模式"，就是"最后一英里"。正是在这里，新的想法不可避免地进入了旧的轨道。

一个汽车公司的团队产生了一些新的、激进的想法，即通过新车"试驾"体验建立行业差异性。但是当大多数这样的想法进入旧的轨道，即销售轨道时，想法被延后了，或者被漫不经心地尝试着，或者干脆被丢弃了。甚至过了几年后，这家公司的试驾方法还是保持原样，跟行业里其他公司一样。他们的销售人员太忙于跟客户反复叙述那些老旧的脚本，以至于没有时间来处理任何激进的新的试驾想法。

一家全球化的、从事个人护理产品的大公司想要通过增加一种保健产品来创造新的分类。他们超越了普通的去头屑洗发水，开发了一种防治头屑洗发水，可以预防头屑的产生，而不只是减少头屑。但是在最后一英里，这个新想法进入旧的管道。它发布时用了通常的"投入市场模式"：把它放在商店的货架上，背后用大量广告来支撑。这不起作用。在一段时间的反复尝试后，这个产品被撤出市场。反思后，团队的负责人意识到：

> 我们把一个在销售环节需要跟客户有大量互动的产品投入一个完全事务性的渠道里。事务性的渠道只在需求已经很明确时有用。但是当你想要服务于一种需求，它就不再适用了，当情况很重要但不是很紧急时，就需要一个完全不同的方法。我们必须找到一个渠道，把这些细微的、可见的变成重要的、紧急的。

大多数组织在其销售渠道成熟后就封闭自己，不再接受变化了。一个新的想法出现后就只能要么"适应"，要么"在最后一英里死去"。因此，这些组织只能通过改造新的想法去适应旧的轨道，而不是革新旧的轨道来接受新的想法。

穿越最后一英里的迷雾：补充的创新
Navigating the last-mile fog：complementary innovation

雷迪花了七年的时间制成了善维可，印度第一个本土乙肝疫苗。他本以为只需要花两年时间，但是各种阻碍、问题和挑战使得他花了七年才完成疫苗。最终，他的移轨愿景实现了。他研制成了每剂只要 50 卢比的疫苗，而他的竞争对手的疫苗，每剂要 750 卢比。当然，就像每个人都能看见的，他的"战役"结束了。现在他只需要把他的疫苗投入市场了吗？

然而，对于雷迪，一个挑战来临了：不是一个技术上的或者与官僚有关的挑战，而是一个与销售和市场有关的挑战。他眼前正对着的就是最后一英里的迷雾。

善维可发布后，竞争对手将价格从每剂 750 卢比下调到 520 卢比。一个主要的印度药品公司主动接触了雷迪，提出要帮助他把善维可投入市场。他们已经制定了一个战略：善维可可以有策略地被定价为 519 卢比，这样预计第一年就有 500 万卢比的销售额，第二年有 750 万卢比，第三年将达到 1 000 万卢比。当雷迪向他们询问这些数字从何而来时，他们说这是根据他们之前的经验，"一个新产品可以卖出的价格"。

雷迪的移轨任务是在最后一英里面对旧的轨道。这是一个巨大的稀释的威胁。他的初衷是将疫苗定价为 50 卢比，这样印度大部分人都负担得起。但是这个制药公司却建议定价 519 卢比。在奋斗了七年把疫苗做出来以后，大部分的保守人士都会避免进入到另一个充满迷雾的隧道里而选择妥协。毕竟看到你的产品在市场上卖一个高价也好过不值什么价钱。但是雷迪拒绝让他的移轨想法妥协。他选择穿越迷雾。他决定自己把疫苗带入市场。

为了完成他的让普通人都能负担得起疫苗的梦想，雷迪现在需要一个销售和市场的创新。雷迪意识到，需要有市场创新来让

"原始的善维可"想法成功,而这永远不可能在一个旧的轨道上发生:现有的制药行业。这个行业充满了现有的定价和销售药品的重力。利益相关者也不情愿放弃在市场上价格昂贵的药品带来的高额利润。

所以雷迪招募了一些不同的人,他们有着印度人的自豪感,但没有任何销售和市场的知识。一个医生给这些人员提供了培训,他们开始走入市场。因为善维可的公开,人们开始意识到乙型肝炎的可怕,但是从中获利的却是现有市场的领导者。现有系统开始打压善维可。销售量也上不来。雷迪意识到单纯的公开是不够的。旧轨道的核心在于当地的医生,是他们给病人开处方疫苗的。

当一些医生从竞争对手处收取巨额回扣时,其他的医生在使用善维可,但是向病人收取同竞争对手一样的价格,同时还告诉病人善维可疫苗没有那么好。更进一步,当疫苗以 50 卢比发行时,它最终到零售货柜时已经售价 180 卢比,这里面有批发商、配货和零售商的佣金,还有零售商给医生的回扣。

雷迪需要找到一个方法来克服这来自医生的最后一英里的障碍。这最终触发了一个认识,即疫苗并不需要处方。他带着他的疫苗去了印度医学会(IMA)。他们邀请他在医学会发表演讲,在那里他得到了巨大的支持。同医学会一起,他们想出了一个主意,"直接接触大众",并决定组织一个大规模的疫苗接种营。又一次,出现了很多的抗议和阻碍,这次是来自制药协会和贸易联盟。但是通过印度医学会的帮助,疫苗接种营开始运行。人们开始排队来接种疫苗。

桑塔生物技术公司通过销售每剂 50 卢比的疫苗,在最初六个月获得了 8 000 万卢比的销售额,第一年的销售额是 2.3 亿卢比,第二年是 3.2 亿卢比,第三年是 3.6 亿卢比,远远超过代表了印度制药公司传统智慧的旧轨道的预测(Munshi,2009)。

作为一位首席执行官，想想这个：

通过一系列后续的创新，雷迪穿越了最后一英里的迷雾。通过雇用新的、对这个移轨目标有激情的人，他克服了销售的思维方式的重力（来自传统医疗行业）。然后通过建立疫苗接种营，他进一步克服了中介的重力（来自医生）。在这么做的过程中，他建立了同印度医学会的合作关系，并把医学会变成了合作伙伴，一同来建立接种营。

问问自己："我如何穿越最后一英里的迷雾？"

有多少次，你看见一个新的想法被堵在了最后一英里？重新审视最后一次你把创新带入市场的经历：有多少次执行后续的创新来通过这最后一英里？避免进入最后一英里的迷雾所带来的真正的损失是什么？

后续创新：生命短信

让一个新想法在最后一英里的旧管道里消失所带来的损失不仅仅是销售或者收入上的；它还可以造成生命的逝去，甚至上百万生命的逝去。

诺华制药在他们的抗疟疾药品——复方蒿甲醚——的生产和供应上做出了移轨创新。然而上百万儿童仍然由于疟疾而死去。他们发现，真正的问题出在最后一英里的供应链上，而这个供应链是由国家机构所管理的。诺华制药没有就此停步，而是选择站出来，为了拯救生命，他们继续完成了一个后续创新——生命短信，就这样跨过了最后一英里。

以下是哈佛商学院的案例分析"复方蒿甲醚的挑战"中的描述（Spar and Delacey，2008）：

2005 年 11 月，诺华制药首席执行官丹尼尔·瓦塞拉博士写了一封感谢信给诺华的复方蒿甲醚团队，信里这样写道："我想要恭喜并感谢整个团队的杰出工作，是你们帮助上百万人减轻了痛苦。"到 2005 年底，这个团队生产了 3 300 万剂抗疟疾药物复方蒿甲醚，通过世界卫生组织投入销售。他们总的产出比公司之前预期的提高了 10% 还多，那年仅世界卫生组织的订货量就比诺华制药在 2002 年投放的 10 例制剂多很多倍。

虽然复方蒿甲醚的生产既有效又充足，但一个更深层次的问题来了，即抗疟疾的药品无法在合适的时间到达终端用户。

一份关于"生命短信"的报告这样写道：

> 每 30 秒就有一个儿童死于疟疾。全世界超过 40% 的儿童生活在疟疾盛行的国家里。每年，大约有 3 亿～5 亿例疟疾感染致使 100 万人死去，其中大多数是五岁以下的非洲儿童。随着对抗疟疾药物日渐增长的抗药性，连同大面积的贫穷、脆弱的健康体系以及内乱，疟疾的病死率在非洲持续增长。最可悲的是，大部分的这类死亡是可以避免的。疟疾仍然是一个巨大的威胁，一个主要原因是供应链的问题，虽然我们有那么多治疗疟疾的药物。药物供应没有满足那些发生疟疾的地方的需求，药品的脱销造成生命的流逝。

这是一个巨大的最后一英里的挑战。像诺华制药这样的公司，通过增加生产很容易就能提高产量，他们往市场上投放了足够的药品。但是遗憾的是，问题出在另一头。在很多国家，当分发系统建立起来并运行时，经常缺乏信息。哪里脱销了？下周/下月的预计需求量是多少？如果缺少了这些信息，他们就会面临两个问题：第一，那些药品没能及时到达目的地；第二，诺华制药会收到突然的、紧急的订单。这样诺华制药就不得不迅速提高生产能力，在短时间内完成药品的生产，并且空运到需要的地方。诺华制药不能库存过多的复方蒿甲醚，因为药厂要保证药品尽快出厂并运送到当地，而且在货架上至少放 18～24 个月还保持有效。

面对着这样的最后一英里的挑战，大多数公司会耸耸肩，或者什么都不做。毕竟，分发不是他们能控制的，而是在国家的公共健康系统的管辖下。

然而，直觉告诉诺华制药的吉姆·巴瑞顿，信息技术也许能帮助解决这个供应链问题。2008 年，诺华制药的一个团队连同他们的信息技术合作伙伴 IBM，和一组专门为这个项目雇用的学生一起，设计了一个解决方案，可以解决供应链上信息的缺口。方法是用短信。

短信是一个补充的创新，通过它驱动的流程可以跟踪一些关键健康机构里疟疾药品的库存情况。在每一个医疗机构，保健工人每周一次地把药品目前的情况和预计需求量通过短信发送出去。一个位于中心的数据服务器会统一收集这些信息，然后把报告发给中心健康系统，后者负责监控并分发药品。

在本质上，这个有关短信的后续创新是专门为此而设计的，只需要用最简单的短信应用软件，最普通的手机也能使用。它是对人们动机的一个深层次理解的产物。为了激励保健工人正向、积极的行为，它还提供免费充值。然而，它没有惩罚那些没有按时发送信息的人。它只是鼓励并创造了一个积极的、强化参与的循环过程。

生命短信不是诺华制药可以独立接受的任务，它需要一些合作伙伴。找到志同道合的伙伴不是那么容易的事，但是在很多次对话、很多次陷入死角和很多次失望后，一个鼓舞人心的合作伙伴团队被组织起来。包括了诺华制药、IBM 和沃达丰，它们会轮流雇用一个外部的软件组织——麦兹软件。

坦桑尼亚被选为合作伙伴来试验生命短信，诺华制药在这里发布这个应用，然后推广开来。

第一个试验很成功，很大程度地解决了脱销的问题，回复率高达 93%～95%，数据的准确率也达到 94%，因此它被快速复制到坦桑尼亚的其他地区。IMD 对生命短信的分析报告显示（Marchand，2012）：

> 到 2011 年，生命短信被应用到 5 097 个医疗机构，覆盖了全国 131 个区域。生命短信系统跟踪了包括试验性药品在内的共 5 种抗疟疾药品，通过跟踪快速诊断测试（RDTs），磺胺多辛乙胺嘧啶（一种药品，为怀孕的妇女防止疟疾）后

来被添加进来（Marchand，2012）。

2013年初，生命短信还被推广到肯尼亚、加纳和喀麦隆（Marchand，2012）。

> 作为一位首席执行官，想想这个：
>
> 生命短信曾面对很多障碍。从愿望到真正落地实现花了四年的时间。最初在赞比亚的落地研究带来一些不良反馈，在开始时显示出兴趣的合作伙伴，一个个都退出了。为支持这个项目而投入的费用一直是一个问题。
>
> 大多数安于现状的人只要看到其中一个问题都会退出，但是像诺华制药的吉姆·巴瑞顿和他的团队这样的移轨者却有耐心致力于解决这些问题，最终他们解决了问题，使得项目继续前进。没有什么障碍大到不能克服，也没有哪片迷雾可怕到要去避开。
>
> 你的后续创新跟生命短信相比如何？如果他们可以克服这些最大的障碍，那么你如何从他们身上学习经验，然后做同样的事情？

有产出的评估：移轨者穿越迷雾的工具

Generative reviews：the orbit shifter's tool to navigate the fog

移轨者会穿越迷雾，他们通过把问题转化成一个机会，通过从一个新的角度来解决那些持久的问题，与执行中的稀释做斗争。他们通过后续创新来防止一个新的想法在最后一英里进入旧的轨道并被稀释。

穿越迷雾并同稀释抗争需要做些什么？是否要不停地识别并克服潜在的、把伟大降为平庸的那些稀释的因素？

稀释移轨创新最大的罪魁祸首，是评估的心智模式。在大多数组织里，对创新的评估与绩效评估用的是同一个方法。

若用绩效评估的心智模式来评估移轨创新的话，就会最终使之变成一个"展示和防守"练习。创新团队带着"看上去很好"的目标进去。在这种思维里面，接受一个没有解决的困难或者一个没有答案的问题就等于承认无能。关注点变为，"我应该如何去展示这些数据，让我看起来不会很糟糕？"

另外，评估者的意图是一门心思地找到那些缺口，然后施加一个最后期限的压力。

就像组织里的那些经理们承认的：

● 我们提出建议，但谋事在人，成事在天。就是这样。存在着主观臆断，很多想法还没有被大家知道就被枪毙了。决定从来不是根据讨论和对话做出的。一个演示总是跟随着永不停息的质疑。

● 我们提出建议，展示了计划和想法，通常会等待大家的反馈。没有询问和对话，只是判决式的回复。我们无法辩解或者争论。我们的文化只是拿来和听取。你没有讨论的机会。

● 真正的问题不在幻灯片演示上，真正的问题是之前在阅读和评估时控制的氛围。评估者看了演示材料，然后根据那个就得出一个结论。我的演示有40张幻灯片，却始终无法超越第一张留下的印象。

● 正确的态度是去找出缺陷。但他们只是关注问题。

● 评估的工作是寻找差距。好的地方就不要讨论了。让我们讨论差距吧。

在这种审判式的环境里，一个想法被驳回的原因总不是很清晰。就像另一个人说："它受到了质疑。我不清楚真正的原因是什么。理解这个花了我一天的时间。"

绩效评估被用来处理当前轨道上的问题，根据以往的经验，结果是可以预测的。这里占主导地位的心智模式是"绩效等于不失败"。因此，零错误和零缺陷是主要的管理重点和预期。组织用大量的时间来"寻找错误和缺陷"，人们则经常被逼到墙角，来"保护自己和为自己辩解"。

> 与之相反，执行移轨创新是一个充满了不确定性的任务。这事实上像是一个不间断的旅行，从一个未解决的问题到下一个未解决的问题。评估移轨创新需要的是发现并解决那些从未被解决的问题。
>
> 移轨创新需要一个有生产力的评估，而不是绩效评估。

在执行移轨创新时，团队会面临无论创新团队本身还是做评估的利益相关者都从未遇见过的迷雾和从未被解决的困难。这无法被计划，也无法像任何一个其他的"项目管理活动"那样被评估。就像阿尼尔·内尔所看到的，以下这段话体现出埃尔泰尔使得预付费手机卡可行的与众不同的商业模式创新之旅：

> 我们总是给自己时间表……到这个时间点我们应该完成这个。回头看时，我觉得很蠢。我们本该在规定时间里完成这个"世界首创"的活动，但我们没有达成。正确的答案是什么呢？有可能有很多条路，也许我们本可以更快地完成一些事情，但这都是后话。时间表一般是给项目执行用的，但是对一个世界首创的合作倡议来说，什么是完成的定义呢？

以上很生动地说明了"执行这个移轨创新"的旅程的未知和不确定性。

用"项目管理和绩效评估"的保守思维来穿越移轨创新旅程中的迷雾，是不可能打击稀释的，它只能带来稀释。

被绩效评估所驱使，对于创新的评估目的变为避免迷雾。一方面，为了好看，被评估者回避任何没有被解决过的困难；另一方面，当评估者面对着没有被解决过的困难时，也不会主动去触碰它。最后他们通常都"躲过了迷雾"。用绩效评估的思维来评估移轨创新，不可避免地会规划出一个解决问题的截止日期，最终却没有带来可以用不同方法来真正解决问题的新洞察。

有生产力的评估不会去躲避迷雾。他们和团队一起穿越它。追求确定性的人看见的是缺陷，而移轨者看见的是没有解决的问题。追求确定性的人看见的是错误，而移轨者看见的是教训。就像马西莫说的，"我们坦白地和那些保守者分享想法；我们敢于尝试未知；我们将面对失败，所以跟我们一起走吧。"

有生产力的评估的一个目的就是让移轨者不是去躲避迷雾，而是去穿越它，这成为移轨创新旅程中的一个催化剂。这里的关注点不是去查明现有的状态，而是去发现，"需要做什么才能跨越下一道门槛，如何加速这个过程？"

事实上大多数评估者对移轨旅程的关键贡献是发现迷雾的能力，也就是积极地发现那些没有被解决的困难，识别潜在的稀释因素，并赋予团队能量来克服它们。

评估者对移轨创新项目最大的认识是，他们都处于同样的未知之中；他们都没有正确的答案。相反，在绩效评估中，评估者的思维保持着一种类似"控制和下载"的模式，因为他们是专家和权威。这就是和移轨创新的评估不同的地方。房间里没有一个专家有所有正确的答案。创新评估者需要做的是释放团队的力量，去发现、去面对问题，然后找到新的方法来解决从未被解决的困难。

阿尔拉的卡尔斯顿和埃尔泰尔的阿尼尔都这样说，在世界首创的项目中，没有谁比谁知道得更多，所以他们比以往更加开放，会通过倾听来生成想法。关注点在于过程，而不是评估状态。根据阿尼尔的话：[3]

> 是的，这两个评估非常不同，因为我们关注的事情是之前从未做过的，因此没法在通常的解决方案里找到答案。所以我们问每一个人："你们认为可以做什么？"然后他们会想出很棒的点子。这也会激发人们的创造力。那些聪明人特别喜欢这样，因为他们在做一些从未做过的事情！同时这也是一个非常正向的、积极的因素，能够推动事情发生。但是如果我们是一个独裁的组织，我们听不进别人说的话，这些就都不可能发生。

当面对着评估时，大多数创新者采取自我检查的方法。在准备面对调查性质的评估时，大多数团队会猜想评估者的思维框架，然后积极地准备应对。有这样一个团队，在完成了一个突破性的组合时，决定不把所有的细节跟利益相关者分享，而只分享那些他们认为评估者会喜欢的内容。他们在自我检查。发现了这个后，利益相关者要求他们分享所有的东西，不作保留。他还说："我发现当我给出一个建议，它会被当作一个决定。"这种双方的防御性举动使评估既束缚了被评估者，也束缚了评估者，让他们无法为那些没有解决的问题找到答案，无法真正地创造正向的里程碑。这导致了一连串的稀释。

创新团队和评估的利益相关者是最好的人选，他们能使创新发生并发展。当他们四处结盟来寻找解决方案时，加速了创新的发生并激励了创新者。与之相反，保守派通过识别那些缺陷，寻求如何把困难最小化，保证它们不会在评估时出现。

因此，绩效评估是从一个缺陷到下一个。相反，有生产力的评估发现没有被解决的问题，然后团队成员共同创造，发现解决方案的途径，通过这些途径，创新团队可以克服执行上的障碍（见表7—1）。

表 7—1　　　　　　有生产力的评估不是绩效评估

	对移轨创新进行绩效评估（避免进入迷雾）	对移轨创新进行有生产力的评估（努力穿越迷雾）
意图	● 评估团队和项目。 ● 找到缺陷。	● 让团队进步，使得他们朝着移轨挑战的方向继续努力。
评估者的方法	评价和指导： ● 识别缺陷。 ● 寻找缺陷存在的理由。 ● 压力下的缺陷堵漏计划。	发现和解决方案。 ● 释放并发现没有被解决的问题。 ● 通过有生产力的对话来发现"新的解决途径"。
被评估者的方法	演示和防守： ● 展示紧张。 ● 把缺陷展示为工作尚未结束。 ● 不接受或者不承认"没有解决的困难和没有回答的问题"。	● 分享成功解决困难的经验和浮出水面的没有被解决的困难。 ● 寻求新的方法来找到解决方案。

产生新的解决途径：四个移轨齿轮
Generating new solution pathways: the four Orbit-shift Gears

给一个团队赋能，使得他们为一个从未得到解决的问题发现新的解决途径，是有生产力的评估的核心目的。移轨者利用这四个齿轮帮助创新团队解决未能解决的问题。它们能帮助移轨者穿越迷雾。

在部署第一个齿轮（见图 7—1）时，通过对问题进行"重构"，一个有生产力的评估可以唤起新的解决途径。

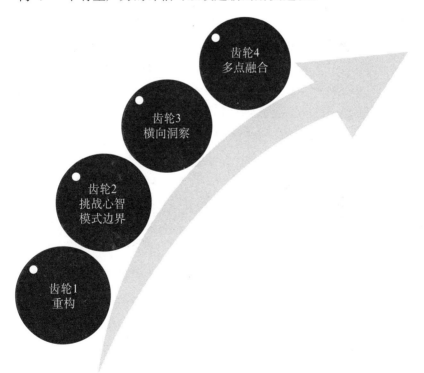

图 7—1 四个移轨齿轮

一个服务机构跟一个巨大缩减人员问题进行拼杀。随着人员流失率超过 60%，它成了致命的问题。当这个团队致力于解决这个问题时，遇到一个评估，第一个问题就是，"我们如何才能停止人员流失?"立刻的反应就是,"钱和职位,这是两个关键的驱动力。为了留住人,我们必须给他们更多的钱或者给他们更快的升职机会。"然而,这些解决方案跟行业里的其他公司的方案没有区别。

每家公司做得都差不多,给市场上那些有潜力的家伙更多的钱和更高的职位。这些方法在吸引人方面是成功的,但是不足以留住他们。团队面对着一面空白的墙。直到一个评估者重构了这个问题,他问道:"当很多人离开时,仍然有40%高价值的人才留下了。我们知道他们为什么留下吗?"现在通过这个问题,他在那面空白的墙上开了一扇门,来探索为什么人们会留下,在一个新的职业维度上,超越了职位和钱,试图发现可以留住人才的洞察。这是一个有生产力的评估。这个评估者不曾评价,他只是重构了这个问题来创造一个新的解决途径:"从留下的那些高价值的人身上得到洞察,识别另外两个超越了钱和职位的留住人的核心驱动力。"这个新的解决途径给了团队希望,他们开始共同寻找一个新的方向。这引出了新的机会。

一个研发团队致力于挑战"用农业废料以最低的成本加工乙醇"。但是项目停滞了。评估后,其中一个没有被解决的问题冒了出来:处理过程中产生了微生物,这些微生物必须被消灭。消灭这些微生物所带来的成本令人望而生畏。在停滞了几个月后,一个评估者用一个有生产力的方法帮助团队重构了这个问题,然后找到了新的解决途径。这个有生产力的评估揭示了,问题出在团队问的这个问题上:"我们如何消灭微生物?"现在问题被重构为:"为什么我们需要消灭这些微生物?如果我们想出一个方法来跟它们和平共处会怎样?"相反,绩效评估的思维方式只会增加压力来进一步"减少消灭微生物的成本"。有生产力的评估重构了这个问题,开辟出一条新的解决途径,目标不仅仅是降低成本,而是完全没有成本。

几个月以后,降低成本的重复尝试还没有得到任何结果。有生产力的评估现在依靠齿轮2来寻找解决方案。评估者用几个问题来挑战团队的心智模式边界：

> 我们目前正在使用的降低成本的方法是在八个步骤的每个阶段都尽可能减少成本。让我们挑战这个神圣的秩序本身。为什么我们需要用八个步骤呢？我们怎样才能使得它变成一步或者两步呢？

这是齿轮 2 在工作。它打开并挑战了根本的心智模式，那些创造了成本问题的心智模式。它使得团队开始重新思考一步或者两步的解决方案，而不是在每个阶段都考虑成本问题。

在一家手表工厂，一个团队尝试了很多方法来为创新挑战寻找解决方案。这个团队接受了这样一个挑战：大幅减少手表安装时间。评估者要求他们描述一下如何识别并解决没有被解决的问题。他马上发现，这个团队曾经有意识地尝试了齿轮 1 和齿轮 2。他们曾经做了很多尝试来进行重构，甚至挑战心智模式边界，但是没有找到突破。他们完全失去了方向，手表安装流程基本上在全球范围内都是一致的。评估者把团队带入齿轮 3 的操作中。他建议他们在手表行业以外寻找一个新的、横向的洞察源。

团队思索着，"还有谁有着跟我们类似的挑战，但是身处另一个行业？哪一个行业也需要爆炸式的增长？谁的产品既希望带来生活方式上的改变，同时也提供基本的功能，类似手表的计时功能？"

团队决定去拜访最近的诺基亚工厂。手机生产流程的第一手经历触发了流程上的创新，引出了一个解决方案，使得手表安装时间减少了 50%。

当使用齿轮 2 挑战心智模式边界不起作用时，有生产力的评估者触发了齿轮 3（横向洞察）来发现解决途径。当这个也不起作用时，齿轮 4（多点融合）被启动。

在一个有生产力的评估中，事业部门的研发团队负责人遇到一个很多年都没能解决的问题。事业部研发团队首先尝试自己来解决，之后甚至尝试和中央研发团队一起寻找解决方案。在历时四年多的多次尝试后，问题仍然没有得到解决。市场形势变得更紧迫了。事业部的负责人需要这个解决方案很快能被推向市场，公司不能再等了。与其给这个项目判死刑（通常在这个阶段的绩效评估都会这么做），有生产力的评估使得团队开始应用第四个齿轮，多点融合。就像研发团队的负责人所说的，"我们尝试了所有我们知道的，我们很明显遇到了瓶颈。我们的思维停滞了；我需要一个'新的视角'来解决这个问题。让我们尝试从完全不同的领域找到这个问题解决方法吧。"他触发了齿轮 4 来找到一个新的解决方案。这个问题被置于开放的创新网络上，在那里有来自各个国家各行各业的 25 万个问题解决者。

另一个例子，罗氏制药与其合作伙伴曾经与同一个挑战斗争了 15 年："当临床样本通过罗氏的自动生化分析仪的时候，找到一种方法更好地测量该临床标本的品质和数量。"转换到齿轮 4，挑战被贴到 InnoCentive 网站上。在两个月内，大约有1 000个人尝试解决这个挑战，全球有 113 个提案被提交上来。罗氏仅用了 60 天就解决了一个 15 年都没能解决的问题。有趣的是，针对这个挑战的研发工作也只用 60 天就完成了，罗氏曾经尝试过的所有解决方案，也出现在来自世界各地的方案中。

有生产力的评估的驱动力量是去发现未解决的问题，然后通过把这个问题的挑战同适合的齿轮对应起来，触发新的解决途径。一个问题越难，就需要越高阶的齿轮。完全被困住的问题不可避免地需要部署齿轮 3 或齿轮 4 来触发新的解决途径。

在过去的 10 年里，组织逐渐意识到，使移轨创新发生的真正的困难是执行。重力和现有轨道里的默认设置毫无疑问地稀释了最棒的创新。面对隧道里的迷雾，大多数组织都会变得失去耐心并想要放弃。

移轨者成功了，因为他们不安于现状，用有生产力的评估来探索并穿越在执行过程中的迷雾，同时打击了稀释。

作为一位首席执行官，想想这个：

世界上有思考者和行动者两类人。思考者想出点子，然后行动者去执行。大多数的战略家在一个大的想法被构思出来以后都变得很倦怠，他们把剩下的执行工作留给那些"步兵"来完成。

你的世界里也有这样的分裂么？这种情况将是稀释产生的一个巨大原因，因为那些创造了这个想法的思考者，在现实中，在执行的阶段，需要去穿越迷雾。正是在这个阶段，想法要么被放到最大，要么就安于最低的标准。

移轨创新需要思考者不只是贡献点子。它需要充满激情的企业家在执行中穿越迷雾，透过迷雾看到光明的新世界。

注释

[1] Erehwon 对于生命吸管的案例分析，基于和法斯特嘎弗兰德森的首席发展官 Navneet Garg 和前首席执行官 Torben Vestergaard Frandsen 进行的有洞察的对话。

[2] 和阿尔拉食品公司负责研究和创新的副总裁 Carsten Hallund Slot 进行的有洞察的对话。

[3] 和埃尔泰尔的前总裁 Anil Nayar 进行的有洞察的对话。

08

市场进入的版本控制和裂变
In-market versioning and fissioning

移轨想法进入市场的第一个阶段不是市场推广的第一个阶段，而是想法成型的最后一个阶段。

移轨者认识到，甚至当一个伟大的想法成功地变成一个可以工作的原型时，创新里程也还未结束。如何使得这个伟大的想法在市场上可行，是他们考虑的主要问题。他们认识到的事实是：

他们现在所拥有的仅仅是一个移轨想法的工作原型，它并未完成。他们之后发现了使原型在真正的市场环境里工作的方法。在这个阶段，客户如何了解并采纳这个新的想法是问题所在，而且即使在最好的情况下，也只有部分问题被解决了。

无论移轨想法被构思得如何精妙，仍然存在相当一部分没有被回答的问题。第一个进入市场的试验将给出新的盲点，也会带来新的机会。

如何做到"使其行得通"而不是"看看它是否行得通"
How to 'make it work' and not 'let's see if it works'

这就是移轨者和安于现状者的关键区别。移轨者没有把"进入市场阶段"看作市场推广的第一个阶段，而是把它当成想法成型的最后一个阶段。他们认识到，新的想法将需要空间来运转，并在市场上演进、完善，这还会影响到将来的大规模部署和增长。因此，他们反复准备、反复演练，使得移轨想法在市场环境里变得更完善。他们的方法是了解"如何使其行得通"。与此相反，安于现状者认为进入市场阶段是市场推广的第一个阶段。因此，他们的目标不是要在市场上发展这个想法，而只是看看它在市场环境里是否行得通；如果行不通，则就此停住。这种测试的心智模式，即"看看它是否行得通"的模式，通常会导致一个移轨想法被过早放弃。

这个进入市场的重力在一个欧洲的组织中暴露出来。该公司总部和区域的绝大多数经理人都感到：

● 我们的试点项目的主导意图是"证明这个想法是行得通的"，而不是"找到方法来完善这个想法并使其行得通"。

● 试点的方法是设计一个巨大的、完美的试点项目来回答所有的问题，关注点是在第一次就做对，而不是"设计迭代试验来学习并完善这个想法"。

● 我们更多的是在展示和测试，而不是发现。

● 我们的试点更像我们的展示，决定做与不做，而不是继续完善，把结果最优化。

● 我们通过测试来发现它是否行得通，而不是努力使其行得通。就这样，我们丢失了很多潜在的巨大机会。

● 如果它在第一时间不能做到100%行得通，我们就不耐烦了，然后给这个想法判了死刑。

伴随着这些令人窒息的期望，这个组织里的所有创新都在成长阶段徘徊着也就不令人奇怪了。不是说大多数组织像这个组织一样不需要做进入市场的试点，而是它们用"通常的商业"工具来做一个移轨想法进入市场的试点。

创新不能用通常的商业运营工具来管理。如果你尝试用根植于确定性的心智模式和工具来管理创新中所产生的不确定性，它首先会带来很多障碍，然后会引起挫折感，最后，如果这个想法没有破灭，那一定也已经被稀释得差不多，看不出最初的样子了。

　　另一个企业在市场上发布了一个新产品：一种健康的零食。他们做了一个经典的消费者测试，然后开始在全国范围内发布。当一个移轨想法进入旧有的销售渠道时，这款产品很快就遇到所有的不确定因素。一个经理反思道："我们不清楚应该把这款零食放在什么位置销售。是在柜台上？在饮料机旁？我们尝试了很多零星的事情。但是我们没有尝试端到端，即销售点的方案。"而且在全国范围内发布，他们必须依靠竞争才能争取到投资。他们没能想出解决办法。这个移轨想法很快就被稀释。冷漠的客户则大多认为这个产品跟其他的没有什么区别，而看不到它的独特性。

　　作为一位首席执行官，想想这个：

　　这个欧洲企业被设计完美试点的想法所迷惑，他们把所有的参数都放在一起进行测试，以此来决定做还是不做。在另一个例子中，这个健康的零食在仅仅进行了一次消费者测试后就开始在全国范围内推广。

　　发布新的健康零食使得团队面临不确定性，很显然这不是因为该产品缺乏竞争力。这其实就是把新产品带入市场可能遇到的真实情况，很多问题确实没有被回答，没有被解决。这些不确定因素需要在一个安全的空间里得到解决，团队还要进一步完善这个想法，从而成功进入市场。这不是一次演练，他们需要尽最大努力使得新想法进入市场时取得成功。

　　事实是这样的，在大多数企业里，创新在发现和设计阶段就开始了，并且在设计完成后便结束了。最后的"执行"阶段就变得和通常的商业活动没有区别了。

　　关键点是"试点"和"进入市场缺乏耐心"。当某个想法在最初的几个月里没有达到预期，通常就被放弃了。

　　面对一个创新，你在哪里显示出"进入市场缺乏耐心"了？

　　用一个"测试"的心智模式把移轨想法带入市场终将是一场灾难。在投入巨资来创造并发展一个有力的移轨想法后，最后的进入市场阶段可能削减并稀释整个想法。

移轨者的心智模式是"使其行得通",而不是"看看它是否行得通"。他们认识到,第一次将移轨想法带入市场,通常会存在很多问题。他们为进入市场后的演进留出了空间。他们为多个想法演进进行设计。他们的态度是找到一个方法来使其行得通,同时通过进入市场的不同版本的产品来实现这个想法,用一个理性的流程来丰富并完善这个想法,使其成功进入市场。

从诺和笔到诺和利特
From NovoPen ® to NovoLet ®

在糖尿病治疗领域的一个重大突破,是 1985 年诺和诺德公司诺和笔的诞生。然而,游戏改变者却是诺和利特,它在 1989 年才来到市场。诺和诺德花了四年的时间和两次进入市场的产品演进来完成最大的突破:从诺和笔到诺和利特。

设计管理学院的案例分析《诺和诺德:为糖尿病患者的设计》指出(Freeze,1993):

> 20 世纪 80 年代初,英国的研究显示,模仿身体本来的机理进行糖尿病治疗会比一天一针的传统治疗方法更有效。当人吃饭时,健康的胰腺会"根据要求"产生胰岛素。如果长效胰岛素可以每天使用一次(维持胰岛素一直在一个基本的水平上),同时短效胰岛素只在吃饭的时候使用(称为"基础联合餐时",一天几次),那么将会是一种最优的治疗。问题在于糖尿病患者不得不随身携带的"药店"上,如果病人想要一天自行注射几次的话。这包括一次性注射器、装着不同胰岛素的小瓶子、针头和其他用具。

就像这篇文章继续阐明的:

> 一个解决方案是胰岛素泵,那是一个小的像随身听一样的装置,通常放在口袋里,把带针头的管子贴在肚子上。针头插入皮肤,就像在医院里往手腕处静脉注射药物一样。病人只需

按一下按钮，胰岛素就注射进身体了（Freeze，1993）。

根据阿恩·斯捷赫尔姆玛德森的研究（2012），诺和诺德意识到：

> 带着一个模仿胰腺装置的基本想法也许是好的，但是从社会角度、个人角度还有卫生角度等其他方面进行考虑，带一个泵在身上这个主意并不好。而且，第一个原型泵几乎需要一个引擎来启动，不方便使用。然而当你身体需要时，可以随时随地提供胰岛素的这个基本想法毫无疑问是对的。简单来说，让我们来做一款更好用的产品吧（Madsen，2012）。[1]

诺和诺德在 1985 年推出第一支诺和笔。诺和笔是一个可以重复使用的胰岛素笔，内置预填充盒。使用者只需要按一下笔端上的按钮，就可以得到胰岛素。每按一次，可以将两个单位的胰岛素注入身体（Freeze，1993）。

诺和笔：第一次进入市场

第一支诺和笔进入市场时，在组织内部并没有得到太多的关注。在本书第 2 章里提过，它更多地被认为是市场的小花招。特别是对于一个专注于核心科学研究工作的公司，让这个关于装置的想法进入糖尿病治疗的核心，遭到很多人怀疑。幸运的是，人们容忍了它的存在。

就像阿恩的研究显示的：

> 由于最高管理层认为这个想法只是一个市场的小花招，他们做了一些关键的决定，其中一些对医疗器械行业的后续发展产生了深远的影响。

> 不申请专利，公开让竞争对手来学习这个想法（作为第一个这样的产品，专利可能会是覆盖面广泛的和有效的）。

> 决定将大部分诺和笔作为免费的"样品"赠送而不是销售它们。

> 这对于一个把诺和笔定位为市场的小花招的想法来说，

是有道理的：这些笔被用来增加用户的忠诚度，期望病人从此以后购买诺和诺德公司的胰岛素（Madsen，2012）。

在两位医生于1985年发布的年度报告中，有一篇名为《"基础联合餐时"的治疗与诺和笔》的文章。伊万·杰森和伯吉特·奥克森伯的这篇报告被引用在诺和诺德1985年的年度报告里，报告中这样写道：

> 诺和笔在1985年被引入丹麦市场，到同年年底，已经有3 000个使用者，相当于丹麦依赖胰岛素的糖尿病患者的20%，这些人每天都在使用这个系统。第一个医疗尝试和一大堆每天都使用诺和笔的病人证实，因为使用诺和笔，病人对"基础联合餐时"治疗的接受度也增长了。

诺和笔使得糖尿病患者的生活变得简单了，因此在医生和患者当中越来越流行。1986年，诺和笔已经在20多个国家展开市场推广。到1987年，全球大约有12万名糖尿病患者使用诺和笔。

诺和笔的这个成功使得公司从怀疑变为有信心；它不再是一个"市场的小花招"，而是未来糖尿病治疗的核心。这个信心和关注导致了下一次产品的演进：二代诺和笔。

二代诺和笔

根据设计管理学院的案例分析（Freeze，1993），市场观察显示：

> 诺和笔主要的缺陷是剂量系统。患者通过按压笔端的按钮来得到胰岛素，按一次就会有两个单位的胰岛素注射入体内。问题是病人需要计数。并且，诺和笔被限制为只提供定期的（短效的）胰岛素，但并不能提供长效的服务。

通过第一次产品的演进，二代诺和笔解决了第一代的一些问题。最初诺和笔的金属材质被替换成塑料，并且使用了一个新的"拨一剂量"系统。二代诺和笔最重要的进步是患者可以注射一次即得到从 2~36 个单位的胰岛素，而一代诺和笔每次只能提供固定两个单位的胰岛素。更进一步，诺和笔现在可以被很多使用长效胰岛素的病人使用（超过 90%），所以它特别适合对 II 型糖尿病患者的治疗。这个产品受到了市场的欢迎。

到 1988 年，诺和笔被销售到 30 多个国家，二代诺和笔被销售到 20 多个国家。有很多褒奖来自那些开心的用户们，诺和笔给他们的生活带来更大的灵活性，其中包括一个年轻女孩的故事，她说她不再为注射胰岛素感到羞耻了（Freeze，1993；Madsen，2012）。

根据设计管理学院的案例分析：

诺和诺德对二代诺和笔仍然不是十分满意。有一件事，一些病人希望可以既有"拨一剂量"的便利，又偏好分量重一些的金属质地的诺和笔的"品质感受"。此外，特别是孩子们，希望有个一次一个单位的选择，而不是两个单位。在美国，人们不喜欢很硬的锁闭系统，他们认为这样很难转动，尤其是对一些老人。

此外，诺和诺德在美国免费送出了上千支诺和笔，但并没有确认它们到达了那些适合使用诺和笔治疗糖尿病的患者手里，而且也没有合适的指导。"医生们把它们像发糖一样给了患者，"市场研究经理劳瑞德说，"那样的话，它们失去了应有的价值，我们也失去了进行糖尿病教育的机会。现在我们学会说，'如果你们有这种问题，那么这个产品是适合你的。'"

对诺和诺德来说，比起几千美国人的不满意，更多的威胁来自竞争对手尝试生产适合二代诺和笔的内置填充盒。它们的成功威胁到了诺和诺德公司销售诺和笔的真正目的：即用诺和笔作为一个载体来销售诺和胰岛素。虽然竞争对手的填充盒曾被证明效果很差，但它们生产出完全一样的填充盒只是时间问题。

诺和诺德还开始面对针对他们胰岛素产品的直接竞争。

现在竞争对手的胰岛素在质量上通常符合诺和笔的要求，诺和诺德必须找到一个方法，来使其产品区别于其他竞争对手，而不是仅仅依赖于胰岛素的质量（Freeze，1993）。

这个威胁触发了下一个革命性的市场挑战。"找到一个方法，来制造一个合适的装置，它不能被复制，又区别于其他竞争对手，从而确保未来胰岛素的销售。"这引出了诺和利特。

诺和利特

1989 年，诺和诺德公司发行了第二个版本的产品，名为"诺和利特"。它是一个预填充的一次性笔，可以容纳 1.5 毫升胰岛素，持续使用几天（差不多一周）。诺和利特更适合用户使用，它的胰岛素是预先填充好的（Freeze，1993）。

就像阿恩所说：

结果是诺和利特成为了最大的游戏规则改变者；它改变了盈利模式，从仅仅基于销售胰岛素变成销售一个预装了胰岛素的装置。

当诺和利特被介绍到一些国家（丹麦、瑞典和荷兰）时，它在短短两年时间里获得了大约整个胰岛素市场 1/3 的市场份额。

1989 年，诺和利特创造了一个新的胰岛素给药分类，即预装胰岛素系统。这个分类产品（包括诺和利特和竞争对手的产品）在 2004 年获得了全球胰岛素销售总量 25% 的市场份额。

诺和诺德花了四年的时间和两次产品演进来发展诺和笔，最终得到完全成功的市场进入模式，并克服了内部的怀疑主义，从被看作一个市场的小花招到成为糖尿病治疗的未来。今天，更多的胰岛素附带在预装笔装置里被销售，其销售量大于附带在可重用笔装置里的胰岛素销量。因此，预装胰岛素笔装置（从 1989 年诺和利特开始）成为最受欢迎的胰岛素给药系统。

作为一位首席执行官，想想这个：

在诺和诺德的例子里，非常幸运，诺和笔第一次进入市场后的反馈是正面的。不像诺和诺德，一些组织尝试让新产品成功进入市场，然而它们的移轨想法在一开始尝试进入市场时并没有那么幸运地击中一个"甜蜜点"（最佳的点）。第一次失败的暗示足以产生怀疑。然后，不是去把这个想法继续演进以获得一个成功的市场进入模式，大多数组织会选择抽身以"将损失降到最小"（Madsen，2012）。

减少内部怀疑并且提高市场接受度，需要做些什么呢？什么是必须做的，以使在进入市场阶段的巨大风险降到最低？思考更多的移轨想法来使产品成功进入市场（比如诺和笔），并有计划地来完成，需要做什么呢？它需要的是一个方法。建立一个非凡的想法，并把它变成一个非凡的事实。

进入市场的第一个阶段不是一个"看看是否行得通"的阶段，而是想法成型的最后阶段。移轨者使用一系列的进入市场试验来推广移轨想法，这成为一个进入市场的成功模式。一个方法是进入市场的产品版本管理，它能使一个非凡的想法成长为一个非凡的事实。

M-PESA 的市场进入演进
The in-market evolution of M-PESA

2007 年 3 月，沃达丰发布了 M-PESA，这是一个关于移动银行的移轨想法。这个想法是希望上百万没有银行账户的人将他们的移动电话转换成移动钱包。

在肯尼亚，人们可以在任何一个认证过的、卖预付费电话卡的 M-PESA 代理那里进行免费注册。这些代理遍布社区杂货店、加油站和超市。

不仅仅是购买通话时间，人们现在还可以付现金来购买电子货

币。通过这样做，他们就可以用他们的移动电话来转账，就像购买通
话时间一样，甚至还可以转账给其他人。他们还可以在代理那里把电
子货币转成现金，提取出来。代理会对每一笔转账收取佣金。

在这个服务刚开始的第一个月里，沃达丰注册了超过 2 万个
M-PESA 用户，到 2012 年，M-PESA 有了超过 1 700 万用户
（Bannister，2012）。

需要怎么做，才能把一个类似 M-PESA 这样非凡的想法变成
一个非凡的进入市场的成功案例呢？

从 2005 年最初的 M-PESA 想法诞生，到最终在 2007 年发布，
经过了一个转变的过程。创新团队花了超过 1 年半的时间，尝试了
很多版本，才得到最终方案。这里要讨论的问题不是 M-PESA 如何
成功或者为什么成功，而是过程，是什么样的旅程使得 M-PESA 从
一个初始提案变成一个更大的市场成功？这个团队如何能对这些变
化敞开胸怀？他们是如何克服了各种困难，并完善这个提案当中的
各种不确定性的呢？答案的主要部分是，M-PESA 用了一种不停进
行版本迭代的方法来完善产品，同时他们的思维方式是"使其行得
通"，而不是"看看它是否行得通"。

初始提案

M-PESA 源自千年发展目标（MDG）。2001 年，沃达丰的尼
克·休斯开始探索公司如何为千年发展目标做贡献。他认为"让
发展中经济体获得金融服务"是一个巨大的市场空白，等待填补。
不是通过传统的银行，而是移动运营商，通过移动技术，用一种
快速、安全并且低成本的方式来提供金融服务。

尼克现在着手寻找一个机会空间，在那里金融活动将迎合那
些没有银行账户的人。他发现了小额信贷，因为它通过便捷的方
式给金字塔底层的人们提供金融服务，促进创业。沃达丰和肯尼
亚的法鲁（当地的小额信贷机构）共同提出了第一个方案。根据
沃达丰的苏西·罗尼的话，该方案的目的是要"鼓励客户用他们
的手机来接受并偿还小额贷款，就像他们购买话费充值一样简单

方便"。关注点显然是在偿还贷款上。小额信贷机构的好处是可以提高企业的效率，使得它的业务能够快速成长，并覆盖很多偏远的地区。

从一个提案到第一个版本的市场发布，这条路上充满了障碍和决策：引入服务器，找到合适的软件，明确小额信贷机构的需求，使得解决方案在斯瓦希里奏效（Hughes，Lonie，2007）。

第一个进入市场的版本

8 个商店和 500 个在不同地点的法鲁客户注册了第一个进入市场的服务版本，服务从 2005 年 10 月 11 日开始运行。引用苏西的话："激励机制是一个免费的电话和在 M-PESA 账户里的几块钱。"

他们几乎立刻就遇到第一个障碍，代理不情愿把现金支付给那些来提现的客户。所有的商店都在收钱，但是要把钱还给客户却需要一个信念上的飞跃。想象一下这个场景，客户把短信给店员看，然后要求取回现金！后来通过 M-PESA 当地团队甚至总部的反复保证，又通过给代理另外的 M-PESA 备用现金，这个问题得到了解决。

另一个突然出现的问题是 SIM 卡的丢失。就像苏西所说：

> 一开始我们遇到的问题是，客户丢失了他们的 SIM 卡，不是丢了手机，只是 SIM 卡。这怎么可能呢？我们慢慢了解到，也许一半的客户都有自己的手机，他们不愿意带着两个手机出门，所以他们把 M-PESA 的 SIM 卡放在皮夹里，需要转账时才拿出来装到手机里使用。SIM 卡非常小，当 SIM 卡没有装在手机里时，的确很容易丢。另外，很显然，如果 M-PESA 功能没有在 SIM 卡里配备好，那么即时转账就有问题了。在发出了第一批替换卡以后，我们很清楚地知道我们一定要解决这个问题，然后我们就想出了 SIMEX 卡。SIMEX 卡是没有附带电话号码的 SIM 卡。如果你丢了你的手机，但是在重新申请替换的 SIM 卡时还想要保留原来的号码，可以使用 SIMEX 卡，并把你原来的号码转过来。所以我们预制了

一些 M-PESA SIMEX 卡，把客户的号码转到它上面，然后把他们的 M-PESA 账户转到他们的电话号码上。这样丢失 SIM 卡的情况很少发生了，而转账的次数增加了。现在看来这些都是顺理成章的，但在当时，对于第一个实验项目来说，这可是一个很大的进步（Hughes，Lonie，2007）。

虽然有障碍和问题等着被解决，但完善这个提案的机会还是逐渐呈现出来。基于市场领先的指标，进入市场的提案也在不断完善的过程中。在两个月内，一个附加的功能被添加进来。M-PESA 团队看见一个商业机会，即允许消费者用他们的 M-PESA 账户里的钱来购买预付费通话时间。

而且，M-PESA 团队开始注意到他们的客户有一些意外的收获，来自他们所谓的客户的创业行为。他们发现了不寻常的转账痕迹。实地调研揭开了这个创业行为的真相。就像苏西·罗尼说的，在他们定义的标准的贷款偿还业务之外，他们观察到一些其他的应用：

- 人们提供为其他人偿还贷款的服务。
- 商业上的交易支付。
- 一些大型商业活动使用 M-PESA 作为一种隔夜安全措施，因为银行比那些代理商店关门早。
- 人们在那些第一批提供 M-PESA 服务的地区旅行时，在一个地方付了订金，几个小时后在另一个地方的代理那里取消。
- 人们直接给他们在国内的亲属发送从 M-PESA 购买的通话时间，作为一种非正式的汇款方式。
- 在尚未提供相应业务的地区，人们因为一些特别的原因以此转账，比如，一位女士的丈夫被抢劫了，所以她转了一些钱给他，让他能够有钱搭巴士回家。
- 人们替那些不是手机机主或者把手机卖掉了的同事们偿还贷款，作为回报，他们得到现金（Hughes，Lonie，2007）。

第一个产品版本带来的市场洞察揭示了更大的机会

到现在为止,有两件事对于 M-PESA 的团队来说是很显然的。一方面,他们现在从事的事情比刚开始想象的要大很多。这个想法远远不止"在手机上偿还贷款"那么简单。另一方面,这个业务给终端消费者带来的好处也远远比法鲁要大很多。在一个层面上,法鲁与 M-PESA 项目之间存在一个问题,原因是它的小额贷款客户不再参加团队会议,而这个团队会议被法鲁认为对于小额支付来说是非常核心的。另外,还存在着互联网连接和财务对账上的操作层面的困难。

在第一个产品版本推出之后,沃达丰的商务团队一起开了一次讨论会,会上 M-PESA 团队澄清了这个更为巨大并且有更引人注目的价值提案:"把钱送回家"。

苏西这样描述道:

> 在肯尼亚,就像大多数发展中国家的市场,很多家庭都有人在外工作挣钱养家。实际上,和我共事的每个肯尼亚人都会把钱寄回家。他们使用各种各样的手段寄钱,通过巴士递送伪装得很好的包裹,或者找到一些人顺路把现金带回家。不管怎样,在一个高速公路抢劫很普遍的国家,这些手段都有很大风险。而更多正式的手段,类似西联汇款之类的,由于价格很贵,网点又少,而且在农村还很少有可以取钱的地方,因此不流行。

> 因此发布的服务只提供三个功能,目的是提供相对简单的功能,使得消费者容易理解,容易使用。用户可以在代理商店付订金或者取消并提钱,可以点对点转账(P2P),并且购买预付费通话时间。

从 2005 年 10 月到 2006 年 10 月,M-PESA 花了一年的时间来进入市场,期间版本不停迭代更新,直到完善为一个进入市场的成功模式。开始时占主导地位的想法是辅助一家小额信贷机构和它的客户,关注贷款偿还的 B2B 模式;之后演变为一个关注客户的方案："把钱送回家"的 B2C 模式。

第一次进入市场是试验性质的，但是 M-PESA 团队从一开始就没想要去评价。他们没有去评估和评价这个项目是否行得通。他们的目标是想办法找到一个方式，使得移动支付变成一种引人注目的服务。

把之前的"移动预付费商店"变成出纳，需要解决若干操作层面的问题。

苏西这样说：

> 这个经历还充分说明，没有什么能够代替一个项目在落地的开始阶段花费大量的时间来评估客户的需求，而且要在设计任何技术解决方案的功能规范之前完成评估。我们还学习到要保持它的简单。当它从一个试验性的项目演进到现实的系统时，大量的产品复杂性被剥离，使得 M-PESA 以一个简单的服务的状态进入市场（Hughes，Lonie，2007）。

作为一位首席执行官，想想这个：

首次进入市场的试验规模足够小，以至于能够在消费者价值和渠道价值主张上进行快速推进。这个规模也适合 M-PESA 团队来快速认定并解决操作层面的问题。另一个有帮助的做法是核心团队亲自在市场第一线工作，没有按照惯例将任务委派给销售和操作团队。进入市场的版本管理为改进预留了空间，以此推进一个移轨的想法，直到它成为一个成功的市场进入模式。在 M-PESA 的案例中，最终成功的提案跟开始的提案相差甚远。你进入市场的版本试验不仅仅能完善一个新想法，让它成功进入市场，还可以有效降低移轨想法的风险。你进入市场的模式跟 M-PESA 的模式相比如何？你的组织进入市场的模式设计，它的想法推进，甚至改变，是按照 M-PESA 的方式做的吗？

进入市场版本管理的力量：《戴尼克·巴斯坦》
The dynamics of in-market versioning：*Dainik Bhaskar*

M-PESA 生动地描绘了需要怎么做才能把移轨想法变成一个进入市场的成功模式，这个变化是可以设计出来的。

《戴尼克·巴斯坦》的经历走得更深入，使得进入市场版本管理变得更实用。

当他们在一个新的城市推广他们的报纸时，《戴尼克·巴斯坦》设计了一个戏剧性的市场进入策略，一个在报纸行业创造了历史的策略，使得他们"第一天就成为领导者"。在艾哈迈达巴德，出现了报业历史上一个重大的成功，第一天的发行额是 45.2 万卢比，远远超过 35 万卢比的市场领导标杆。

《戴尼克·巴斯坦》通过"和市场一起做一张报纸"的移轨想法成为市场领导者。艾哈迈达巴德有 120 万户家庭。《戴尼克·巴斯坦》雇用了 1 050 个充满热情的年轻学生，尝试针对 120 万户家庭进行市场调查。不是抽样调查，而是对整个市场的普查。他们最终完成了对 80 万户家庭的调查。读者们都很好奇，也很友好。这是第一次有人问他们，他们喜欢在报纸上看到什么、读到什么，确实有人咨询他们了。然而，这个巨大的调查活动只是第一轮工作。《戴尼克·巴斯坦》的团队用从调查里得到的信息创造了一个报纸的小样。于是调查人员带着报纸小样，重新回到那 80 万户家庭，开始第二轮的市场调查。他们给每个客户看他们计划中的报纸，指给客户看他们的意见体现在哪些修改里，并留给他们优惠券和一条信息。"如果你喜欢这份报纸，把这张优惠券给你的报纸商家，这样他可以在报纸发行的第一天就给你送来。"超过 50 万户家庭都同意了。这可能看起来像一个"战术活动"，但这其实是一个策略性的动作。收集了优惠券的报纸商家不需要再被说服这张即将发行的报纸的受欢迎程度，优惠券已经说明了一切。因此，在把这张报纸投放到市场的过程中，二者变成了亲密无间的合作伙伴。因此，这些工作看起来是一场大型的市场调查，其实是一个移轨的市场进入策略。从第一天起，付费报纸发行额就达到 45.2 万卢比。

但这不是一蹴而就的，这不是《戴尼克·巴斯坦》想出来的第一个想法。这个移轨市场进入策略是在一系列的进入市场版本推进之后产生的。

报纸均在特定城市发行。《戴尼克·巴斯坦》的家乡是博帕尔，那里有一份印地文报纸。在第一次进入市场时，他们选择在斋浦尔发布，与拉贾斯坦邦相邻的一个邦，那里的语言是一样的。这是一个新市场，但是有同样的语言。他们继续将报纸发行到同一个邦里其他的城市。然后，他们下一个重大的举措是进入昌迪加尔。那里的语言相似，但不同，主导的报纸用的是英文。正是在这里，他们完善了这个市场调查的提案。从昌迪加尔出发，他们继续向另一个邦进军——哈里亚纳邦。只有完善了进入市场的想法，他们才能继续往艾哈迈达巴德和古吉拉特发展，并取得成功，要知道那里的市场和语言都是他们完全不熟悉的。所以，是这一系列进入市场的工作才最终使得他们的"进入市场"策略得到突破，"发布第一天就要成为第一名"。他们是这样做到的：

> 为了降低风险并最大化一个新的想法，第一个进入市场的产品版本在条件最好的地方发行，这里的市场条件也是最好的，同时由最好的团队来执行。挑战是要想出一个进入市场的成功模式，在理想的条件下，通过多重的进入市场实验，来实现这个新想法。

他们的第一个市场是斋浦尔，他们的野心是做到第二，即 5 万份的印数。这是一个大胆的挑战，从未有人做到过，尤其是在报纸行业，因为人们的阅读习惯是很难改变的。所以《戴尼克·巴斯坦》团队决定约见一些读者来搞清楚他们的阅读习惯，并思考如何改变。在这些调查中，他们发现了一个洞察：

> 报纸的选择受到强烈的个人习惯主导，每个人都有自己选择的权利。报纸购买是一个独立的选择，不依赖于其他的因素，因此，要了解这个城市的人们的阅读习惯，需要接触

每个人，而不是随机访问某些人。

他们最终想办法约见了多达 20 万名的客户。

虽然他们只是着手了解报纸阅读习惯，但在这样做的过程中，他们发现了其他一些洞察：同每一名消费者的见面都不仅仅是一次调查访问，而是一个建立信任的好机会。因此，互动的过程必须是一个体验提升的过程。所以，一开始设定的例行调查被转换成体验提升的互动，这就提高了潜在客户的体验，并提升了他们对报纸的信任度。

> 第一个进入市场的版本出现在斋浦尔，参与者包括《戴尼克·巴斯坦》最好的团队和股东。这给了他们勇气和能量来首先构思一个激进的战略：调查所有人，并把调查转换成一个"建立信任和提升体验的互动"。他们有最好的条件，他们有权利，也有灵活性，不仅仅是提高一点点，而是在现场完成战略的转变。这是可能的，因为这是第一个产品版本，有着最好的条件。但如果这个战略已经在全国范围内推广，改变就会变得困难，哪怕一个很小的改动都需要花上很长时间。

当他们在建立体验提升的联系时，产生了下一个，也可能是最有力量的洞察。"回到所有市场调查的对象那里进行第二轮的调查会怎样？这一次，要向他们展示报纸如何采纳了他们的反馈，并邀请他们提前订阅。"一个提前的报纸订阅！这闻所未闻，但是它取得了惊人的成功。这是一个突破性时刻，《戴尼克·巴斯坦》要求客户提前为一张他们还没有看见的报纸付费。他们没有认为这个想法太激进而拒绝执行，相反，他们回到那里开始工作，琢磨着需要怎么做才能使其发生。

又一次回到这个挑战，他们思考："如果我们真的要求客户提前支付，我们需要为他们创造一种怎样的体验呢？"这又带出两个后续的问题："这样做的主要顾虑是什么呢？这些顾虑如何能被克服呢？"

团队意识到客户有两大恐惧：

- 恐惧看到意外，得到一些他们不想要的东西。
- 恐惧在一个糟糕的交易中受到经济损失。

为了克服第一个恐惧，团队产生了和客户一起完善这个产品的想法。所以他们走访了每一个客户，并询问："什么是你从现在的报纸上没有得到，但又是你想看到的？你希望你的报纸为你做什么？"然后，根据反馈，调查团队重新回到了20万个访问家庭，向他们展示了采纳他们的意见改进后的报纸。

> 把一个移轨想法变成一个进入市场的成功，不仅仅需要解决问题。它需要创新团队发现并部署新的机会来最大化这个想法。
>
> 《戴尼克·巴斯坦》的最后一个版本的城市发布战略跟第一个版本相差甚远。这是因为他们发现机会并快速做出改变。比较一下，第一个实验性质的发布在态度上主要关注于解决操作层面的问题，而不是去发现并转化机会。

团队意识到，如果需要，关键在于使得每次交流的体验提升并建立信任。伴随着这个认识，进一步的经验是流程不能外包。他们必须自己做。他们还意识到，需要通过从市场上招募当地人来完成工作，因为他们会被理解、被信任。这导致了另一个革命性的动作：通过招募当地人来完成每个城市的客户交流。在每一个新的城市，他们将招募500~1 200个短期调查员。

> 这些移轨洞察来自哪里呢？一定不会来自坐在遥远的博帕尔舒适的办公室里的领导团队。调查员是挨家挨户地进行访问，《戴尼克·巴斯坦》的领导团队就跟调查员们一起在现场，下午和晚上都要开讨论会。所以他们可以得到第一手洞察信息，这是没有被过滤的信息，来自真正的市场前沿。他们这样也能够快速做出反应，针对一些特别的情况和问题，迅速提高、改变、调整；同时也能快速学习并把经验应用到市场上。

决定专门招募员工简单，但是随之而来的下一个挑战是，"我们如何让这些临时员工建立归属感？"在每一次交流中建立信任，需要每一个调查员展示出巨大的自信和对这个目标的认同："你如何通过临时员工做到这些？尤其是当这些临时员工都是大学生或者刚毕业的人时。就算是普通员工，这也是一个困难的工作。那些大学生应该怎么做呢？"

《戴尼克·巴斯坦》尝试了不同的方法来建立激励和归属感。

第一，他们意识到来自小地方的年轻人很少遇到机会，因此他们一旦得到机会，就会给出承诺。《戴尼克·巴斯坦》来到一个新的城市，当然会雇用当地的年轻人。那些在调查中表现很好的年轻人会立即在下一轮变成团队主管，从长远的机会看，他们会被《戴尼克·巴斯坦》正式雇用。年轻人遇到一个机会，就会跳出来展示他们的能力，整整三个月的两轮调查变成了一个紧张的、很有价值的招募过程，也能够在工作中发现有潜力的新人。

第二，他们创造出来的培训项目，给年轻人一个在关键领域磨炼他们工作技巧的机会，在传统的学院教育系统里通常不会有这样的培训。所以所有人，不管最终是否被《戴尼克·巴斯坦》雇用，都在学习那些能给他们带来工作机会的关键工作技能。

除此以外，《戴尼克·巴斯坦》表达了对他们的真正关心。在艾哈迈达巴德，当温度最高时，一些调查员会晕倒或者生病，公司马上就会提供及时的治疗。当团队开始他们一天的穿越城市的工作时，各种能量饮料会交到每个团队手里。而且，最高管理团队总是跟大家一起待在第一线，清晰地传递着这样的信息，"我们在和你们一起工作。"

《戴尼克·巴斯坦》认识到每天走街串巷，敲开一扇扇门，跟无数个陌生人谈话，不光是体力上，而且在情感上也是一个很磨人的任务。因此，他们每天出发前，都会有一个振奋人心的出发仪式。他们会在一个很大的场地里聚集800～1 200个年轻的调查员，然后唱一首祈祷歌曲——《给我们精神上的力量》，来自印地语电影 Guddi。每天清早，当歌声在广场里回响时，都能营造出信任和友情的氛围。傍晚，他们会在一个回顾总结会议后结束一天的工作。团队成员在每天开始和结束时都充满能量。

当调查战略第一次在斋浦尔落实到位时，《戴尼克·巴斯坦》超越了他们以5万份印数成为市场第二的愿景，他们最后在斋浦尔的印数达到了172 347份。他们不再只是第二，而是从第一天起就是第一。往日的领导者，《拉贾斯坦邦派垂卡》，也只有10万份的印数。

《戴尼克·巴斯坦》进一步在其他四五个拉贾斯坦邦的市场上继续采用并加强了这个战略，语言仍然是印地文。在这些市场里获得成功后，它决定进行下一步飞跃：进入昌迪加尔，在那里英文的报纸《论坛报》占主导地位，而不是印地文报纸。

对于《戴尼克·巴斯坦》，昌迪加尔使得团队离开了他们的舒适区。

坚守着他们的目标，他们和整个市场一起创办了这份报纸。但是在这里，他们发现了一个洞察，这跟拉贾斯坦邦的一系列成功完全不同。

在昌迪加尔，英文报纸的销量好过印地文报纸，大约多六个点。在这个城市，要卖好印地文报纸被认为是不太可能的事情。

所以他们又一次走街串巷，访问了22万户家庭。他们发现，昌迪加尔的每户人家对印地文的报纸都抱有好感，在很多情况下，相比英文，他们偏向印地文。然而他们却购买英文报纸，这背后的原因不是因为他们偏爱英文，而是因为英文报纸的质量更好。

30年来，在昌迪加尔，英文报纸比印地文报纸好卖很多，每个人都认为市场就是偏爱英文报纸。但事实上，这只是因为报纸的质量。这与设计相关，与消费者把它们拿在手里的感觉有关。

一旦《戴尼克·巴斯坦》的团队意识到设计在其中很重要时，他们不仅仅把它放在最重要的位置上，而且更进一步，把昌迪加尔的当地方言纳入设计当中。他们在报纸里混合使用印地文和英文，使得它成为一份真正属于昌迪加尔的报纸。

这样一来，他们就给自己创造了一个没有任何争议的市场空间。英文报纸之间在互相竞争，印地文报纸之间也在互相竞争。但是从没有一份"印地英文"报纸。只此一家。

当他们在昌迪加尔发行时，又一次，从发行的第一天就已经

成为行业领袖。《戴尼克·巴斯坦》的印地英文报纸第一天就卖出
6.9万份，打破了之前的领袖——英文《论坛报》5万份的纪录。

在艾哈迈达巴德的发行，对《戴尼克·巴斯坦》来说，是
"可扩展情况的版本"。这一次他们进入的市场，主导语言是古吉
拉特语，一种他们完全不熟悉的语言。在艾哈迈达巴德获得的成
功，意味着他们获得一个进入市场的成功模式，一个新的、可以
扩展到全国28个邦和22种官方语言的模式。

《戴尼克·巴斯坦》用一个有创业精神、野心勃勃和充满激情
的团队和五六个市场的进入实验，想出了一个移轨的市场进入战略，
这将使得他们又一次在第一天就成为市场领导者。没有稀释他们的
野心，他们想出了解决方案并且发现了新的机会，来把移轨想法提
升一个层次。在艾哈迈达巴德发行时，他们已经准备好了一个移轨
的战略来获得成功，尽管竞争对手们都已经了解《戴尼克·巴斯坦》
的动作。竞争者只看到战略的表层：遍布整个城市做市场调研的年
轻人。但是他们无法看到这个市场进入战略内在的不可见的力量。
如果他们不理解真正的意图和流程，他们不可能挫败《戴尼克·巴
斯坦》，甚至连攻击《戴尼克·巴斯坦》都做不到。

作为一位首席执行官，想想这个：

建立一个移轨想法并使之成功进入一个市场不仅仅需要
解决问题的能力。它还要求创新团队发现并部署新的机会，
来使得这个想法最大化。

《戴尼克·巴斯坦》最后一个版本的城市发行战略和第一
个版本相差甚远。这是因为他们发现并及时做出调整，同时
发现新的机会。相比之下，对待一个实验性项目，在态度上，
要更加关注解决操作层面的问题，而不是对发现并转化机会
更敏感。

大多数的大企业不会有《戴尼克·巴斯坦》这样的耐心。
进入市场的成功需要积累和逐渐建立的过程，进入市场必须
在了解市场之后。大部分人不会这样逐步地建立对市场的了

解，而是简单地舍弃了这个想法。

毫不奇怪，他们相信所谓的创新成功率不到 10％ 这样的说法。就像一个组织所说的："我们随机地尝试，来实现一个好的想法。所以我们同时有四五个构思，希望其中一个会成功。"这个"撒了胡椒面然后祈祷"的模式被大多数大型组织所采纳，10％ 的概率实际上也成为一个自我实现的预言。

你是正在逐步积累，还是在撒了胡椒面然后祈祷的过程中？

进入市场版本管理，而不是试点
In-market versioning, not piloting

移轨者相信，无论移轨想法被构思得如何精妙，总是还有很多问题要回答。第一次进入市场的实验会产生新的盲点，也会产生新的机会，等待得到进一步的发展，并转化为一个新的想法。在试点和测试中，仅有好心态显然是不够的。经典的项目管理模式显然不适合充满不确定因素的路线图。

M-PESA 和《戴尼克·巴斯坦》展示了把一个新想法带入市场时解决不确定因素最有效的方法，即一个进入市场演进的流程：一系列进入市场的尝试能够系统地发现并解决那些未被回答的问题，也会发现机会来使得市场影响最大化。所需要的是市场进入的版本控制，还有在"使其行得通"心智模式下的态度和方法，而不是由"看看它是否行得通"的心智模式指导。

这些移轨者认识到，面对移轨想法，有两个关键的未知：客户参与和渠道参与。同样重要的第三个未知来自内部：组织内部执行团队的参与和归属感。

来自移轨者的洞察揭示出，为了把移轨想法变为一个进入市场的成功模式，需要的是市场进入的版本控制，可分为三个阶段：最佳情况、实际情况和可扩展情况。

市场进入的版本控制的三个阶段能够系统地发现那些没有被回答的问题，并为三个关键的未知完善解决方案。

市场进入的版本控制：最佳情况、实际情况、可扩展情况

最佳情况的版本

第一个市场进入版本是在最佳情况下进行的。

市场选择的总是那个跟客户互动最好、分发渠道准备得最充分的产品。最佳情况的版本控制只关注客户参与。唯一的意图就是完善一个"客户价值提案"，一个可以使尽可能多的客户参与进来的提案。组织内部最好的团队，就是创新团队本身直接参与执行。这些都是为了使得可控变量最小化。另外两个变量，渠道和执行团队的参与，被确保是"能够获得的最好的"，所以"执行的能力"就不再是个挑战，关注点可以不用分散到完善和嘉奖客户价值的提案上。

举个例子，M-PESA 选择地点的第一个原则就是方便到达。三个被选中的地点分别是：内罗毕市中心、马萨（20分钟路程）、锡卡（一个集市的镇子，大概一个小时的路程）。第二个原则是，就像苏西说的，"团队需要理解如何使用手机，同时乐于服务，所以我们可以拥有一个良好的开端。其他的（更少使用手机）团队稍后会考虑。"

类似地，《戴尼克·巴斯坦》选择斋浦尔，也是因为这是邻近的一个城市，语言相近，都使用印地文，属于条件最佳的情况。

最佳情况版本推行的最后，M-PESA 和《戴尼克·巴斯坦》都发现了另一个点，"倾斜的客户提案"（Hughes，Lonie，2007）。

实际情况的版本

结束了在最佳情况版本里的一个成功的客户价值提案后，创新来到了"实际情况的版本"中。

现在的执行团队是真正的"进入市场的团队"，而不是最好的团队。而且，选择的市场也不是最好的，而是普通的市场，那里的客户和渠道都是目标市场最自然的代表。在真正的市场条件下，客户参与提案是已知的（虽然以后会继续推进）。需要被解决的关键的未知是渠道和执行团队的参与。在继续推进成功的客户价值提案时，实际情况的版本关注于找到方法来使得团队和渠道参与进来，从而使移轨想法获得成功。团队必须准备好经过很多版本的迭代，直到产生一个成功的市场进入模式，这个模式可以清楚地阐明一个成功的客户价值提案和实践，使得团队和渠道参与进来，使得执行更有效。

对于《戴尼克·巴斯坦》来说，离开斋浦尔到其他几个市场发行才是实际情况的版本。他们着手进入一个不太熟悉的渠道，和另一个团队去实现跟第一个市场同等级别的胜利，并想办法获得同样的影响力。

可扩展情况的版本

一旦移轨的主张在真实世界里实现了所承诺的影响力，它现在就可以被带入可扩展情况的版本阶段。

可扩展情况的版本的关注点是提升市场进入模式到另一个层次。在那个层次，它可以在大范围的目标市场里实现承诺的影响力。

现在，一个市场/一类市场被选择，客户参与、渠道参与和团队参与这些可扩展的变量开始一起发挥作用。

对于《戴尼克·巴斯坦》，在艾哈迈达巴德的发行是第一个"可扩展情况的版本"。他们必须想出办法来达到和第一个市场同样水平的成功，但这是一个语言和文化不同于之前的新市场。他们成功的市场渗透战略以市场调查为中心，确保"体验提升的客户交流"。这些交流必须通过当地招募的调查员用当地语言来完成。

招募和培训调查员，然后完善调查，来使得他们在艾哈迈达巴德的市场条件下获得成功，就是他们的"规模的变化"。M-PESA必须处理好一个不同的"规模问题"。既然只是一个小型的试点，肯尼亚中央银行并没有太多关注这件事情。但是当它的规模扩展到肯尼亚全国时，他们不得不建立了一个新的信托公司来操作M-PESA。现在他们不得不和银行系统、监管机构合作，来满足中央银行设置的所有控制要求。这些要求在扩展中须满足法律和监管上的要求。

就像《戴尼克·巴斯坦》和M-PESA展示的，在规模条件下，因为社会文化不同而产生不同的客户参与，渠道参与中生态环境的不同，加上当地招募的情况，甚至法律上的迫切性，都必须被充分考虑并加入提案的设计中去。

可扩展的移轨：不是瀑布式，而是不同地域的裂变

Scaling-up the orbit shift：not cascading but fissioning across geographies

在一个市场上获得成功后，传统的组织喜欢将成功的模式变成一个配方，然后瀑布式地洒到不同的地域。对于一个传统的经理人："一旦一个创新在一个市场上获得成功，我们就会把这个成功的配方复制到其他的市场。"

这个在增量成长上是有意义的，但是在移轨创新上尝试简单地在不同的地域复制成功的配方，会遭遇很多障碍。

一个组织的一名高级经理人解释道："不同市场的标准不一样。我们做了一个试点，然后把它标准化并且推广开来。举个例子，一个程序在德国东部经过了测试，但是当它被推广到整个德国时，在一半的地区是失败的。"

另一个组织里的一个经理分享了类似的经历：

我们曾经介绍过一款差异化的产品，"有免疫功能的茶"。这是一个大的突破，我们实际上是把免疫的功能添加到茶里

面。在同类产品中，这是第一款。它在一个地域大卖，但也只在这个地域大卖。其他地方都不行。通过消费者研究发现，它曾得益于意外的季节性销售。为了在其他地域也取得同样的大卖，必须要重新制定市场战略。仅仅复制是不够的。

事实上，甚至一个想法在某个地域成功后，移轨的过程也没有结束。把一个移轨想法扩展到其他地域需要不同的做法。新的市场和地域甚至可能敞开大门欢迎一个移轨想法，但是要使其成功，创新者必须一直同对现有轨道根深蒂固的信仰做斗争。一旦开始时大张旗鼓的发布结束，如果这个想法表现不佳，人们的第一反应就是："我们的市场是不同的，这个想法在这里行不通。这个在你们的市场是好的，但不是在我们这个市场。"

移轨者认识到，扩展一个移轨想法就像是建立一个社交活动，当这个想法在本地的社区反响很好时，在其他社区的试点却失败了。希腊的民主和美国的民主很不同，同时又和印度的民主相差甚远。仅仅尝试复制第一个市场的成功配方是不行的。无论一个移轨想法在之前的市场里有多么成功，它仍然可能在另一个市场失败。移轨者要真正地认识到每一个市场都有它独特的地方，这就需要调整移轨想法来适应市场的要求，而不是盲目地复制。

在不同地域扩展：回铃音
Scaling-up across geographies："Ring BackTones"（RBT）

回铃音就是被一个移轨挑战（货币化网络中没有被货币化的部分）触发后产生的移轨想法。韩国电信的一个合作伙伴致电韩国电信的 WiderThan 公司，提出了这个想法。得到了韩国电信的支持，这个想法在韩国取得了巨大的成功。

WiderThan 的亚太商务团队之后在 2006 年建立了移动接入公司，来负责回铃音业务在韩国以外市场的拓展。

WiderThan 首先进入的市场是菲律宾和印度尼西亚，在那里他们马上遭遇了第一个预计到的障碍。"这是一个针对韩国的解决

方案，我们的市场是不一样的。""韩国的回铃音解决方案是为
CDMA 网络设计的，你们需要证明这个方案在 GSM 网络上也行
得通，而且网络使用将会是安全的。"

回铃音服务是第二代电话增值服务的一部分。第一代的增值
服务有下载墙纸、铃声和游戏等，用户只需要下载适合的业务到
他们的手机上。所以网络需要做的就是承载这些业务。然而，第
二代的电话增值服务，像回铃音服务，就要比第一代复杂很多。
它们是承载在网络上，而不是手机终端上。任何时候用户想要在
电话当中播放一个回铃音，网络就会被激活。它不只是主叫拨打
被叫，它会搜索网络来得到设置好的回铃音，然后播放出来。所
有这些都必须令用户不感到延迟，旋律必须马上播放。因此要承
载回铃音服务，需要网络进行大量的重新设置。这使得移动运营
商很担心他们复杂并敏感的设备会受到影响，这样执行就会出问
题。他们想要一个完整的担保，第一，他们的核心网络不会受到
影响；第二，当承载回铃音业务时，用户正常的通话不会被打断。
在新的地域的运营商想要感到安全。虽然这只是一个网络功能，
但他们需要他们的合作伙伴确保回铃音服务不会影响到他们现有
的网络运营。

为了让运营商从怀疑变为相信，WiderThan 采取了一个战略：
先寻找一个网络合作伙伴。他们开始同在菲律宾主导网络设备的
提供商诺基亚合作。诺基亚很感兴趣，因为回铃音服务对他们来
说是一个新的产品，可以通过网络功能来提供增值服务。当诺基
亚开始和 WiderThan 紧密合作来解决任何网络上的问题时，运营
商得到了保证，并决定尝试一下。

扩展中的第二个障碍是市场情况不同。韩国大部分是后付费
市场，而菲律宾和印尼大部分都是预付费市场。

在像韩国这样的后付费市场，客户会定期去手机分销商那里，
或者购买网络连接服务，或者购买/更换新的手机。所以这样就有
机会跟客户解释什么是回铃音服务，它怎么工作，然后鼓励客户
购买并使用。一个激励销售团队的推送战略是可行的，他们将找

到方法来使得更多的客户注册并使用回铃音服务。但是在预付费市场，类似菲律宾，运营商和客户之间没有任何接触。而且，不像后付费市场，运营商根本不知道它们的客户是谁。预付费卡在任何一个零售店都可以被买到，不需要跟手机购买有任何联系。

而且，预付费用户对价格非常敏感，所以运营商不能推送新业务去耗费他们很有限的预存话费。移动接入公司的宋先生（他在 WiderThan 亚太区担任销售员，直到 2006 年）观察到，像菲律宾这样的市场，预付费用户占到 90％～95％，预付费用户们都很关心他们卡上的话费结余。而且，"结余消失"已经成为一个问题。一些预付费市场的用户并没有注册任何增值服务，但是他们发现他们的结余莫名其妙地消失了。为了抑制这种情况，监管部门要求运营商在开启一个增值服务时，要询问客户两次，尤其是类似回铃音这种订阅式服务。

这使得进入预付费市场的挑战变得更大。WiderThan 和运营商一起工作，来制定一个不同的市场进入策略。

在菲律宾，他们引入了一种免费使用期。客户可以在 30 天内免费使用音乐回铃音服务。在这个免费使用之后，他们可以选择"把他们普通的回铃音改成他们选择的一段音乐/一首歌曲"。这让 5％～10％的用户选择了该服务。

为了提高选择比，WiderThan 更深入地进行市场迭代来试图找到办法，细分用户群，并让客户免费使用铃声。

当回铃音服务被带到印度时，巴蒂集团的埃尔泰尔公司像在菲律宾时一样，首先开始免费使用阶段。但是在印度，情况又有所不同。一系列的客户在第一次听到音乐回铃音时，不明白发生了什么。很多人一听到音乐回铃音而不是普通的回铃音，就挂断了电话。他们以为电话被错误地接通了。因此，电话掉话率上升。不像菲律宾，埃尔泰尔在印度不得不采取一个不同路线进入市场。巴蒂集团的埃尔泰尔公司早前找到印度最重要的音乐导演拉赫曼创作了主题音乐，并用在所有埃尔泰尔的广告里。他们把这个当成埃尔泰尔的代表主题。当一个客户致电，他不会听见通常的回铃音，而是拉赫曼的主题音乐。这个不同但又大胆的举动让所有致电者习惯了回铃音可以是乐曲而不是寻常的铃声，然后人们开始选择自己的音乐。通过这些措施，掉话率下降了。

除了免费试用和主题音乐，下一个使预付费市场上回铃音服务的使用量出现重量级增长的想法就是"星拷贝"，即给客户提供的一个选项来听他致电的那个人的回铃音。如果他喜欢那个回铃音，就可以简单地通过按手机上的 ＊ 键来拷贝。像病毒营销般的星拷贝成为一个有效的营销战略。

回铃音业务将一个第三方玩家引入了生态系统：音乐版权所有者。每个市场对音乐的品位都不同，内容提供者的方法和态度也有差异。例如在印尼，内容（音乐）提供商试图拿到销售额的大头。WiderThan 被卷入这样的状况后，和运营商一起找出了一个对双方都有利的解决方案。

随着 WiderThan 从一个市场进入另一个市场，两个不同的基本商业模式在演进：

买断：移动运营商仅仅购买一个解决方案，而 Wider-Than 负责维护。

建立—运营—转移，联合的投资：无论在哪儿，客户仍然对回铃音服务有一定的保留，因此联合投资是必需的。移动接入公司的阿莱克斯·王先生说："我们自愿投资在系统上来创造信任。在一些情况下，他们允许我们投资并从销售额里分得一部分。"

在印尼，回铃音业务被两个运营商购得。在菲律宾，是同 Smart 通信联合投资。如果移动运营商坚信这个业务能成功，他们倾向于买断。当他们心存疑虑时，他们就会偏向于联合投资。在其他一些情况下，运营商选择不去投资硬件。他们情愿进行联合投资，并分享盈利。[2]

移动接入公司在亚太市场非常积极，主导原则是用灵活的商业模式来吸引移动运营商接受回铃音业务。

作为一位首席执行官，想想这个：

　　回铃音业务在韩国是一个非凡的成功。然而当推广到亚洲其他地区后，团队面对着怀疑的利益相关者和区域性的特点。他们现在必须在"进入市场"的模式上创新，才能够成功将它拓展到不同地域。拓展一个移轨想法需要心智模式的裂变，一个像 WiderThan 这样的电信公司，必须准备好产品、流程和灵活的商业模式来适应不同地域的独特性。你的创新阻塞在哪里？如何使得规模化部署回铃音业务这种市场内部的裂变出现，来释放你的创新的规模化潜能？

规模放大像裂变：金子原则

Scaling-up as fissioning：GOLD

　　在超过 150 年的时间里，纽约生活公司建立了一个非常成功的保险销售模式，"金子原则"。这个模式的基本理念是，每个销售经理人需要花费时间和精力在招募和发展代理上。这个保险代理模式的成功完全依赖于销售经理人培育新的代理并使其成功的能力。"金子原则"工具包给销售经理人和代理提供了微型工具，甚至包括招募和发展流程每个阶段的脚本。

　　当纽约生活公司在印度推出"最大的纽约生活"项目时，这个之前成功的模式被复制到印度团队。这一 150 年经久不衰的模式曾在美国取得令人惊异的成功。"需要做的所有事情就是让印度团队执行它"，然后成功应该也就随之而来了。但是事情的发展却不是这样。

　　本地销售经理人的心智模式潜在地被"创造压力，结果也就随之而来"所驱动。他们不相信培育。通过他们的压力创造机制，他们继续"关注团队中两个最有贡献的代理，监视他们，确保他们成功"。他们很少投资或者没有时间来发展并培育其他的代理。事实上，他们 80％的时间都花在监视并维护那两个成功的代理身上，只有不到 20％的时间用来帮助那些不太成功的代理，使其变得成功。背后的原因不难理解。它确保了销售经理在短期内销售目标的达成，尽管他的大多数代理并不成功。

当公司审计它的销售经理时，发现了这个问题，第一个根本原因被识别出来："'金子原则'对于美国是没问题的，但是不适合印度市场。这个市场是不同的。"这在不同级别的销售组织里引起了很大的共鸣。既然保险销售的成功不是由产品驱动的，而是由代理驱动的，那么代理就是销售组织成功的核心了。这个变化使得纽约生活公司发展出的代理模式的核心价值偏离了轨道。

当公司意识到不能够"复制并命令"，而是要为印度市场"创新和适应"这个金子模式时，开始出现转折。没有强行推广金子模式，他们决定围绕"灯塔"来建立新方式。"灯塔"是系统中的特例，指那些成功地适应了市场并成功执行了金子原则的人。他们不再关注常规的讨论："什么是行不通的？为什么它行不通？如何填补空白？"他们把关注点转移到寻找"灯塔"上。"虽然只有10％的销售经理和代理成功了，也让我们来看看什么使得他们获得成功。"

他们识别出个别成功的办公室领导、销售经理人和代理，并跟他们进行有深度的对话，来理解什么使得这 10％的人跟别人不同。

在印度市场，这个活动识别出，关键的思维转换不仅仅需要加速采纳，更要增强金子原则。既然这个流程是一个紧张激烈的自下而上的联合创新，它引出了在印度的代理策略的创新。它进一步进化为一个模式，他们称之为"成长领导力"，在该模式下可以使用"金子原则"。

新的模式被采纳和激活了，但是在拓展阶段遇到了下一个障碍。第一阶段，只有两个办公室成功地执行了新的模式。这两个办公室成功地将其内化，并将"成长领导力"原则付诸行动，展现出明显的成长。

又一次，原则改变了，不再要求复制。不要求大家做到像那两个办公室一样的最好的执行，组织把销售团队的领导人组织起来，向那两个办公室学习，帮助他们建立成功的模式。学习促进了新办公室负责人和销售经理的发展。

整体良好的势头使得印度市场上纽约生活公司的代理业绩表现最好，为业界平均水平的三倍。印度分公司的经验使之成为一个国际组织成功的好榜样。它使得自己成为"灯塔"，将一个移轨想法放大，不是复制和瀑布式，而是裂变式。[3]

市场进入的版本控制有三个阶段：最佳情况、真实情况和可扩展情况，为未知的最后一英里导航，并将移轨想法变成一个进入市场的成功模式做好准备。裂变是需要在产品、流程和商业模式的灵活性中建立的心智模式，需要在不同的地域放大并拓展移轨想法。

注释

[1] 和诺和诺德的前创新管理伙伴 Arne Stjernholm 进行的有洞察的对话。

[2] 和 Access Mobile 的首席市场官 Alex Eunjae Won、总经理 Duoh Leslie Song 进行的有洞察的对话。

[3] 来自 Erehwon 的案例分析。

PART 4

Leading orbit-shifting innovation

第四部分　领导移轨创新

09

攀登移轨的大山
Ascending the orbit-shift mountain

要使得移轨创新发生，就像是攻克一座令人畏惧的高山，而不是仅仅管理一个艰难的项目。

什么才能使得移轨创新者愿意接受一个移轨挑战呢，创新者一定不只是为了生存，而是希望通过一个令人惊奇而痛苦的移轨旅程使自己走向成功。他们把移轨旅程看作一座未被征服的山峰，登顶需要迈过很多道坎。这是进入未知世界的一次历险，既恐惧又期待。

就像登山家托德·斯金纳所说的：

如果你不恐惧，你大概就是选择了一座太平常的山峰。为了得到一次值得的探险经历，它最好是令人恐惧的。如果你没有站在山脚下的大本营，不确定如何才能登上山顶，那么你到大本营就是一个浪费。选择一座毫不费力就能登上的山峰，不仅仅是对资源的错用，它还让你错失了一个成就人生的机会。

安于现状的人仅仅把移轨旅程当作一个需要被遵循的流程，一个需要被管理的项目。他们希望一个成熟的流程可以将内在的不确定性和未知转变为确定性。他们尝试着把创新放到传统的工作方式里，"我们需要的是一名首席创新官（CIO）和一个成熟的创新流程，这可以确保创新的成功。"

安于现状的人不会考虑一次移轨创新旅程中存在于每个阶段

的内在的不确定性。他们不会认识到穿越那些不确定的障碍的能力是成功的关键。他们不会知道内在的不确定性会使得道路充满迷雾。他们也不会试图战胜内在的敌人,后者可以让移轨挑战屈从于传统轨道的重力。事实上,对于安于现状者,占主导地位的态度是在所有的阶段都排斥不确定性,并要求一个通向创新的保险路线。这里面存在着悖论,移轨创新是没有保障的,这正是为什么它是一次改变轨道的尝试,而不仅仅是保持轨道的原因。

一次移轨创新旅程不是一个现成的流程,可以一步一步实现。它更是一次旅程,从一个能量阈值到下一个。喷发而出的能量需要在每一个阈值发挥出来,不只是承载看得见的组织动态,更是承载来自利益相关者,甚至来自创新团队的意想不到的恐惧、不确定性和怀疑。这不仅与任务或者流程相关,更与身在其中的人们相关。它承载着勇气、坚持和坚定不移的信仰。最后,它是见证人类努力的一段旅程。

为了移轨创新能够获得成功,我们不需要门径管理的漏斗流程,而是需要将创新视为攀登一座山,一座会遇到很多阻碍的山。山的比喻比起漏斗要贴切许多,它使得挑战和人类的努力变得鲜活。当一个人在爬山时,在每一个阻碍前,他能够看见的就是挑战的规模。要登顶还很遥远。心跳随着激动的心情加快,它又会因为未知的恐惧而变得沉静。当一个阻碍被跨越时,已有的成功归零。地形并没有实质性改变,而会变得更莫测、更困难;顶峰被隐藏起来,似乎消失了。然而对于移轨者,就像登山者一样,必须再一次地在体力上和精神上准备好,直到遇到下一个阻碍。爬得越高,就越困难。但是一旦你登上峰顶,你就创造了历史。

五个移轨阻碍:一个快照
The five orbit-shift thresholds: a snapshot

为了创造而不是跟随历史,攀登移轨的大山,移轨者需要准备好穿跨越五个阻碍(见图9—1)。

当移轨者接受了一个移轨挑战并烧毁了自己的退路,移轨旅程就开始了,第一个阻碍到达了。移轨者不能再回头。下一个阻碍是，移轨者关注突破心智模式边界，直到他们发现移轨的重点：
关键的边界。边界一旦被突破，就会产生打破平衡的影响。在经
过第二个阻碍后，他们接受一个移轨的洞察需求，来着手处理第
三个阻碍。当他们发现了移轨的想法并使其转换为突破性的提案
时，第三个阻碍就被跨越了。在第四个阻碍，移轨者把突破性的
提案转换为一个移轨的商业冒险，通过和利益相关者一同决策和
执行，所有人对这个想法的认同感得到提高。当通过一个承诺的
"路标"把这个想法变成一个可以工作的原型时，第四个阻碍也被
跨越了。当移轨的商业冒险成功进入一个市场时，通过进入市场
的试验和一个规模性"路标"，第五个阻碍也被跨过了。

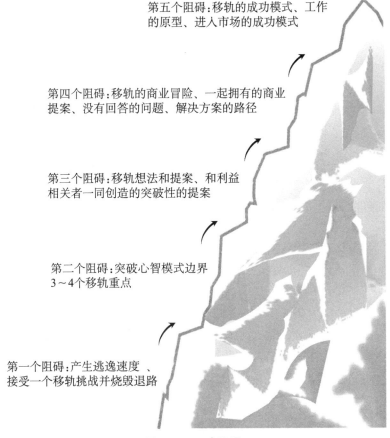

第五个阻碍：移轨的成功模式、工作
的原型、进入市场的成功模式

第四个阻碍：移轨的商业冒险、一起拥有的商业
提案、没有回答的问题、解决方案的路径

第三个阻碍：移轨想法和提案、和利益
相关者一同创造的突破性的提案

第二个阻碍：突破心智模式边界
3～4个移轨重点

第一个阻碍：产生逃逸速度 、
接受一个移轨挑战并烧毁退路

图 9—1　五个阻碍

五个阻碍：聚集点而不是门径管理
The five thresholds: integration points and not stage gates

　　阿尔拉食品公司将美国宇航局视为唯一的合作伙伴。卡尔斯顿相信，这样做比召集多个利益相关者齐头并进更好。[1] 每个聚集点都有一个很明确的首要目标，和最终的输出紧密结合，这使得团队（既有核心团队，也有扩展的团队，包括利益相关者）必须站在一起，并坚持不懈、充满激情地为最终结果努力工作。谷仓效应被消除了，差异被铲平了，冲突被消弭了，目标变成了一个聚集点。因为聚集点创造了一种共享的、围绕着目标的紧迫感，在那里，不同的利益相关者和功能领域专家在一起合作，来解决下一个阻碍，计划好前进的路。

　　移轨者认识到这五个阻碍中的每一个都会一次又一次地释放出威胁整个任务并使团队失去能量的重力。所以，他们不仅仅将每一个阻碍看作项目的一个里程碑，更把它看作一个聚集点。它在目标上和流程上聚集了人们。在每一个聚集点，人们都会被重新赋予能量来和重力斗争，为了跨越下一个阻碍，计划好前进的路径。

跨国公司（MNC）的门径管理方法
A MultiNational Company's (MNC's) stagegate approach

　　跨国公司制度化了一套准确定义的、非常成熟的门径管理方法。一个创新必须经过七道门（见图9—2）。每一道门都有一个决策点，创新团队展示成果，让利益相关者来评估。门径管理潜在的心智模式就像真正的门一样：过滤掉坏的，得到好的，来确保只有最好的才能通过。

　　通过七道门、七次决策点来过滤。在这样一个经典的门径管理流程下，最大的假设是，"组织内有大量伟大的想法，而创新流

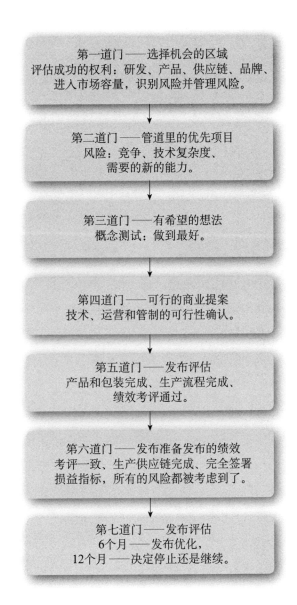

图 9—2 跨国公司的门径管理流程

程的职责是过滤，去除那些效率不高的。"

　　大多数组织的真实情况则是，在四层重力的干扰下，只有大量略有增量的想法。真正有突破性的想法却非常稀有。

即便有很少一些突破性的想法在管道里出现，它们能顺利通过这七道门吗？

另一个没有说出来的、隐藏于门径管理之中的心智模式是过滤想法。无论是否是有意识的，每道门都变成了一个匹配的游戏。只有那些符合组织能力、容量和品牌的想法，才能通过它。

实际上，现有轨道变成默认设定来反噬一个新的想法。一切不符合的都被彻底根除了。通过设计，门径管理和这个心智模式将会过滤掉所有的移轨想法。通过那五个阻碍，移轨创新旅程将克服这些缺省设定。

攀登移轨的大山和门径管理之间的区别
Scaling the orbit-shift mountain and the stage-gate process：the difference

开始上升：第一个阻碍，不是符合，而是移轨

移轨创新旅程刚开始在根本上是特别的。安于现状者从符合机会开始，而移轨者从接受一个移轨挑战开始。

被允许通过前两道门的，只有那些实际上符合现有能力的机会。它们根植于现有轨道。大多数安于现状者在到达第一道门时就已经屈服于重力。他们安于那些在"盒子"之中的机会。与此不同，移轨者通过设计来寻找一个"跳出盒子"的机会，并把它转化成一个移轨挑战。只有那样，第一个阻碍才能被跨越。

我们这里说的跨国公司，在第一道门选择和优先处理它的机会，并通过一个被称为"有权继承"的准则来评估这些机会。这个传统的"有权继承"心智模式用现有的研发能力、产品和供应链能力过滤掉了新的机会。进一步，这个"有权继承"也审视了新项目是否在战略上符合品牌的形象。同时更进一步，"追寻这个

创新是否有进入市场的能力"。它意味着除非这个机会有万无一失的成功把握，否则它甚至都不可能被尝试。

"有权继承"准则根植于现有轨道那些过去的成功中。一个突破性的想法如何转换生态环境（超越产品、供应链、研发或者品牌）来对抗这些准则呢？事实上对于跨国公司，"如果有一条标准突破了'有权继承'的准则，那么答案就会是明确并且毫不犹豫的'不行'!"从一开始，组织就在追求确定性，确保这些想法在未来获得成功。

对于移轨者，正好反过来。只有当他接受了一个超越现有能力的移轨挑战，进入未知，进入不确定，展示出勇气，烧掉了退路时，他才能通过第一个阻碍。现在移轨任务是不能回头了。为了跨越第一个阻碍，移轨者首先必须要发现，然后面对现有轨道的重力。他必须挑战那些嵌入现有轨道里的"不可能的任务"。挑战行业、国家和文化的重力，可以并将会揭示"下一个可能"。

将"下一个可能"转变成一个移轨挑战，同时烧掉退路，还需要组织的领导层和创新团队克服"个人的重力"。它需要他们取掉退出按钮，并承担个人的风险。

不是精心制作的匹配游戏，而是一个带来转型影响的承诺，背后有领导团队和一个有意愿的创新团队的支持，这就是一个移轨者追求移轨机会所需要的信念。

当专职的团队能够100％投入这个任务中时，组织的"逃逸速度"才能真正实现。建成一个创业的、超越制度的团队，将会使任务能够端到端地被完成，团队要直接朝着市场成功的方向前进，而这些不能在中间阶段就交给别人。挑战被看作一个任务，而不是一个商业项目。安于现状者经常不能给创新团队足够的资源，结果只是凑成一个兼职的跨功能团队。最好的人都没有参与进来，他们都在忙着维持现有的轨道。

聚集势能
Gathering momentum

第二个阻碍：不是意念，而是突破心智模式边界；第三个阻碍：不是市场调研，而是移轨的洞察

对于移轨者，跨越第一个阻碍就像到达了登山大本营。现在真正的挑战才刚刚开始。移轨团队准备好了。它在精神上承诺接受前方"跳出盒子"的挑战，一个只能用移轨想法来完成的挑战。现在仅仅进行头脑风暴是不够的，等待和希望正确的想法能够从天而降是没有用的。移轨者认识到，真正的困难不是去增加想法的数量。真正的困难是大多数的想法都被锁在传统的心智模式中。如果受限于旧的心智模式，那么就没有大量的新的思考带来突破。所以移轨者不会通过立刻产生想法来追求移轨挑战。他们把移轨挑战放在面前，关注于突破心智模式边界。

移轨者应当认识到移轨的重点：一旦关键的边界被突破，就会产生移轨的想法，这样第二个阻碍通过了。为了把每个重点转换成一个移轨想法，需要的是移轨洞察，这就是第三个阻碍。

任天堂团队认识到并突破了行业的心智模式边界"跟随技术的路标"，创造了下一代游戏产品。他们把创造新的客户体验而不是跟随技术路标作为目标。关注于这个重点和探索客户体验引出了一个移轨洞察。新产品超越了仅仅是男孩子的游戏机这一概念，创造了带动全家一起来玩的游戏机。这引出了移轨的想法：Wii——一个针对家庭的游戏机（Nintendo，nd）。

从一个移轨重点出发，我们会意识到，发现一个"像 Wii 一样"的移轨想法不仅仅是一个可以通过研究和构思来完成的智力挑战。还有一个潜在的、巨大的、令人兴奋的阻碍需要跨越。

把移轨重点转换成一个移轨的想法，团队将需要走出去，寻求洞察。这是第三个阻碍：寻求移轨洞察将把他们带入一个洞察对话，同很大范围的市场和知识的洞察源进行的洞察对话，这些洞察源包括前卫的客户、生态系统的玩家、市场和知识的横向交叉点。这里，团队同样要面对自我偏见的重力。团队成员有意识地不去自我投射他们自己的想法和偏见。他们去发现新的洞察，而不是去验证他们自己的假设。移轨者认识到，要得到一个新的移轨洞察，是对人性的挑战，而不是对专业知识的挑战。只要保持开放的心态来认识并重新审视，那么即便是最根本的个人偏见也会被摒弃。

在洞察的寻求过程中，移轨者不会急着去寻找答案，他们寻找新的问题；洞察打开了新的架构和新的心智模式。接受了移轨挑战的团队创造了一个新的安全系统，他们从首先识别一个心智模式边界开始，这个边界告诉他们，安全意味着建造一个城堡来防止敌人入侵。有没有其他的安全解决方案呢？那又会是什么样的呢？突破了心智模式边界，他们着手寻求一个洞察，同前卫的客户、安全入侵者、教育学家、昆虫学家和医生进行深入的洞察对话。这个宽泛的洞察对话帮助他们连接起很多散落的点，从而带来一个对突破性解决方案的洞察。

当团队发现了新鲜的洞察，在此基础上产生了移轨想法，并实现了移轨挑战的愿景时，这个阻碍就通过了。

发现一个移轨想法需要跨越两个阻碍。然而跨国公司的门径管理期待有希望的想法在第三道门出现，在项目被草拟好并分配到第二道门之后马上展示。它显然低估了想出一个移轨想法的挑战。

跨国公司像大多数组织一样，认为想出创意是容易的部分，真正的挑战是确保只有相关的创意能通过。毫无疑问，门径管理变成了一个有增量的创意的通道。若心智模式没有受到挑战，只有符合现有轨道的创意才能得到继续发展。

移轨者看到两个有力并且关键的阻碍，需要根本上不同的想法和操作，然而，门径管理流程却希望通过一扇门就将之解决。

在更高的态度上
At higher altitudes

第四个阻碍：不是评估，而是共同建设

跨国公司的门径管理需要让想法通过两轮评估：第三道门和第四道门。在第三道门，想法需要经过消费者的一个概念测试；在第四道门，商业的提案被展示给利益相关者来评估。

概念测试的目的是把想法带到消费者群体中。只有拿到最高分的想法才能通过，否则就将被刷掉。这是组织用轨道维持的工具评估移轨想法的典型例子。实际情况是，消费者回应移轨想法的能力是非常有限的。不仅仅因为这超越了他们现有的体验，而且因为它独立于消费者目前的体验，而消费者直到产品发布才能有真实的体验。不同组织的一系列领导者都有一种相似又很讽刺的体验，"事后来看，那些成功的和失败的想法都得过第一名！"对于移轨者，一个概念测试不是宣判。它最多只是带来了下一步要回答的问题，例如，我们怎么能使这个激进的想法更容易被理解？对这些答案的寻找将会解决另一层面的问题，甚至可能得到一个移轨洞察，但是这次得到的洞察是用来解决这个特别的问题的。

跨国公司的第四道门是完成一个"可行的商业提案"。只有当商业提案被建立起来，这个想法才能继续被开发，直到做出一个原型。门径管理又一次关注评估商业可行性。这道门从技术、运营和管制的可行性方面进行确认。

移轨者不只是把移轨想法转化为一个可行的"纸面上的商业提案"；他们把它转化为一个"移轨的商业冒险"。

对于他们来说，当他们和关键的利益相关者分享并共同完善了移轨的市场提案后，跨越第四个阻碍的第一步就完成了。成功的共同演进引出了一个共享的信念，成为跨越这个阻碍的第一步。

一家健康保险公司建立了一个一流的团队，希望在一个新的

市场带来增长。他们的挑战是要想出新的甚至激进的方法，以带来增长。当挑战心智模式的边界时，他们识别出一个行业的边界，"健康保险是一个推送式的产品"。保险只能被卖，它永远不会被主动购买。他们的移轨重点于是变成："把健康保险从推送式变成主动购买式"。关注于这个移轨重点，他们得到一个突破性的想法："把健康保险嵌入"所有客户都喜欢且与健康相关的产品里。于是每一笔这样的购买都在为健康保险做贡献。

想出一个激进的想法后，他们继续前进，同关键的利益相关者一起，联合完善了这个想法。他们邀请最关键的"保守者"、精算师共同召开研讨会，同时也邀请了最高管理层。如果精算师否定了这个想法，那么整个创新就要停止。这些人不只是执行的伙伴，更是需要从一开始就与之合作的、关键的决策相关者。在对话中，精算师被积极地纳入团队中，积极地做贡献，大家一起完善这个想法。关键的利益相关者本来可能会变成强烈的反对者，甚至阻碍这个想法，现在也成为这个想法的共同拥有者。

在下一步，把移轨提案变成一个移轨的冒险，团队开始关注于识别并招募关键的执行者。这些跨功能的专家和合作伙伴（既有组织内部的也有组织外部的）需要把这个想法转化成一个可以工作的解决方案。建立一个扩展的团队，包括跨领域的专家，然后让他们有归属感，这是建立一个移轨冒险的关键。团队组建后，一个新的、扩展的团队共同回答没有被回答的问题，包括商务的和技术的，然后找到解决方案的路径，来把他们带向下一个阻碍。

举例来说，沃达丰开始对外寻找合作伙伴，来为 M-PESA 建立落地的解决方案。Safaricom 将最终落地运营这个试点，所以它必须加入；一个银行的合作伙伴也加入来提供传统的银行服务；法鲁的肯尼亚分公司成为 MFI 合作伙伴；平台软件和整个技术解决方案由 Sagentia（一家英国公司）来负责。

什么是被需要的合作伙伴呢？苏西·罗尼说得很好：

> 就像我们猜测的，请求建议书（RFP）并不详尽。重要的是，Sagentia 的思路非常开放，而且灵活，创造了一个非

常容易配置的系统，显示了强烈的意愿，希望加入定义具体功能的工作中。事实上，Sagentia 在这个项目中很多次都展示了合作所需要的技能和态度（Hughes，Lonie，2007）。

这样的合作伙伴是令人愉悦的，但它不是偶然发生的。移轨者非常努力地吸引他的合作伙伴完全地投入到这个任务中来，所以他们不只是对简报做出反馈，而是成为有生产力的参与者（Hughes，Lonie，2007）。

因此，为了跨越这个阻碍，团队需要重组并以一种和过去完全不同的方式来重新建立联系。跨过阻碍的情况有着根本的不同。既然这个想法是从可能变为一个事实，一整套不同的技能和活动必须被用来承载这个变化。创新者现在需要招募决策者和执行者，即跨功能领域的专家。这对于打击稀释并将移轨想法变成一个移轨展示是很关键的。大本营现在看来很遥远，还有很多落地的工作需要完成。但是在这个点，移轨者还看不到山的顶峰。他们在半路，回去太远了，但离终点也很远。在这个脆弱的点上，移轨者成功地聚集了新扩展的团队的所有能量，并继续使其充满活力，向顶峰继续前进。

思法库马的移轨重点是：用信息技术改变农民获得消息的流程。他与塔塔咨询服务公司（TCS）进行合作。从这个时候开始，通过和他的团队的共同努力，他把 e-Choupal 带向了一个移轨的历险。他们开始识别那些没有被回答的问题——谁会拥有这个架构？ITC 还是其他公司或者是农民自己？他们怎么交易？他们怎么支付？这会是单向的还是双向的渠道？他们怎么和中介机构打交道？e-Choupal 成为一个移轨历险。对于目标和没有被回答的问题，执行团队都有意愿去实现和解决（Munshi，2009）。

当这个新的扩展团队顺利解读了已知和未知、商务和技术、在路标上分享了信念并找到答案后，这个阻碍被跨过了。

当然，与此不同的是跨国公司在这一阶段的决策方式。商业提案必须有很高的成功保证；技术和运营商的状况和能力要一起被判断。监管者被要求来做出决定。不能容忍任何模棱两可。如果有任何未知的、未能解决的问题和出现潜在困难的迹象，创新在这个阶段将被停止。

准备发布不需要两个"评价门"，而是需要多重有生产力的评估

对于跨国公司，在后面两个阶段，商业提案必须达到"准备发布"的水平。同意一个项目可以发布的关键准则是：产品和包装已经准备好，生产和供应链也已经准备好，损益目标已经制定，所有发布的目标都一致，并且所有的风险都被考虑到了。

在门径管理的流程里定义的两个诊断式的门径管理绩效评估，是不足以帮助一个移轨想法从概念成为工作原型的。事实上这个想法在每道门都会遇到重力。那是不可能的事情，不可能完成。他们就只能做这些！中国人面对了这样的问题。"在冻土上建造一条铁道线？不可能！"（Discovery Channel，2006）Queen 也碰到过，"一首歌超过通常的收音机播放时间？不可能！"泰坦在制造最薄的防水手表的每一个阶段都碰到过。

为一系列未被解决的、超过领域专家现有知识范围（技术和商务）的执行问题找到解决方案，成为现在的挑战。对于 M-PE-SA，由于书面材料和海关的问题，在把服务器带入肯尼亚时遭到了延期。进入了肯尼亚后，问题变成在哪里放置这些服务器。放在银行？会引起管制的延期吗？其他地方呢？Safaricom？进一步，应该给代理设备并附带磁条卡吗？或者这样是否太昂贵了？他们在哪里可以运行原型机？为什么？文本的信息需要双语，英语和斯瓦希里语。斯瓦希里语又不像英语那么简明，他们怎么能够把信息压缩在 160 个字符内呢（Hughes，Lonie，2007）？

再往下，追求移轨创新将不可避免地引出新的技术和新的流程。基于新技术和新流程的原型本身就是一个挑战。还需要有能力和意愿来找到一个愿意尝试原型的合作伙伴，在组织现有技能之外的领域里，有能力执行快速的原型试验。

在这个阶段，需要的是穿越迷雾的意愿，而不是刻意回避它。

必须对重力予以打击，否则任务将会被稀释。因此，利益相关者们不能只是做两个评估，他们需要积极地在很多点上参与进来，比如当有未被解决的问题冒出来，或者不可预测的危机显现出来时。所需要的是有生产力的评估，可以发现未被解决的问题，同时使用那四个移轨的齿轮来找到新的解决途径。

对于旅程中的这个阻碍，利益相关者的角色不只停留在评估上，而是使团队取得进展，以此打击稀释并不甘于妥协。

山顶已经可见
The summit is visible

第五个阻碍：不是"发布并优化"，而是"市场进入的版本控制"

一旦原型已经准备好，跨国公司提出了两个市场发布和评估的门：用 6 个月作为发布优化期，12 个月后做最终的决策。又一次，优化其实只是修修补补。不可能再有大的改动。在优雅地度过了 12 个月后，一个决定会被做出：这个项目到底是上还是不上。

在第七道门，这个跨国公司的假设是创新的产品/解决方案已经就绪。现在只需将其投入市场，解决一些运营上的问题来优化这个流程，然后留下的问题就是，"它会成功么？"因此，最终的决策是：上或者不上！

"发布—优化—决策"的心智模式是在它自己内部的最大的重力，最终会把移轨想法最小化。

对于移轨者，一个移轨想法进入市场的第一个阶段不是市场推广的第一阶段，而是想法成型的最后一个阶段。移轨者相信，通过第五个阻碍的最后一步就是市场进入的版本控制：把产品/解决方案演进成为一个进入市场的成功模式。移轨想法如何展开，连同客户参与的可变因素、渠道和执行团队的参与，这些都是未知的。而且，大型的生态系统——例如，政府或者监管者——如何回应移轨创新也是未知的。移轨者相信，只能通过不停试验，在实际的市场条件（最好的情况、真实的情况和扩展的条件）中发展这个想法，移轨才能发挥出它最大的潜力。

他们认识到，仅仅优化并解决运营上的问题是不够的。需要做的不仅仅是解决运营上的问题来确保产品顺利进入市场，而且要寻求能够把进入市场的影响最大化的机会。移轨者用很开放的心态来重新审视、重新开始，甚至找到一个完全不同的提案来产生更大的影响力。通过进入市场的版本控制来使得移轨想法成长并完善，这个方法比市场测试的方法要好很多。市场测试是指"看见"产品/解决方案在市场的表现后，要么接受，要么拒绝。

沃达丰的团队在 M-PESA 的测试阶段，没有只是解决运营上的问题。他们发现了机会来完善 M-PESA 提案，将它从 B2B 的提案（"偿还贷款"）变成一个有着大得多的影响的 B2C 的提案（"把钱送回家"）。这是市场进入的版本控制在起作用（Hughes，Lonie，2007）。

市场进入的版本控制不能被外包，甚至连代理给别人都不行，核心的创新团队必须对此负责。在沃达丰的案例里，苏西·罗尼亲自在现场，而《戴尼克·巴斯坦》的关键领导人也在第一线努力实现"共同创造一份全市人都阅读的报纸"的目标。

更进一步，移轨者认识到落地的最后一英里的团队也需要被激励、被招募，并对这个想法产生归属感。这样他们就不会用一个旧的心智模式来对待新的想法。他们意识到，在大多数受到严格控制的最后一英里的团队里，一个新的想法并不会令人兴奋：它是一个令人头痛的事，要尽可能避免，最好减到最少。他们认识到要穿越这最后一英里的迷雾，必须先寻找合作伙伴，然后让这最后一英里的团队一同完善移轨想法，并使其成为进入市场的成功模式。

这样，移轨挑战就变成一个明显的事实。只有当一个可扩展的进入市场的成功模式已经完善了，山顶才变得可见。现在移轨者甚至不会停下。他们继续前进，来识别"扩展挑战"。他们意识到只是复制第一个市场的成功模式可以而且可能在类似的市场上成功，但是移轨创新在不同的市场上却会被稀释。

他们识别了扩展挑战并改进了市场解决方案，使得进入市场的成功模式能适应不同的市场。移动接入公司的团队，传承了WiderThan在亚洲市场的丰富商业经验，没有把韩国的回铃音业务的市场进入模式复制到其他亚洲市场。他们认识到市场的差异，并修改了韩国的成功模式来适应每一个不同的市场。[2]

现在第五个阻碍已经被跨过了，移轨的想法可以超越移轨团队独自成长了。最终，经过一个漫长而令人振奋的旅程，团队终于冲出迷雾，到达移轨的顶峰。

作为一位首席执行官，想想这个：

大多数首席执行官拥有移轨的梦想和愿景，但是他们用保持轨道的流程来进行管理，类似门径管理。

移轨创新不能用一个像门径管理一样的东西来管理，它更像创业时要攀登的山峰。相反，门径管理致力于过滤掉不确定性，而留下确定的结果。

移轨旅程要通过五个阻碍。克服每一个阻碍需要的不是过滤和决策，需要的是创新团队重新获得能量和重新建立联系，以此解决一系列没有解决的问题，并朝着下一个阻碍努力。

移轨创新天然地伴随着未知、不确定性和模棱两可。创新者所拥有的就是移轨挑战，这就是利用北斗星和指南针来指导创新者穿越不确定性。"你不能拥有更多，因为你不知道该期待什么。"然而组织领导者想要的是一个流程来预测和管理创新：一个定义好的路标，而不是一个指南针。

毫不奇怪，门径管理在创造突破上失败了，因为它把不确定性都根除了。门径管理推行的是增量的创新，这对于维持轨道是好的，而且是必需的。只是它扼杀了移轨创新。

你的组织有没有尝试移轨创新，却同时使用的是保持轨道的工具和类似门径管理的模式？你在做什么来转换这些模式，以使其适应和促进移轨创新，而不是任由它被重力拖住？

注释

［1］和阿尔拉食品公司研究和创新副总裁 Carsten Hallund Slot 进行的有洞察的对话。

［2］和 Access Mobile 的首席市场官 Alex Eunjae Won、总经理 Duoh Leslie Song 进行的有洞察的对话。

什么使得移轨者与众不同？

What differentiates orbit shifters?

移轨创新不能被管理，它只能被释放。这不是一次性的工作，它需要在每一个阻碍前付出努力才能完成。从一个阻碍到下一个阻碍，在这个过程中所需要的能量必须被补充。决议必须被再次强化，承诺必须被再次寻求。如果没有这些，维持轨道的默认设置很可能就会占上风，让移轨的旅程退化为一个维持轨道的活动。

给移轨者什么才能让他跨越那五个阻碍，并在每个阻碍前面对重力和新的未知，让他们一次又一次地重新出发却不觉得沮丧呢？而且不止一次，而是一次又一次接受新的移轨挑战。

在每一个阻碍前从零开始！一次又一次地这样做不仅需要工具和流程。它需要从根本上不同的心智模式。

当像生命吸管、预付费卡、太空食品和 M-PESA 这样的移轨创新跨行业、国家和文化发生时，这些移轨者共享了六个核心的、提供驱动力的心智模式。

对待成长的态度：不是王国的大小，而是挑战的大小

Attitude towards growth: not the size of the kingdom but the size of the challenge

是什么真正激励了移轨者接受未知、追求移轨挑战，并登上下一座移轨的大山呢？他们真正的利益是什么？它来自他们深深

的信仰，"成长来自于挑战的大小，而不是王国的大小。"

移轨者个人的心智模式和专业心智模式的成长从根本上是不同的。在他们的思维里，成长来自于处理一个更大、更令人兴奋的挑战，而不是来自有多少人给他们汇报。他们产生的"不同点的多少"比起他们处理的"商业的大小"更令人鼓舞。这激励着移轨者离开他们的舒适区，进入未知，来接受下一个挑战。这个旅程可能是令人敬畏的，但是形成一条新的路径，面对一个完全不同的情况并且创造历史所获得的回报，是非常令人满足的。

你想改变世界吗？

当史蒂夫·乔布斯煽动地说："你是想一辈子卖糖水，还是想跟我一起来改变世界呢？"于是约翰·斯卡利完成了一个改变，让自己从关注"王国的大小"变成关注"挑战的大小"（pbs. org，1996）。"扩大王国的疆土"是大多数经理人衡量职业成功的一个传统方法。而乔布斯让斯卡利重新思考它，如何在这个星球上做一些与众不同的事情。这个改变鼓舞了斯卡利，让他放弃曾经在百事可乐热衷的"王国的大小"，进入未知，在苹果担任负责找出"差异的程度"的角色。

突破恐惧、犹豫……开始行动

维多利亚·哈尔对于在一家制药公司当一名科学家并同政府合作感觉很舒适。而让她走出她的舒适区，进而跟随她的移轨愿景的，是她和一名出租车司机的对话（Hale, ashoka. org, 2006）：

　　那是在2000年，我40岁的时候，有很长一段时间我一直在考虑开创另一种类型的制药公司，致力于研究那些没有人研究的疾病。我一直很喜欢同出租车司机聊天，一天我在出租车里，司机问我是干什么的，我告诉他我是一家制药公司的科学家，来这个城市开会。他哈哈大笑，然后说了一些非常刺耳的话，他说："你们有很多钱。"那对我来说是一个转折点，那种感觉让我很不舒服，但很真实。我非常需要听见这样的话来使我采取行动。我会告诉你那是一个意义重大的时刻。当他说完的那个时刻，我真正明白了。我必须继续我的想法。正是那次经历让我突破了恐惧、犹豫……从那个时刻起，我做每件事情都感到充满了力量，现在仍然如此。

维多利亚·哈尔同其他安于现状者的区别，并不在于以上故事中提到的那个触发条件——我们很多人也有那种"真相时刻"的经历，比如一个陌生人跟你说了些什么，或者一个孩子看着你的眼睛，坦率地跟你低声说了几个词，或者一个类似"人生中间歇式"的改变生命的事情发生。真正的区别在于维多利亚·哈尔做了一些事情，她选择让这意外的震惊推动她脱离安于现状的思维状态。大多数安于现状者对这些意外震惊的回应是，对人生感到一丝"遗憾"，然后又回到"巩固现有的王国"的思路上去了。维多利亚没有继续攀登传统意义上的成功阶梯，而是选择攀登一座移轨的大山。她被这样的热情所驱动，想要为发展中国家的大多数人做一些不一样的事情。[1]大家都知道，大型制药公司都不愿意致力于研究"第三世界国家所特有的疾病"。她干脆决定自己打破"职业生涯"的轨迹，创造出一个新的商业模式，来给世界带来真正的不同。

那些生命必须拯救

诺华制药的吉姆·巴瑞顿听西尔维欧·加布里奥描述了治疗疟疾的药品"缺货"问题，导致上百万非洲人民死亡的情况后，他受到了激励，然后开启了生命短信的项目。"每年大约有 3 亿～5 亿的疟疾感染者，上百万人因此而死去，大多数是 5 岁以下的非洲儿童。"这使他深受触动。关键是这些都是不必要的死亡，它不是不可避免的。2008 年底，吉姆"烧掉了"他的退路，并承诺用自己 100％的时间和努力来解决疟疾药品缺货的问题。那些生命必须被拯救。

在与他的上级取得一致看法后，他辞去了首席信息官的职务，全力攀登一座移轨创新的大山。

根据 IMD 对生命短信的案例分析：

> 2009 年 1 月 19 日，他独自坐在一个空空的办公室里，只有他的一台电脑、一部电话、一张孤独的书桌和一把椅子陪着他。这是在美国航空公司的飞行员在飞鸟飞进引擎后成功将飞机在哈德逊河安全迫降的几天后。吉姆描述着他那时的想法：
> "我被彻底激励了。我很兴奋。我感觉我能解决这个问题。我想到了那个飞行员令人惊奇地将飞机成功迫降哈德逊河，记得之后他这样说，他感到他的全部生命，他做的每件事，所有的培训，都是在为这个时刻做准备。我觉得我也是这样，我感到这个项目是一个能让我用上所有在信息技术领域 40 年的技能、培训和经验的项目。如果我可以用所有这些学识来解决这个问题，那真是太神奇了。"（Moncef March-and，2010）

大多数像吉姆这样的移轨者通过正向的预测而不是恐惧来接近下一个移轨挑战。他们自愿去进入未知，并追逐不确定。

下一座大山

到现在为止，瓦苏德凡已经攀登了两座移轨创新的大山。他第一次攀登是在科拉曼达拉姆汽车金融，他激励他的团队从停滞中走出来，这产生了指数级的增长，一年的增长率从原来的3%～5%上升为75%～80%，每年如此，连续四年。通过扩大市场份额，他带领他的团队摆脱了现有轨道的重力，使得从过去追求市场份额的增长转变为创造市场。"所有的人都是我们的客户。"他鼓舞他的团队看到移轨的可能性，并一年接一年地接受移轨的成长挑战。

在登上科拉曼达拉姆汽车金融的移轨创新的山峰后，瓦苏德凡来到孟买一家受人尊敬的银行工作。几年后，由于家人的健康原因，他不得不搬回了金奈。就像他说的，"在我这个年纪，机会已经很少了。"在他的整个职业生涯中，他是一位专业人士，一个雇员。然而，他让自己走出了作为一名雇员的舒适区，成为一名企业家，开始了一段在小额信贷领域的新的历程。他体内的移轨者决定不开创一个"跟随的组织"，而是攀登下一座移轨创新的山峰——"不只是另一个普通的小额信贷机构，而是创立世界上最好的小额信贷公司"。他的公司要成为小额信贷公司的下一个标杆，他不仅要扫清最近覆盖了小额信贷行业的坏消息，还要使其变成令人惊异的正能量，就像他一贯承诺的那样。

在接下来的三年里，他创立了世界上成长最快的小额信贷公司——埃奎塔斯（Narayanan，Kasturi Rangan，2010）。他的公司联系客户的方法成为了新的行业参考点。事实上，当他的运营标准被发给监管机构后，就成为了行业的标准。

就像他说的，"在科拉曼达拉姆汽车金融，追求指数增长的挑战给了我巨大的专业自豪感，而通过小额信贷为成千上万人带来正向的进步给了我无法描述的社会荣誉感。"[2] 他说明了移轨者的思维方式，个人和专业的成长来自于接受下一个大的挑战并创造一个更大的不同。

对于移轨者来说，攀登下一座未登过的高山的愿望是最主要的动力源泉，因为这是令人兴奋的，具有挑战性，同时它也意味着新的体验和新的学习过程。不像安于现状者，移轨者的成就感与办公室的大小、头衔的大小或者新岗位所在地区是否有异国情调无关。移轨者建立市场和社区的信任感。对于他们来说，生活不是积累资产和头衔，而是收集难以忘怀的时刻和令人自豪的"影响的遗产"。

对待移轨挑战的态度：一个方向，而不是一个终点

Attitude towards an orbit-shifting challenge: a direction and not a destination

在前一章开头，托德·斯金纳（2003）描述了攀登一座高山需要做什么。他说：

> 如果你不恐惧，你大概就是选择了一座太平常的山峰。

为了得到一次值得的探险经历,它最好是令人恐惧的。如果你没有站在山脚下的大本营,不确定如何才能登上山顶,那么你到大本营就是一个浪费。选择一座毫不费力就能登上的山峰,不仅仅是对资源的错用,它还让你错失了一个成就人生的机会。

一个安于现状者,在一个传统的组织里的一个传统的经理人会怎样回应这个想法呢?很有可能,他会这样说:

> 如果你害怕,那你很有可能选择了一座不切实际的山峰。为了对得起这次探险,你最好还是实际一点。如果你站在大本营,不确定该如何到达顶峰,那么你就是在浪费你的时间。承诺攀登一座你能力所及的山峰,并使其听起来像一次壮举,这是一个伟大的经理人的特质。

这个对比生动地描绘出,不同于安于现状者,移轨者如何接近一个移轨挑战。对于移轨者,移轨挑战是转型的载体,而不是一个绩效目标。因此,移轨者把移轨挑战当作一个方向,而不是终点。

移轨者相信移轨挑战是最后的山峰,在攀登的过程中,他们会得到更多,即便他们从未到达山顶。移轨挑战是令人兴奋的,因为它为追求不可能提供了机会并且鼓舞了人心。重要的是行动和过程带来的和现有轨道不同的思考,而不是因为没有完成一个绩效目标所产生的挫败感。这在一个成功的经理人职业生涯的最后阶段尤其明显。大多数人,就像大部分首席执行官,不想在职业生涯的最后阶段遭遇失败。那会玷污一个本该成功的职业生涯。所以他们关注于保护现有的东西,而不是创造新的事物。

接受一个未知的挑战和在世界上创造一个伟大的不同所带来的兴奋,驱使吉姆·巴瑞顿在他职业生涯的最后几年里,接受"生命短信"这个任务。同样的追求鼓舞了孟加拉国农村发展委员会的法斯勒·汉森·阿柏德放弃在壳牌公司的稳定工作,在他的职业生涯末年的 20 世纪 70 年代,去追求一个疯狂的目标,"在孟加拉国消除贫困"。（不是在一个城市或者一个州，而是在整个国家！）

正是这个追求的过程，连同所有的障碍、失败和不确定性因素，共同创造了历史。

大多数安于现状者忙于保护他们建立起来的城堡，以至于失去了勇气来放弃它们。他们无法继续创造新的架构、新的城堡或者拥有新的梦想，也不再去追逐它们。

接近一个移轨挑战并将其作为一个方向而不是目的地，会导致移轨者重新定义成功和失败。什么使得法斯勒·汉森·阿柏德接受这个移轨挑战，为孟加拉国"消除贫困"？就像他说的：

> 孟加拉国全国是同质化的，而且足够小（他在 1972 年开始接受挑战时，其人口是 7 500 万，现在是 1.5 亿）；它不像印度那么大，我感觉在一个同质化的国家，我可以确实地解决贫困问题。这是可以做到的！[3]

想象一下，一个有着 7 500 万人口的国家是相当小的。今天，阿柏德实现了他的目标吗？没有！但是他通过孟加拉国农村发展委员会为该国的转型带来了巨大的影响。孟加拉国农村发展委员会创造的自主创业机会总共有 850 万个；通过小额信贷提供了 50 亿美元小额贷款，覆盖了 600 万的借款者（BRAC，nd）。

对于像法斯勒·汉森·阿柏德这样的移轨者，"成功等于取得的进步"。

前进还是后退？

在攀登移轨创新的高山时，在每一个阻碍前，领导者到底是往前走还是往后退，完全取决于他们对成功和失败的根本态度。围绕着成功和失败的心智模式根植在我们认为理所应当的文化中。风险变成了"二进制代码"，要么成功，要么失败。

对于安于现状者，失败是不可以接受的，而成功因此被定义成不失败。这意味着在一开始有失败的迹象时，他们就打出了

"自愿退出"的牌。失败是不可容忍的耻辱。

与此相反，移轨者不会在刚有失败的迹象时就选择退出。他们不断地看到已经取得的进步。当追求的移轨是那么超凡脱俗时，就像内尔·阿姆斯特朗所说的，"人类的一个小进步"已经足够了。

关于失败，卡尔斯顿这样说："失败是我们学到的又一件事，当我们穿越未知时，它让我们变得有所不同。"[4] 因此要将失败看作移轨旅程中一个合理的部分。不要有负面的、耻辱的思维，使得任何向前的行动都陷于瘫痪。

司各特·奥尼尔在"消除登革热"的挑战中发现的沃尔巴克氏细菌使得这个接近成功的方法变得可行。要追求研究上的突破，资金总是一个关键的因素，尤其是在司各特面对的这种类型的工作中。在很多时刻，资金总是很难到位，或者根本没有。然而他没有放弃。项目进展很慢，多亏了来自 2003 年的《全球健康大挑战》以及比尔·盖茨和梅琳达·盖茨基金会的资金，才使得试验得以开展，并取得进展。

> 我们得到一大笔资金，使得我们能够把需要的人才聚集起来，建立一个团队，而且异常快速地往前推进。这笔资金允许我们加强我们的研究，结果将会是令人兴奋的。我们将有能力把沃尔巴克氏细菌传递给蚊子。

虽然《全球健康大挑战》提供了资金，带来了研究上的进展，但还是不够。然而这没有使奥尼尔教授气馁或者就此止步。他建立了一个投资人协会。他眼中的一切都是目前取得的进展，并且往前看，找到可以继续推进的方法（monash. edu. au，2003）。

一个移轨项目不能够也不应该仅用一个角度来评估，例如，只用保持轨道的角度。怎么才能在不同的物种之间传递细菌呢？沃尔巴克氏细菌必须得从果蝇身上提取出来，并传递到蚊子体内，他们使用的方法是用微小的针头将细菌注射进微型尺寸的卵。

"这是一个非常令人疲倦的工作。"奥尼尔说。

他的同事汤姆·沃克花费了无数小时、无数天，将细菌注射进卵中。他甚至成为了这方面的专家，一天可以做 500 例。

然后科学家必须等待一周的时间，直到成年的蚊子出现，才能看到其中是否有被沃尔巴克氏细菌感染的。沃克说在最近的一轮工作中，他注射了 1.8 万枚卵。没什么好炫耀的。"成功率很低，"沃克轻描淡写地说。

在沃克谈到试验的成功率时，移轨者的思维方式显现出来："成功率非常低。"他关注于进展。但是一个安于现状的人就会说，"失败率非常高"，他们的关注点在缺陷。

追求一个类似于消除登革热这样的目标，用一个关于方向的心智模式，而不是终点的心智模式进行思考，并关注成功和进展，而不是缺陷，这是让移轨者成为移轨者并一直继续下去的关键。在过去的 20 年里，奥尼尔一直在寻找消除登革热的方法，攀登从未攀登过的高山。他意识到也许还要再继续努力 20 年。

"你知道，我愿意坚持，不想放弃这个想法，"奥尼尔说。"我认为这是个好的想法。我真的不认为一辈子能有很多好的想法。至少我不能。我不是特别聪明。所以我认为这个想法真的是个好想法（Palca，2012）。"

不要被那些缺陷吓倒，而只关注于进展，这是帮助斯各特·奥尼尔坚持了很多年的精神信条。生命吸管的团队也有同样的精神。就像托本所说的，"没有缺陷，只有任务。"当问题被发现，就会被当成一个任务，移轨者要往前走就必须解决这些问题。但是如果它们被看成缺陷，移轨就会停止。

遥遥领先于你本会止步的地方

在一个很困难的商业环境里追求移轨挑战时，困境和勇气才会出现，这来自库瑞恩的经历。

世纪之交，1 亿美元的交易在印度的信息技术行业是一个不可能达成的目标。外泊若的库瑞恩，在那个时候是通信部门的负责人，他坚持认为自己的团队必须追求 1 亿美元以上的交易。

2001 年，当他们成功地拿下一个 7 000 万美元的交易时，这成为信息技术外包行业历史上最大的一笔交易。在这笔交易之前，对外泊若来说，100 万美元的交易已经是大交易了，因此这个交易有特别重大的意义。想象一下，把标尺从 1 一下子提到了 70。所以，是什么使其发生呢？库瑞恩承诺了一个古怪的目标，在 20 世纪 90 年代后期信息技术产业的快速发展期，要达到 5 年 5 亿美元的目标。当信息技术市场衰退时，他本可以重新定义目标。但是他没有。相反，他给他部门里的人们眼中的挑战下了新的定义。他说："从现在开始，我们将只追求 1 亿美元以上的交易。任何在这个标准以下的都不会被接受。"他的同事对此表示怀疑，并且蔑视这个目标，直到他们拿到了 7 000 万美元的交易。三年后库瑞恩说：

> 我们实际没有达到 5 亿美元，但是通信行业今天也就只有 2.25 亿美元的规模，我们的成就遥遥领先于我们本该做到的（如果不去追求这个挑战）。我相信用很高的目标来鼓励大家，在争取达到那个目标时，你会遥遥领先于你本会止步的地方。[5]

库瑞恩本能地展示了一个移轨者的做法：他将移轨挑战作为一个方向而不是终点。它要成为一个解救者来帮助创新并创造转型的影响，而不是成为一个困住思维的监狱。

与此相反，安于现状者将移轨的抱负看作一个终点，而不是一个方向，它更像是一个绩效的目的。他们接近一个创新挑战时会有"失败不是一个选项"这样的想法，结果在追求目标时，他们带着很多顾虑。接着会发生的就是那些比较冒险的选项都不会被考虑，这样就会错失机会。利益相关者把移轨的抱负看作终点，而不是一个方向，这样就给创新团队带来了巨大的压力。他们把创新评估看成绩效评估。库瑞恩关注团队往前行进了多少，而他们却经常关注寻找缺陷，然后看在哪里不符合标准，以及为什么不符合标准。这个态度经常就使得创新旅程在其中的一个阻碍前停止了。

作为一位首席执行官，想想这个：

不论他们是企业家还是社会活动家，把成长看成"从一个挑战到下一个"的心智模式是驱动移轨者接受移轨挑战的主要因素。

而安于现状者在攀登组织和制度的阶梯时花去了大部分的时间。对于他们来说，攀登一座移轨创新的大山是不切实际的，而且是一个很高的必须避免的个人风险。因此，当他们面对到底是接受一个移轨挑战还是接受一个更高级的头衔/职位时，通常会选择后者。

你如何在你的组织中培育和发展潜能呢？

库瑞恩告诉我们，"我告诉新人，加入我，我会保证你即将进入未知水域，这是一个做你从未做过的事情的机会，是难忘的旅程，伟大的经历。"正是这种想法吸引了移轨者进入组织。你的组织在培养这样的领导者吗？你的员工会怎么跟你说呢？

你在播种并培育更多的移轨者吗？或者你的组织已经成为一个培育安于现状者的基地？

对待重力的态度：不是一个"防守者"，而是一个"进攻者"

Attitude towards gravity：not a 'defender' but an 'attacker'

图10—1这张倒置的世界地图（我们一开始同阿根廷那位教师发现的），在澳大利亚也有类似的报道，相关描述如下："我们不会为把南方朝上这样呈现地图而道歉。虽然经过几百年的发展，南半球一直被画在北半球的下面。"这句话真正地显示了一个"进攻者"的态度，而不是一个"防守者"的。移轨者质疑这个世界的秩序，而不是顺从它。移轨者直面重力的挑战，而不是安于现状。

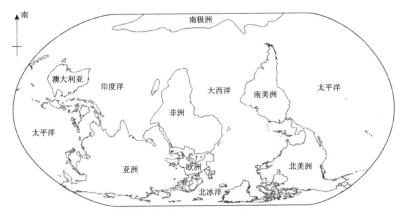

图 10—1　倒置的世界地图

　　在攀登移轨创新的大山时,创新者在每一个门槛都会受到重力的挑战。他们将会不停地需要解决方案来突破重力。

　　要么把不可能变为可能,要么向不可能屈服,这两种不同的态度正是移轨者和安于现状者的区别。

　　进攻者看现有的轨道时带着积极的态度,而不只是依从。当其他人认为"这个世界是这样的"并接受它时,移轨者思考的是"这个世界可以怎样"并试图改变它。

　　通用电气突破了西方公司固有的重力,他们改变自己来适应爆炸式成长的东方市场,尤其是在中国和印度。通用电气现已成为最好的印度公司,而不是印度最好的跨国企业,这意味着他们不是仅仅复制现有的技术,而是关注用新的技术和新的产品来满足印度市场的独特需求。就像他们的总裁兼首席执行官约翰·弗兰纳瑞展示的进攻者心智模式那样,他说:

　　　　我想要通用电气被看作最好的印度公司之一,而不是最好的跨国公司之一。我们影响着印度农村地区人们的生活。低成本的创新产品将给上百万人带来可以承受得起的高品质卫生保健产品。面对这样的改变,你又怎会不受到激励呢(Mahajan-Bansal,2009)?

　　他的愿景是真正的移轨愿景,把印度的需求放在他的商业发展中心，而不是在现有产品的基础上进行扩展和本土化。在印度开发的产品，如便携的 ECG 机器、Mac400，已经在世界其他地区显示出潜力，它们可以创造巨大的影响。从复制到创新，通用电气现已成为一个耀眼的榜样。

斯洛特金博士接受了一个移轨挑战，来消除儿童的营养不良。他没有像一个防守者那样开始他的历程，不满足于想办法来改进现有的解决方案。他像一个进攻者那样，首先识别出要突破的心智模式边界，然后发现一个移轨解决方案。

他认识到发达国家的方法（使用强化包装的食品）不能复制到发展中国家，因为这需要整个行业的转型。他还认识到联合国儿童基金会现有的解决方法，即提供糖浆、药片和注射剂作为补充营养的方法也不受欢迎。这些营养补给品味道很差，母亲们不愿意给她们的孩子吃。而且运输这些营养补给品也是个挑战。

斯洛特金博士作为一个进攻者开始突破现有解决方案的重力，并把挑战定义为"创造一个可以添加到每天的食物中的营养剂，并且不影响食物原来的口味。还要做到可以方便预先测量食用量，并便于运输。"他突破心智模式的边界并得到了一个移轨的想法："Sprinkles"（sickkids. ca，2011）。

1989—1990 年，博世印度分公司的核心产品是一个安装在柴油发动机里的特别的单汽缸泵。这个"核心产品"只是在本地稍作调整，但真正的开发地在德国。就像其中一个团队成员回忆的，"我们的老板以前总说：'不要试图对产品做出重大的改变或者改动太多地方，毕竟这是在德国开发的产品。我们没有这个能力来改变它。我们只是在复制。'"

然而，他们面临着一个选择。由于新的技术——CR 系统——逐渐取代传统的技术，他们的产品正逐渐退出市场，变得不再重要。与其被扫地出门，这个团队选择不再去寻求许可和同意，而是转变了他们的角色，从防守者变成进攻者。他们接受了挑战，来使得老款的柴油发动机能够符合新的欧 4 标准。德国总部并没有要求他们这样做。他们突破了自己强加给自己的现有轨道的限制，让他们的视野转向一座真正的移轨创新高山。他们成功了。他们把一个劣势转化成优势（Munshi，2009）。

　　扎克·斯奈德接受了进攻者的心智模式，他接受了挑战，来"仅用一些史诗电影（如《亚历山大》或《特罗伊》）三分之一的成本把电影《斯巴达 300》转为大屏幕"（Miller，nd）。

　　进攻者司各特·约翰逊质疑了多年来被认为是理所应当的药品开发周期。通过髓鞘修复基金会，他引领了一个行业的突破，缩短了新药进入市场的时间（Fast Company，2010）。

> 作为一位首席执行官，想想这个：
>
> 　　防守者的思维方式是最明显的"盒子内部"的方式，在盒子里面，由组织定义新的机会。
>
> 　　用防守者的思维状态，组织被"保护传统"的想法所控制——坚持遵守由过去的成功产生的经验或者那些母公司创造的标准。他们"看市场"的方法同样明显地被行业视角所主导。
>
> 　　进攻者不会顺从，他们直面重力。你经常与你的组织进行"攻击者的对话"吗？

对待新洞察的态度：不是验证，"追求答案"；而是发现，"对问题的探索"

Attitude towards new insight：not validation：'seeking answers' but discovery：'quest for questions'

　　移轨者相信使用发现的心智模式是获得新洞察的方法，并在对问题的探索中活跃起来，而不是靠一个验证的心智模式，单纯寻求答案。发现的心智模式是好奇的和有探索性的：去连接新的点，找到新的意义。而验证的心智模式是自我保护式的，通过寻求答案来服从某个人的假设，不符合现有观点的就会被拒绝。

　　只有在发现的心智模式下，才可以创造震撼性的变化，并指向一个新的方向。Y. C. 迪维什瓦问思法库马，"你怎么才能用信息技术来促进日用品的交易？"这个问题使得思法库马开始连接那些未知的点，在最新的信息技术领域和世界上最老的交易——日用品交易——之间的那些点（Munshi，2009）。

用这个发现的心智模式去搜索新的问题，使得移轨者不再老调重弹。他们从根本上变为价值的追求者；他们在每一次经历、每一个对话中寻找价值。他们不会去追求现成的计划，他们追求可能性。他们甚至从最普通的对话中搜索价值。他们用积极的心智模式而不是批判的心智模式来建立横向的对话。他们擅长在每一次新的经历里提取、识别和转化价值。当其他人看见一个鸿沟时，他们却在建立知识的桥梁。在不相关的领域里连接未知的点的能力，导致了新的观点和新的想法的产生。

另外，由于整个探索是关于追求新问题的，所以他们意识到灵感不会来自同种类型的人。他们不相信在同样的环境里，用同样的方法来联系同样类型的人会产生新的灵感。通常的构思或者头脑风暴将会找到一些答案，但是很有可能被同样的心智模式边界所困住。这些答案对于安于现状者来说是令人感到宽慰的。但是移轨者却会退回来找到正确的问题。意识到如果问题是正确的，那么答案就会跟着到来。为了触发探索的思维，需要新的刺激，而不是老调重弹。

对新的刺激的探索和追求驱使着移轨者建立新的、横向的对话。每一个横向的对话都能通过连接一个新的点，来触发一个新的洞察。

被发现的需求所驱使，移轨者会去寻找一个全新的问题，一个没有被回答的问题。这个问题从根本上重构了生态系统的动力学。他们的起始点通常是，"我要先找到新的问题，才能重新定义我们了解生态系统的方法，然后我才能找到正确的答案。"而安于现状者想要生态系统来给他们提供答案，所以他们一直处于一种验证的心智模式之中。他们忙于制作一张问题清单，然后出去拜访客户和行业里的其他玩家，以获取答案。移轨者也意识到只有

跳出边界，连接新的未知的点，才会产生新的问题。他们不停地
跳出他们的领域和他们的舒适区来触发新的洞察，连接新的未知
点。而安于现状者通常是领域专家。他们更愿意留在他们领域的
舒适区里，通常不会走出他们的领域来追求答案。即使他们这样
做了，也只是在验证他们自己的假设。

连接新的点

在想出同语言字幕的主意时，布里吉·考萨瑞看到的数据跟
其他人看到并且看了很多年的数据一样。但是他从一个特别的角
度出发，问了一个有洞察力的问题："世界只有文盲和非文盲两类
人吗？可能有第三类人吗？"从这个有洞察力的问题出发，产生了
"半文盲人群"的分类：那些人认识一些字母和单词，但是没有办
法流利地把它们连成句子。于是根据他自己对于西班牙文一知半
解（半文盲）的认识，他开始在脑海里连接一些点。1996 年，在
专题论文撰写的间隙，布里吉和朋友们一起看了一部西班牙电影，
《崩溃边缘的女人》。他们想要提高西班牙文的水平，并认为观看
佩德罗·阿莫多瓦的经典电影除了能缓解压力以外，也是一个学
习语言的好办法。电影有英文字幕，帮助他们理解。但是他们意
识到，这并没有帮助他们学习西班牙文。事实上，有了英文字母，
他们就不怎么听西班牙文的对话了。布里吉漫不经心地评论说：
"只有给西班牙文的对话提供西班牙文的字幕才会有帮助。"时间
在这一刻暂停了。"如果他们给印度电视里的印地语电影提供印地
文字幕，也许能够帮助印度人识字。"这个新的问题就是一个移轨
洞察，在看电视和消除文盲之间连接了新的点。布里吉无法放弃
这个想法。几年后，这个想法实现了——同语言字幕。在帮助半
文盲和印度人对电影音乐的极度热爱之间，布里吉找到一个令人
惊奇的简单的汇合点（Metro Plus，2011）。[6]比尔·克林顿这样评
价同语言字幕，"这是一个非常有趣的事情，永远不会在我身上发
生。有那么多不识字的人看电视，真的很令人惊奇。"克林顿总统
引用了尼尔森咨询公司研究报告里的话："同语言字幕使得小学生

识字的人数成倍增长。"（planetread. org，2009）

在不同领域间连接新的点正是微软的团队所做的，他们从一本科幻小说里找到电子阅读器的灵感，这本小说名为《银河系漫游指南》（Eichenwald，2012）。与此类似，索尼可·富利兰德在读一篇关于一个年轻女孩的经历的文章时得到了诺和笔的灵感（Rex，2003）。对于这样的移轨者，他们的思维并没有被谷仓效应约束，而是好奇地在不同的领域里寻找机会，这个好奇心使他们得到了最意外的收获。

谁会想到射电天文学和计算机的无线网络连接存在关联呢？然而，一个射电天文学家却看到了关联。现在超过十亿人在使用这个技术，然而他们都不知道，约翰·奥沙利文，一个澳大利亚的射电天文学家，在 20 世纪 70 年代，对于从爆炸的黑洞中寻找无线电电波很感兴趣。澳大利亚联邦科学与工业研究组织（CSIRO）热衷于从科学想法中获得商业价值。1992 年，奥沙利文成功地将他做了二十多年的天文学工作（他和他的合作者共同开发的消除星际辐射畸变的技术）运用到无线局域网上。它成为一个标准，使得台式电脑不用任何网线就可以无线上网（Mullin，2012；Summerfield，2012；Prime Minister's Prizes for Science，2009）。

作为一位创新领袖，想想这个：

洞察来自有准备的思维。移轨者们发现的心智模式，使得他们超越了现有的领域。他们追求经历的多样性和各种各样的洞察源。你是否陷于找寻答案的过程中，或者你是否在追求下一个问题？你的洞察源和你的经历是否多样化？你和它们的联系又有多深入？你在用一种新的、未连接的方式连接新的点吗？还是只是验证专家的意见？

洞察探索

一个渴望在个人护理行业（头发和皮肤护理）创造划时代产品的创新团队，决心让自己拥有发现的心智模式。在寻找新问题的过程中，他们通过在行业内部和跨领域的新的洞察源，在中国、美国和印度接触新的用户，连接新的点。

为了激励他们的思维连接新的点，他们同生活在极端条件下的人们进行了有洞察的对话，例如，没有卫生间可以使用的人、在高海拔（4 572 米以上）服役的军官和需要长途跋涉的探险家。他们甚至访问了一家监狱来了解罪犯的个人护理情况。他们让自己沉浸在一个接受了"可持续生活习惯"的氛围里。

他们对新问题的追求并没有就此止步。他们继续和一个研究大气科学的专家建立联系。他们还同一个开发医疗设备的专家建立联系。同时探询一个刺青艺术家（从他的领域出发）对皮肤的看法。他们还和一个传统中医建立了联系。

没有什么比洞察探索能够更好地区分一个安于现状者和一个移轨者了。安于现状者认为探索是一个艰巨的任务，是个将他们拖离现在的工作的任务（"我要出去约见客户一天，我损失了一天正常工作的时间"）。他们通常被需要花的大量时间吓了一跳，想要减少（"我们可以只用三天来做，而不是四天吗？"），同时还要减少对话的次数（"我们真的需要做这么多次对话吗？为什么呢？最少需要做几次才能得到一个洞察呢？"）。当他们离开他们的舒适的带有空调的办公室，来到外面的马路上、高速公路上时，他们就会产生疲劳感——走很远的路去拜访客户，探索新的洞察源。当对话完成时，他们会长舒一口气。如果在一切结束后并没有什么重大的发现，这正好验证了他们的观点，即这是在浪费时间。毕竟，他们只是在寻找答案，而他们没有找到。

而移轨者总是在寻找下一个目标。探索对他们来说总是令人兴奋的，因为这是一个发现一些新东西的好机会，它能帮助他们成长。他们充满了能量，建立各种联系，当他们发现阻碍或者撞上了一面墙时，他们会扩大洞察的范围来找到下一个平台，一个更新的洞察源。他们永远不会回头看他们已经完成了多少，或者他们已经花了多少时间。他们只是面朝前方，用探照灯来寻找下一个问题和下一个移轨洞察。

对待利益相关者的态度：不是说服，而是共同拥有

Attitude towards stakeholders: not convincing but tipping stakeholders into co-ownership

移轨者不进行说服，他们使得利益相关者主动接受，甚至共同拥有移轨的想法。他们通过与利益相关者进行对话和共享经历来实现共同拥有这个想法的目的。

共同拥有

当思法库马邀请 Y. C. 迪维什瓦参加第一个 e-Choupal 项目开业典礼时，就是一次经历的共享。当 Y. C. 迪维什瓦亲眼看见村民们的兴奋时，他被感动了，他们共同拥有了这个想法（Munshi，2009）。

维多利亚·哈尔和监管者建立了对话。真正的转折点是她问道："我需要做什么来显示我是非营利的呢？"监管者的态度从"绝对不行"变成"有一些可能性"，并说："给我一个先例。"这打开了一条解决方案的路径。

临界点：从漠不关心到主动倡议

基法的移轨旅程是在杰西卡、杰克里和马特·福兰纳瑞听了穆罕默德·尤纳斯关于小额信贷的演讲后开始的。他们被他关于小额信贷起源的故事和乡村银行的想法鼓舞了，希望加入进去，给尤纳斯所提到的那些人民的生活带来不同。与尤纳斯的交流使得杰西卡和马特开始行动。他们问自己："我们怎么才能够帮助非洲农村和其他地方的创业者得到贷款呢？"这个问题促成了基法的诞生，一个突破的方法，将资金贷给那些遍布全世界的小企业家们。

杰西卡和马特的下一个挑战是如何吸引有财力的人资助世界各地的小企业家们。

他们所做的最大的改变是将借款和慈善捐助区分开来，贷款

方并不知道这些钱借给了谁和它们是如何被使用的。有财力的人借钱给世界各地需要钱的那些企业家，并获得一定的回报。捐助和慈善带来了捐款者和接受者的不平等。而有偿还的借贷和金融平台创造了一个平等的商业平台。借贷从一个"黑盒子"进入一个"白盒子"。人们借款给一个匿名的组织时会很犹豫，但是他们会非常愿意借给那些有着真正激情的企业家们。基法建立了一个直接的联系，帮助了那些正在为他们的新想法寻找资金的企业家们。可以直接和企业家们建立联系成为了一个引爆点，使得贷款者蜂拥而至。让贷款者兴奋的是，当他们借钱来支持一个人时，事实上是支持一个人的努力，支持他去获得成功。同时这是一笔有回报的借款，因此也降低了风险。这是一个真正的双赢局面（Stanford Graduate School of Business，2013）。

共享目标

当吉姆·巴瑞顿听到西尔维欧·加布里奥说起由于抗疟疾药的缺货而导致的生命流逝时，他内心深处被身患疟疾的非洲儿童所处的困境冲击了。2008 年，当西尔维欧在 IMD/诺华的执行发展项目又一次提起这件事时，他得到了一个机会来召集有类似想法的人组成一个更大的团队。凯西·海恩，项目里的一名志愿者说："我坚信我们带来的影响可以拯救孩子们的生命，这足以激励我们坚持并克服所有的障碍。尤其当我们知道我们在为抵抗疟疾的斗争做出贡献时，我们感到特别欣慰。"

但是仅仅召集组织内部的人是不够的。诺华制药想出了一个移轨的想法，"通过手机创造一个跟踪和报告系统，来了解复方蒿甲醚的库存情况和药品配送情况。"这必须召集一个完整的伙伴组织来帮助项目实现。为坦桑尼亚提供的最后的解决方案是 IBM、沃达丰和 Matsoft 共同合作的成果。

是什么鼓舞着这个庞大的联盟在一个复杂的项目上紧密地合作呢？吉姆·巴瑞顿这样评论他们的动机："最重要的是同我们想要完成的事情建立情感上的联系。Matsoft、沃达丰和 IBM 的所有人都知道疟疾这回事，他们参与到这个项目中就是直接拯救人们的生命。这就是我们的驱动力，它让我们团结。"

事实上，当他们的解决方案对于拯救非洲儿童的生命所带来的影响被分享后，帮助了每个组织来铺平通向成功的道路，即放下通常的法律问题和私心。通常的一个小心谨慎的、发展缓慢的合作关系最终变为一个向前发展的同盟。诺华制药成功地让合作伙伴像他们自己一样充满热情地共同拥有了这个项目。

就像吉姆所说的，"跟他们的合作非常棒，我们成功地建立了一个团队而不需要合同，不需要预算，不需要正式的理解备忘录或者协议。来自那些公司的美好愿望令人惊奇。同时来自外部的伙伴也参与合作，比如，英国航空给我们的旅行提供了一个非常优惠的折扣，而通常差旅费会占我们项目支出的一大部分（Moncef，Marchand，2010）。"

赢得内心，其他就会随之而来

雷将军将拉达克的人们的态度从怀疑转化为信任的原则是：先赢得内心，其他就会随之而来。

当雷将军接管了拉达克地区（喜马拉雅山区的偏远地方）的印度军队时，他面临着一个没有得到解决的问题。

2000年，这里的问题愈发严重。这是一个冷酷而不友好的地区，历届政府对这里表现冷漠，这激化了当地居民与政府之间的矛盾。军队的强势出现好像只是加剧了威胁感，这个区域靠近查谟和克什米尔，这使得已经很紧张的气氛更不稳定了。就像雷将军所说的，"有很多关于自由的言论。佛教的喇嘛和游客被枪击。从当地人手中搜出了武器。"

雷将军的挑战是防止恐怖主义在拉达克出现，并确保横扫查谟和克什米尔地区的恐怖主义浪潮不会席卷拉达克。

雷将军意识到，为了防止恐怖分子渗透到拉达克，为了给这个地区带来持久的和平，他必须让当地人从感觉被政府所抛弃转变为感到安全。而这只可能通过相互合作才能实现。不安全的气氛是由恐怖主义、军队专横的态度和地区管理者的行为引起的。他必须赢得人们的信赖。他说："为了建立信任，必须先赢得他们的心，其他的才会随之而来。"为了赢得拉达克人们的心，他做了一个有意识的尝试来积极地帮助人们消除心中对生计的担忧。这超出了印度军队的职责范畴，但是对达到和平的目标至关重要。[7]

他启动了和谐行动，并让这个行动从一场公共关系活动演变成一个与人们建立联系的桥梁。

他着手赢得人们的信任，并把军队的职责"从战争的工具转变为和平的工具"。做到这一点，他就能把人民和军队紧密地联系在一起。

雷将军从理解当地人真正的不满开始，并采取具体的行动来缓解他们的不满。在图托克的萨钦地区的五个村子，这种不满情绪很尖锐。卡吉尔战争后的一年里，因为发现大批秘藏的武器，22个人被逮捕，在监狱里受到折磨。他们大多数都来自大家族，雷将军意识到监狱里的每一个人都意味着九个其他的家庭成员在受苦，他们的生活受到直接的威胁。他还知道军队强征了很多当地人的土地，却没有给任何补偿。人们没有土地耕种，这让他们陷入更深重的贫穷。

他积极地开始了一个三步走的计划，来缓解图托克人民的痛苦。第一步，他让军队腾出强占的土地，让村民们可以拿回土地进行耕种。他还确保地区的权力机构更新并重做土地登记。此外，他还照顾到那22个犯人的家庭，给他们提供食物、衣服和煤油。第二步，他派了一辆车，把囚犯的家属接到监狱去探望犯人。第三步，他影响了当地的权力机构，让其释放了那些因为缺少证据而从未被起诉的犯人。

这三步触动了图托克人民的内心，然后他采取行动，进一步赢得他们的信任。他确保了这22个犯人得到工作，有人成为搬运工人或木匠，有人在被释放之后得到补助开始做些小生意。

另一个倡议发生在潘达姆山谷的女子学校。雷将军发现220

个女孩即将在一个月内将迎来一门课的考试，但是没有老师来给她们上课。他说服有关当局将考试延后一个月，然后找到军队学校的老师代课。最后大多数女孩都取得了很好的成绩。

> 作为一位创新领袖，想想这个：
>
> 军队和当地人总会有分歧：对当局的怀疑、严厉的实践、军队的高压和生活秩序受到扰乱，这一切很自然地把他们置于围墙的两侧。大部分的军方人士认为："本来就会有这样的附带损害。"或者他们可能会采取一些计划得很糟糕，而且很表面的方式来赢得"人们的内心"。雷将军事实上是将好的想法投入行动中。想象一下有多少家庭通过雷将军的行为达到了一个正向的临界点，他们对于印度军队的信心激增。
>
> 给对立的双方建立信心需要做什么？从"不可能，我们一直是敌人"到"可能，也许我们能找到共同点"的转变需要做什么？
>
> 这里不需要流程，而是需要两三个有力的经历来完成转化，从强烈的对抗到一个合作的关系。

在另一个建立信心的行动里，雷将军确保了当地居民受到保护而免受巴卡沃人（穿越大山关口进入山谷的放羊人）的入侵。就像雷将军所说的，"麻烦来自于他们对当地人不当的行为：殴打当地人、抢走他们的羊等。上一次巴卡沃人来的时候，就偷走了一匹马，并强暴了一个女孩。"

意识到巴卡沃人造成的伤害，雷将军派他的军队封锁了所有的关口。封锁带来了政治上的后果，一些有影响力的人要求重新开放关口。但是政治上的压力也不能让雷将军改变主意。他为人民的利益而行动。这个事情进一步感动了很多当地人。

所有这些倡议鼓励了信心的建立。当地居民和军队的交流增加了；当地人开始把恐怖分子活动的信息提供给军队，这在卡吉

尔战争中从未发生过。当地的穆斯林甚至邀请雷将军在他们的清
真寺的周五祈祷中讲话（Sridhar，2002）。

> 作为一位首席执行官，想想这个：
>
> 一个组织内部的斗争通常跟雷将军所经历的环境一样有
> 对抗性。不同功能的部门可以演变成半独立的封地。
>
> 如果想让一个组织实现移轨创新，这些部门间的鸿沟必
> 须填上。哪些经历可以帮助跨越这些鸿沟，并且使得对抗变
> 成移轨创新的认可呢？

愿景的浪漫主义 vs 执行中的现实主义
The romance of the vision vs the realism in the execution

移轨者跟别人的差异在于他们的心智模式是"愿景的浪漫主义
和执行中的现实主义"。大多数安于现状的人正好相反：他们对待愿
景很现实，在执行上却很浪漫。当面对挑战时，移轨者非常浪漫，
他们接受可能的最大挑战，比如，消除营养不良、开发太空食物或
者第一天就成为报业大王。而安于现状者，对待愿景却非常实际：

> 消除营养不良？很愚蠢并且完全不可能；个人是无法做
> 到的，只有政府才行，而且一个人即使花一辈子的时间也做
> 不到。去做一些实际点的事情就好多了，一些力所能及的，
> 就像增长 10% 或者扩大一条产品线，这些事情更实际，也是
> 好操作且体面的。如果没有做成，世界也不会嘲笑我们，我
> 们也不会丢面子。

在执行的时候，移轨者很实际，他们预计不确定性以及在行动
的过程中可能出现的问题和障碍。他们看见的不是一条铺满玫瑰的
路径，他们知道这条路很艰辛。因此当问题出现时，他们不会惊慌
或者失望，因为他们已经准备好了。他们直面这些问题，解决它们，

然后继续前进。与此相反，安于现状者却对执行表现出浪漫的情怀：如果他们想出一个伟大的想法，他们相信最大的努力在这个伟大的想法诞生时就已经完成了。他们相信执行应该很容易了，说："如果我已经看到了这个想法的有效性和美，其他人怎么会看不到呢？"或者，"如果我已经解决了这个问题，就不会再有其他的问题出现了。"因此，他们沉浸在伟大的想法的迷雾里，没有预测到可能出现的问题，一旦在执行过程中出现问题，他们就会大失所望并失去动力。每一个新的问题都会带走他们的一部分信心，最后他们放弃了。他们对执行充满浪漫色彩的认知搞垮了他们自己。

有一个人在得到首席执行官这份工作后，成功地帮助一个徘徊在十字路口的企业完成了转型。他使得浪漫主义—现实主义的原则变得鲜活，"我过去有一个很好的岗位，首席战略官，有一间漂亮的办公室和一份轻松的工作。没有人理解我为什么放弃所有这些而选择去做一位首席执行官，管理一个亮了五年红灯的企业。每个人都在劝我。"安于现状者在愿景里看不见浪漫，只看到现实。但是这位首席执行官看到了把不可能变成可能的挑战。他知道执行起来会非常困难，他对此心知肚明。事实上他说："看见我头上的白发了吧，这些都是这两年为了改变这家企业而生出来的。在事后看这个过程可能很顺利也很容易，但在当时要让企业活下去，我可是经历了很多的不眠之夜！"

作为一位首席执行官，想想这个：

这是移轨者的特点：执行中的现实主义，关于必须被克服的巨大困难，必须让移轨如同最初梦想中那样发生，没有妥协——让白雪公主成为白雪公主，而不是一只猪。

想一想你可以攀登的所有的移轨创新山峰，或者攀登到一半就放弃的那些。你在执行中陷入的浪漫主义是什么？你又怎样才能把现实主义带回执行中，并继续攀登你眼前的移轨创新大山？

对待执行障碍的态度：不是"妥协"，而是"打击稀释"

Attitude towards execution obstacles: not 'compromising' but 'combating dilution'

不是"如果……那么……"，而是"怎样？还能怎样？"

移轨者不会以"如果……那么……"的思维状态去攀登一座移轨山峰，而是以"怎样？还能怎样？"的思维状态去攀登。

面对着一个障碍，他们的回应永远不会是，"如果我们可以找到一个解决方案，那么我们就能追求我们的挑战。"他们的回应会一直是，"怎样才能克服那个障碍？怎样才能解决那个问题？"面对一个在他们的控制以外的决策，他们的回应永远不会是，"如果我们有权利，那么我们一定会做成的。"他们的回应一直会是，"在我们的控制范围内我们还能做什么？我们还能怎样做去影响一个决策？""如果……那么……"的方式将最终导致妥协，而移轨者通过"怎样？还能怎样？"打击了稀释并继续前进。

就像托德·斯金纳（2003）所说的：

> 你不能让山峰变低，你只能提高自己。山峰是不可改变的。你不能降低它的高度或者调整它的地理位置。你不能让风暴回去，或者在空气中增加某些物质，唯一可以改变的是你的决心。你对挑战的观念可以从不确定转变为确定，从忧虑转变为行动。永远要调整你的思想来适应所有的可能，而不是调整所有的可能来适应你。

移轨者认识到障碍可以有很多种形式：提案在市场上遭遇失败，利益相关者的反对，"坐等"失败的怀疑者，以及在把移轨变成现实的旅程中出现的意外问题。没有稀释、放弃或者说"这不关我的事"，他们不间断地问，"怎样朝着顶峰前进？"他们把问题变成机会，通常初始的想法会继续成长，变得比最初的承诺更美妙。

移轨者不会妥协：他们每一步都在同稀释做斗争。

卡尔斯顿拒绝稀释，甚至当他们遭遇哥伦比亚号的灾难以后也是这样。结果太空巴士项目陷入停滞。一个安于现状者可能一开始会觉得沮丧，然后无助，最终放弃，让自己退而进入一个坐等模式。在坐等模式里，团队会滑入一个"如果……那么……"的思维状态："如果这个发生了……如果他们没有在两年前开始，那么……"在这个状态下，团队的能量会被分散。失去了这个势头，想要再开始那就更难了。相反，卡尔斯顿把团队带入"怎样？还能怎样？"的思维状态。他首先问道，团队如何能够适应这个灾难，甚至更进一步，如何能够把这个灾难变成一个机会？他们找到了机会，把酸奶通过俄罗斯的飞船送上了太空。现在阿尔拉甚至为下一次美国宇航局的航天飞机发射做好了准备。

不是第一个，而是最好的那个

这个"不妥协，打击稀释"的态度在选择电影《印度往事》的拍摄地点时表现出来。在制作这个过去十年里的标志性电影时，第一个关键的决定就是选择拍摄地点，"乾姆帕纳"，故事在这个地方开始了。在这个地方，一场不寻常的板球比赛在英国军队和当地村民间展开，用来决定一个地方税收的改革建议。这个村子需要真实地展现 19 世纪 90 年代的样子——没有可见的通信载体，没有高科技和任何现代社会的痕迹，而且，它还需要展现出土地因为缺少雨水而干裂的环境。

团队几乎是立刻就碰到一个完美的地点：喀奇县的卡钮瑞亚村。"我为乾姆帕纳找到了完美的'替身'，"导演阿疏托什欢欣鼓舞地通知著名演员和这个电影的制片人阿米尔汗。"尼丁和我都认为这个地点很理想。"让阿米尔汗有些顾虑的是阿疏托什那么简单就满足了，他鼓励团队再去找一下。他的"怎样？还能怎样？"的思维状态被打开了。他不想要抱着希望说卡钮瑞亚是最好的选择（"如果……那么……"的状态）。阿米尔汗说，"阿疏托什，我不反对选择喀奇县，它很可能就是最完美的地点，但是请再看看其他地方，它们也许会给你更多惊喜。"

所以阿疏托什和尼丁继续搜索。六个月后，在大范围搜索了印度的很多乡村后，他们又回到了卡钮瑞亚，因为这里仍然是最好的。区别是，他们现在确定了这是最好的地点，而不像之前第一次遇见它时那么不确定（Bhatkal，2002）。

> 作为一位创新领袖，想想这个：
>
> 传统主义者在遇见第一个看上去不错的解决方案时就停住了。移轨者则不会在一开始就满足，他们会继续搜索，直到他们确定这是最好的解决方案。
>
> 过去，你是否也经常像阿米尔汗那样，打击稀释，并鼓励和推动你的团队去超越第一个看上去不错的解决方案，来找到最好的方案呢？

同样的软件还是独一无二的软件？

沃达丰刚开始着手为肯尼亚创造一个"金融服务"的解决方案时，不知道应该怎么做。既然他们正在尝试做的事没有任何先例，这其中有很多决策点，一不注意就会导致妥协。然而，在每个阶段他们都打击了稀释。例如，他们本可以简单地把在西方的银行软件系统拿来，稍作修改就在肯尼亚使用。然而他们选择创建一个新的解决方案。就像苏西罗尼所说：

> 我们对于这个业务应该怎样做有个很好的想法，但是我们不确定应该如何做到。第一个大的决定是：购买还是自创？如果我们可以从货架上找到符合我们需求的软件，我们就买。所以我们就去购物了，然后发现众多的金融服务平台都有很相似的功能。这样就有问题了：它们都是以西方的银行系统作为参照来设计的，在这个基础上添加了一些其他功能。事情变得清晰了，如果我们购买这些产品的话，我们就得在功能上和用户体验上进行很大的妥协。虽然有些不情愿，但我

们还是决定顶住压力，从头开始设计我们自己的软件。

不情愿？也许是的。但是他们不允许让这个不情愿稀释移轨的目标（Hughes，Lonie，2007）。

官僚主义的神话

当劳接受挑战来改变瘟疫横行的苏拉特时，他创造了逃逸速度。他想出一个有突破性的战略。但是要执行这个战略，他必须要将大批官僚主义者移出他们的舒适区。

他意识到无论他的战略多么强有力，如果还是延续旧的官僚主义心智模式，将会没有任何结果。就像劳说的，"官僚主义者将他们的无能隐藏在五个借口里。"

1. 现存的规则、条例、等级体系过时了。
2. 我们没有足够的财务支持，因此我们无法有效地执行。
3. 我们没有足够的有技能的人力。
4. 政治上和管理上的干扰不断地降低我们的效率。
5. 放权不够，因此我们的权力太小。

面对这五个看上去无法克服的借口，大多数传统的经理人会马上求助于"如果……那么……"的心智模式："如果我有权力，那么我就会去做。如果我有必需的财力和人力资源，那么我就可以尝试。如果你可以确保我没有政治和管理上的干扰，那么我可以好好尝试一下。"这是安于现状的态度，立刻使行动冻结，导致稀释的产生。

作为一个移轨者，劳当众列出了这些借口，并称它们为"神话，但不是事实"。他用实际行动诠释了"你永远不会听到我用这些理由来作为不作为的借口"。

劳发现"在架构里的自由"。当其他官僚主义者觉得他们自己是无力的、无助的时，他关注于在他的能力范围内找到创新的方式。

作为一位首席执行官，想想这个：

劳认识到并勇敢地承认令人瘫痪的无力感可能会阻碍苏拉特的移轨创新的发生。他没有妥协。为了执行移轨创新，劳从解决他自己的问题开始，攻击并突破了根深蒂固的文化上的心智模式——导致政府和官僚机构陷入瘫痪无为的心智模式。

大多数组织，像苏拉特市政当局一样，在执行一个移轨时，都会在一定程度上显示出无能："公司不会允许的"，"监管捆住了我们的手脚"，"经销商太固执了，消费者就是这样的"。

你和你的领导团队能够像劳所做的那样打破无力的借口，并真正地在框架内实现自由吗？你在妥协还是在打击稀释呢？

你在做什么来转化根深蒂固的、将会稀释移轨的心智模式呢？

通常，带着敬畏和惊叹的心情，抬头仰望这些移轨范例很容易。他们的独一无二和他们的独特影响力令人敬畏。他们就像星辰，光芒闪烁，鼓舞人心但却很遥远——他们是我们只能等待的救世主。对我们来说，要成为其中一员是令人难以想象的。然而，在所有这些移轨的故事里，显现出来的最有力的一点是，移轨者也都是像你我这样的普通人，不同之处在于他们拥有非凡的心态。如果我们在一个机场遇到思法库马或者维多利亚·哈尔、司各特·奥尼尔或者法斯勒·汉森·阿柏德，我们多半不会认出他们就是移轨者，他们跟我们一样。这给了我们希望，因为就是像我们这样的普通人让移轨发生了。如果他们可以，那我们也可以。

使得一个移轨旅程开始的是一种积极的不安定状态，安于现状是完全不能被接受的。不可能的挑战的规模并不可怕，所有的移轨者知道挑战必须被战胜。一些挑战，就像 M-PESA 或者诺和笔，历经几年才能完成。一些移轨者，像阿柏德、司各特·奥尼尔、罗斯和思法库马，长年累月地追求挑战，40 年、20 年、17 年或者 12 年，他们仍然在努力。事实上，思法库马在追求 e-

Choupal 3.0 版本：第三代的 e-Choupal 想法。当一个普通人的思维开关被打开，移轨者就诞生了，可能源于某一刻的真实体验，或者源于一个思维震荡的洞察。可能在 25 岁、40 岁或者 60 岁时发生，从那一刻起，就不再回头（见图 10—2）。

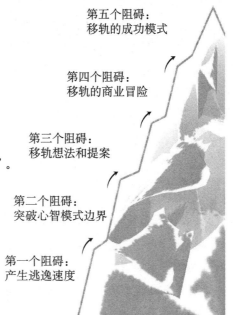

移轨者的特点：

1.对待成长的态度(个人和专业的成长)：不是王国的大小，而是挑战的大小。

2.对待移轨挑战的态度：一个方向，而不是一个终点。

3.对待重力的态度：不是一个"防守者"，而是一个"进攻者"。

4.对待新的洞察的态度：不是验证，"追求答案"；而是发现，"对问题的探索"。

5.对待利益相关者的态度：不是说服，而是共同拥有。

6.对待执行障碍的态度：不是"妥协"，而是"打击稀释"。

第五个阻碍：
移轨的成功模式

第四个阻碍：
移轨的商业冒险

第三个阻碍：
移轨想法和提案

第二个阻碍：
突破心智模式边界

第一个阻碍：
产生逃逸速度

图 10—2　移轨者创造了历史

> 年龄、地点、权力和时间都不是阻碍移轨创新的因素。是时候停止使用这些借口并专注于攀登你的移轨高山了。

由迈克尔·达·科斯塔领导的食物博士现在正想从英国拓展到印度的市场（Food Doctor，2013）。他被一些移轨的心智模式所鼓舞，改变了他所有的方式来进军印度市场。迈克尔没有找传统的印度合作伙伴或者跨国公司在印度发布产品，而是决定接受一个移轨挑战，在印度消除营养不良。这是他的移轨承诺。

迈克尔从印度开始了一个移轨旅程，他抬头看着山顶和那些所有的不确定性与模棱两可，同时带着无比的热情和决心，准备好去攀登它。2012 年 7 月，迈克尔·达·科斯塔，第一次说起这个移轨愿景：

> 印度所面临的最大挑战之一是普通大众的健康问题。事实上这里是世界第一的心脏病和糖尿病发生地。现在我们的艰巨任务，是建立起一个庞大的医疗保健业务，并在印度发售食物博士的产品。最终我们希望在印度消除营养不良。[8]

迈克尔意识到他对这个移轨的执行不能抱着浪漫的态度，这肯定很困难，他把它看作一个方向，而不是终点：

> 不得不通过一个官僚主义的流程是非常令人沮丧的，我知道进展会很慢。我没有低估困难和所需付出的努力。这需要花时间，也许要 3～4 年。但是要根本性地改变一些事情，呈现出巨大的变化，本来就要花时间，我也不着急。对我来说，这更像是个原因而不是目标。

迈克尔拥有一个攻击者的心态，他并不害怕，而是带着兴奋的心情开始了这段旅程。"它没有让我失眠，反而在每天早晨提醒我需要完成多少工作。"最终，他同意在本书中出现，以一个公开的方式烧掉退路。"能够出现在这本书里我很高兴；这是一个很好的开始。这意味着，当书出版时，我们需要开始了，而且我们应该有很好的势头。"

就这样，食物博士被写进了这本书。迈克尔的退出按钮不可逆转地被去掉了，他的挑战和在印度消除营养不良的原因也变得公开和透明了，呈现在每一个读者的面前。食物博士的例子令人兴奋的原因在于这是一个正在进行的移轨旅程。团队正站在山脚，带着希望和不安的心情抬头仰望山顶，准备好了去攀登。关于轨道转移的信仰可参见图 10—3。

不论是在幻想还是现实，最经久不衰的故事，最让我们激动的故事，就是那些移轨者同时也是普通人完成了非凡的工作。他们创造了历史，而不是跟随历史。他们给我们展示了没有不可能的梦想或者困难，只有梦想家和问题解决者。

所以你将要开始的移轨故事是什么呢？

或许	未必
可能	不可能
实际	不切实际
行得通	行不通
机会	问题

图 10—3 轨道转移的信仰

注释

[1] 和寰宇一家健康公司的创始人 Victoria Hale 进行的有洞察的对话。

[2] 和埃奎塔斯的首席执行官 Vasudevan 进行的有洞察的对话。

[3] Erehwon 的案例分析基于和孟加拉国农村发展委员会的前主席 Fazle Hasan Abed 进行的有洞察的对话。

[4] 和阿尔拉食品公司研究和创新副总裁 Carsten Hallund Slot 进行的有洞察的对话。

[5] 和外泊若公司在 2001 年电信部门的负责人、现在外泊若公司的科技首席执行官 Kurien 进行的有洞察的对话。

[6] Erehwon 对于同语言字幕的案例分析，基于和 Brij Kothari 进行的有洞察的对话。

[7] 和已退休的 Arjun Ray 将军进行的有洞察的对话。

[8] 和食物博士的董事总经理 Michael da Costa 进行的有洞察的对话。

译后记

　　遇到这本书是个缘分。翻译时常常陷入书的内容中，随着作者提出的问题而思考。书里有很多经典的案例分析，也提了很多问题，帮助大家思考为什么创新总是碰壁？识别自己是否陷入到现有轨道中？如果是，如何脱离？用什么方法？如何带领团队一起转换轨道，进行创新？创新有方法吗？创新可以复制吗？创新可以被管理吗？可以把最好的商业和最好的社会创新联系在一起吗？我在翻译的过程中经常被书里的案例所吸引，结合着自己在ICT行业多年的经验，或者流汗，或者偷笑，或者沉思。

　　"……移轨创新的驱动力是创造的欲望，是不跟随！这是一种正向的不安、对现有状态的不安，同时又释放出巨大的欲望，让人们追求不一样的轨迹，其结果就是使转型成为现实。"这种正向的、积极的不安所释放出的巨大的创新的愿望到底会出现在哪里？什么样的人会有这种欲望？

　　书里提到的几乎所有的案例中的移轨创新者都是利他者。都是充满热情、发自内心地去帮助那些面临困难的人们的人，他们愿为社会、为人类解决问题。利他者利己。也许这是移轨者与其他人最大的不同，也是移轨创新最大的动力。就像文中所述的，"Those lives had to be saved"。正是这个发心使得吉姆义无反顾地承诺用他百分之百的时间和努力来解决疟疾药品缺货的问题，从而拯救了数百万非洲儿童的生命。

　　大多数移轨者通过正向的预测而不是恐惧来接近一个移轨的挑战。他们自愿地探索未知，并追逐不确定。驱动力就是来自心里的那点光亮，它照耀着前路。

　　那天在饭桌上跟季风书园的严老师和水哥聊起翻译的事，我说我总是惴惴不安，生怕没有把作者的原意翻得准确，又担心自己的知识水平不够丰富，以至于无法把一些领域的专业术语翻译到位。严老师也说要完全理解作者的本意，然后用自己的话完整准确地说出来，的确很不容易。对自己是个挑战，也是件有意思的事情。也许下次翻译时，要事先更多地了解一下作者及其写书的背景。可能的话，多跟作者沟通，以便及时解答翻译时碰到的问题。

　　翻译这本书是个偶然，也是个必然。

图书在版编目（CIP）数据

移轨创新 /（印）纳兰（Narang，R），（印）德维亚（Devaiah，D.）著；
沈蕾译 .—北京：中国人民大学出版社，2016.6
 书名原文：Orbit-shifting Innovation
 ISBN 978-7-300-22702-3

Ⅰ.①移… Ⅱ.①纳…②德…③沈… Ⅲ.①企业管理 Ⅳ.①F27

中国版本图书馆 CIP 数据核字（2016）第 069153 号

移轨创新：充分释放改变历史的创新潜能

[印] 拉吉夫·纳兰   著
  德维卡·德维亚

沈 蕾 译

Yigui Chuangxin

出版发行	中国人民大学出版社	
社 址	北京中关村大街 31 号	**邮政编码** 100080
电 话	010－62511242（总编室）	010－62511770（质管部）
	010－82501766（邮购部）	010－62514148（门市部）
	010－62515195（发行公司）	010－62515275（盗版举报）
网 址	http：//www.crup.com.cn	
	http：//www.ttrnet.com（人大教研网）	
经 销	新华书店	
印 刷	北京联兴盛业印刷股份有限公司	
规 格	165mm×230mm 16 开本	**版 次** 2016 年 6 月第 1 版
印 张	23 插页 2	**印 次** 2016 年 6 月第 1 次印刷
字 数	299 000	**定 价** 58.00 元